민족의 스승

월남 이상재

2권

민족의 스승

월남 이상재

천광노 지음

2권

KSI 한국학술정보㈜

　　조선 22대 정조의 개혁정책은 임금이 승하한 후 집권한 정순황후 (영조의 계비)로 인해 멈추고 만다. 순조, 헌종, 철종 임금시대로 내려 오면서 안동 김씨 세도정치가 출현했기 때문이다.

　　대원군으로 이어진 쇄국정치는 세계화 시대가 열린 서양 신문물 수용에 주변국들, 즉 일본, 청국, 아라사(러시아)보다 30여 년이나 밀 려나 개화의 적기를 놓친다. 고종과 명성황후가 일본이나 청국으로부 터 왕권 존립까지 위협받는 현실 타개를 위해 개화의 새 문화를 받아 들여 국권을 강하게 하고자 하나 여의치 않았다. 국력이 쇠퇴하는 현 실을 벗어나고자 오매불망 국력 신장을 위해 각고의 노력을 기울여 왔던 월남 이상재…. 드디어 세계화의 물꼬를 트는 해외순방에 나서 는 실상이 역사적 근거자료를 바탕으로 제2권에서 펼쳐진다.

　　첫 해외등정은 1881년 조선선비시찰단이 신사유람단이라는 이름 으로 일본으로 건너가 한국사 전환의 견인차를 이루게 된다. 독자 여 러분은 제2권에서 이 여정에 직접 참여할 것이다. 하지만 이는 일본 과 미국이 미일수호조약을 체결한 1854년 이후 27년이나 뒤처진 등 정의 길이었다.

제2권은 한국사에서 중요한 역사의 주요 실체를 다루게 된다. 내용의 근간은 죽천 박정양(명성황후 시해로 영의정에서 물러남)의 종환일기(從宦日記)이다. 이는 박정양의 친필 유고문으로 당시 한문으로 기록된 종환일기 전 6권은 신사유람단으로 출발하여 돌아온 전 과정을 담고 있으며, 5년 후 1887년 주미 공사로 다녀온 여정까지를 일기 형식을 빌려 하루도 빠짐없이 세심하게 기록한 책이기도 하다. 대한민국은 이제라도 이 고귀한 자료 종환일기를 국보로 지정해야 마땅하다고 본다. 외규장각 도서 귀환과 의궤를 반기고 국보지정을 검토하는 오늘날, 종환일기에도 주목해야 한다고 본다.

월남은 5년 후인 1887년 주미 조선전권대사(주미공사)를 역임한 박정양과 동행하여 미국으로까지 진출하게 된다. 마침내 조미(朝鮮·美國) 첫 외교의 새 물꼬를 틀 수 있었다.

필자는 전 5권의 서문을 4년여가 지난 지금 수정, 보완하고 있다. 특히 출판을 앞두고 최종 송고가 임박하여 미국의 수도 워싱턴에서 이 서문을 다듬고 있는 것이다.

워싱턴은 조선에서 당시 화성돈(華城頓)이라 불렀다. 워싱턴뿐 아니라 현재 미 전역에 재미동포는 300만 명에 이른다. 당시 월남 선생은 오늘의 300만 재미동포의 첫발을 떼고 첫 문을 연 인물이다. 스승 박정양이 신사유람단 단장으로, 또 주미 첫 조선공사로서 선봉에 설 무렵 월남 선생 역시 네 번째 스승 박정양을 모시고 일심으로 역사의 새 장을 펼친다. 국제화 시대를 사는 오늘의 지식인과 대한민국 역사 앞에 월남 선생의 출중한 선각자적 면모가 이 책을 통해 밝혀질 수 있다면 필자에게는 더없는 보람이다.

1대 미국 공사 알렌의 첫 부임 이래 129년, 한미 관계의 짝을 채운 것을 기점으로 123년의 세월이 흘렀다. 필자는 이번에 워싱턴 D.C. 광장에도 직접 서 보았다. 처음 워싱턴 땅을 밟았을 조선 최초 외교 관들의 두근거리는 심장 소리를 조금은 느낄 수 있었다.

과거 청국은 조선이 직접 미국과 외교 관계를 맺는 것을 봉쇄로 일 관해왔다. 이는 종환일기에도 잘 나타나 있다. 당시 상황과 관련해 종 환일기보다 상세한 기록은 찾아보기 어렵다. 한미 외교비사 중 '영약 삼단(另約三段)'도 청국의 대표적인 내정간섭이자 주권 유린 행위이다.

월남 이상재 선생은 당시 그로버 클리블랜드 미국 대통령 시절 백 악관에 아그레망을 전하고 고종 임금의 임명장 봉정식을 마친 후 워 싱턴 광장에서 덩실덩실 춤을 추었다. 이날의 이와 같은 역사의 첫 페이지가 오늘의 한미관계의 초석을 이룬 것이다. 필자도 바로 그 광 장에서 희열과 감동을 맛보았다.

세세히 들여다보면 당시 조선에서는 영어를 할 줄 아는 사람이 없 었다. 따라서 분명 외교 활동 과정에서 협상이 만만치 않았을 것이고 각종 에피소드들이 적지 않았을 터이니 오늘날 재미 동포와 역사 교 육가들도 관심을 가져볼 만하다.

'역사' 하면 대개 딱딱하고 고리타분하게 느낄지 모르나 월남 선생 은 유머와 해학의 달인으로도 알려져 있다. 그러면서도 올곧은 민족 사랑과 애국충정을 불태우신 분이니, 독자들로 하여금 교훈과 재미 모두를 느낄 수 있도록 필자는 혼신을 기울였다. 부족한 부분은 점차 채워질 것이고 후대들의 더 유익한 저술을 기대해 본다.

독자들은 이 책을 통해 월남 이상재 선생의 일생일대기를 만날 것 이다. 당대의 가족사는 물론, 더불어 시대상도 적나라하게 드러날 것 이다. 특히 가난과 싸우는 고향 한산(舒川)의 모습, 또 월남의 부인과 자식 그리고 부모, 아울러 당시의 궁궐과 벼슬아치들의 동정 등 어느 한 곳 세심한 주의를 기울이지 않은 곳이 없다.

워싱턴 새벽하늘에 여명이 밝아 온다. 월남 선생을 추적하고, 미국이 누리는 오늘날의 번영, 그 기초를 찾아 필자는 이곳까지 왔다. 부디 필자의 이 같은 노력이 민족정기를 일깨우고 세계인의 우러름을 받는 정신문화 창달에 조금이라도 기여할 수 있기를 바란다면 지나친 욕심일까? 독자 여러분의 평가를 겸허히 기다린다.

2011년 7월 제2권 서문(2008년 연말)을 수정하며

천광노

월남과 그때 그 시절

산과 들 그리고 전답

월남(月南) 이상재(李商在).

나이 31세로 어른이 되었다. 공주와 충주의 머리글자를 따 공충도(公忠道)라 부르다가, 9년 전인 1871년부터 충청도라고 바뀐 곳 한산 고을에서 1850년에 태어나 1880년이 된 지금 만 30년의 세월이 흘러간 것이다.

조선 제25대 철종 임금(1849년 6월 등극)이 보위에 앉고 1년이 지난 1850년 10월 26일, 월남 이상재의 부친, 성(姓)은 이(李, 한산 이씨)요, 휘(諱, 돌아가신 어른의 존함을 '휘'라고 한다)는 희택(義宅)과 모친 밀양 박씨 부인의 맏아들로 태어나 30년의 세월이 흐른 것이다.

모친은 월남을 잉태할 때 용꿈을 꾸었으나 용하고는 까마득히 거리가 멀다. 그것도 황룡이었지만 이무기도 아닌 허사, 꿈이 하도 이상해서 월남에게는 말도 해주지 않고 아예 거의 잊고 말았다.

그때 부친 희택은 꿈이 상서롭지 않고 혹 불길할까 하여, 이에 액

사계절의 겨울 그리고 발자국

방(厄防, 나쁜 기운을 막음)을 위해 조선 소나무에서도 가장 좋다는 붉은 소나무 홍송 3그루를 우물가에 심은 지도 30년이다.

소나무는 한자로 소나무 '松' 자를 쓴다. 이 글자는 나무 木 자에 어른 公, 또는 벼슬 公이라 하는 글자를 붙여 나무 중에서도 제일 웃어른이라는 뜻을 가진 귀한 나무이며, 그중에서도 붉은 소나무를 홍송이라 하는데 이 나무도 움쑥 자라 어른 키의 3배가 넘게 큰 것 또한 흐른 세월을 말해주고 있다.

그때(출생 당시)는 첩첩산중이 아니면 그저 허허벌판인 시절이었고 그것은 30년이 흐른 지금도 마찬가지다. 야산은 땔나무 감으로 베고 긁어 민둥산이지만, 고(높은)산은 들어서지도 못하게 울창하고, 벌판은 잡초가 무성하여 강쑥과 갈대가 우거졌으나 이마저도 겨울이 되면 땔감으로 베어 사라지는데, 여름에 심한 홍수가 나지 않으면 극심한 가뭄이 들어 농토로 만들어 쓸 수가 없다.

밤이면 골골 면면이 모두 칠흑 같다. 자주 호랑이가 나타나 밤길은 언제나 위험했다. 늑대의 울음소리와 여깽이(여우)들의 고성이 밤을 지배하였다. 솔개가 하늘을 휘감아 돌고, 날다가 병아리를 채가고 어린 강아지도 낚아채 물어가 뜯어먹으니 어린아이들도 안전하지 못하다.

역병(돌림병)이 많지만 특별한 약도 없다. 홍역과 마마(천연두)로 아이들이 흔하게 죽는다.

백성들은 매일 밤 문을 닫고 대개가 일찍 잠자리에 든다. 촛불을 켜기라도 하면 밝지만, 백성들의 집은 촛불을 켤 형편과는 거리가 멀어 아주까리나 동백기름 등잔불도 기름이 아까워 캄캄한 밤, 아직은 성냥이 만들어지지도 수입되지도 않아 편리하게 불을 사용하는 집도 없어 화로에 담은 불씨를 꺼지게 하지 말아야 한다.

무서운 것이 두 가지가 있었다. 하나는 도깨비, 하나는 문둥이(나병환자)다. 밤이면 도깨비가 날뛴다 하여 아이들은 밖을 나가지 못하게 하고, 낮이면 집을 나와 거리를 헤매는 문둥병자가 아이들 배를 갈라 간을 꺼내 먹으면 병이 낫는다는 소문 때문에 나와 다니는 것이 무서웠던 시절이 30년이 지나도 아직 그대로다.

또 무서운 것이 돌림병이다. 오죽하면 마마(媽媽)님이라 벌벌 떨며 천연두가 올까 겁을 냈을까. 포도청에서 잡으러 올까 무섭고, 술 조사(밀주 단속), 산감(山監, 생나무 벌목 단속)이 나올까도 벌벌 떨어야 했다.

이때의 뭇 백성들은 하늘도 보이는 것이 하늘의 전부라고 생각할 정도로 안목과 시야가 좁기도 했다.

산도 보이는 것 말고는 산 너머 산이 또 있고 그 산 너머에는 또 다른 하늘이 있다는 것에 대해 아예 알려고도 알지도 못하고, 그냥 거기서 낳고 거기서 살다가 거기서 죽는 사람도 많았다.

그래 봤자 사람의 평균 수명이 40~50년을 사는 정도의 세월이었다. 염병이라 불리는 장질부사(장티푸스)와 폐병이라 불리는 폐결핵은 청장년의 목숨을 쉽사리 앗아가 버렸다. 어려서는 홍역과 마마로, 중년에는 폐병으로, 늙어서는 해수병(기침+가래)으로…. 환갑까지 살면 동네 경사요, 인근에서 장수했다 하여 호상(好喪, 장수하였기에 죽었어도 한이 없다는 뜻의 좋을 好 자)이라 하여 상여를 메고 동네를 돌며 마을잔치를 벌이기도 했다.

그래서 혼인이 빨랐다. 나이 10세가 넘어 15세가 되면 대개 혼인을 서둘렀다. 얼른 세자를 책봉해야 왕실이 안정되는 것처럼, 아기를 일찍 낳건 늦게 낳건 간에 빨리 혼인부터 시켜야 부모가 안심이고 도리를 다하는 것이라 하여 어린아이들을 일찍 시집·장가보내, 월남도 월예에게 장가든 게 15세였을 때라 벌써 15년이 흘렀다.

월남의 장남 승륜이가 어느새 13세다.

세상이 멈춘 듯해도 유유히 흘러 조부 경만공은 일찍도(월남 10세 때) 세상을 떠나고, 월남의 부모는 늙고 아들은 크고 손자는 태어나 대를 이어 자라고 있는 것은 당시 뉘 집이나 마찬가지였다.

그러나 식량이 여간 부족한 것이 아니다. 조선팔도에 사는 사람이라 해야 600만 명 정도다(1880년대 집계).

사람이냐 짐승이냐

그러나 이미 나라를 다스리는 정치가 있은 지는 수천 년(반만년) 아주 오래다. 정치를 하는 사람들은 문관(文官)과 무관(武官)이었다. 이들은 삼국시대 이전 삼한시대부터 온 나라 안을 전쟁으로 누비고 다녔다. 그래서 그들은 전쟁을 통한 정치지배계급 인맥이 형성되어 벼슬자리에 앉아, 누차 옮겨 다닌 수도에는 대궐을 짓고 전국에서 나오는 곡물에 조세를 거두어 나라살림을 꾸려가고 있다.

먼 옛날 그때, 각 고을에는 전쟁할 때 공을 세운 장군에게 공훈의 정도에 따라 땅을 분배, 방백과 수령으로 앉혀 그들로 하여금 백성들의 땅과 생명을 지키는 일을 대신 하도록 해왔다. 수도(首都)에는 임금이 신하를 앉혀 나라를 다스리면서 백성들이 마음 놓고 농사지으며 살도록 돌봐주었다.

월남은 이와 같은 나랏일에 참여하고자 하였는데 전쟁기가 아니었으므로 공부를 하여 임금의 신하로 나랏일을 하고 싶어 수학의 길로 들어와 31년간 줄곧 공부에만 몰두해온 것이다.

전쟁이 잦던 시절에는 전쟁에 나가 싸우는 장군(사단장)과 대장(연대장)과 부장(대대장) 등등이 곧바로 벼슬자리에 앉게 되지만, 전쟁세대가 죽고 오래 지나면 문관과 무관으로 나누어 과거라고 하는 시험제도를 통해 벼슬자리에 앉게 되었다. 누구나 마찬가지지만 월남도 공부를 해야 정치에 참여하고 나라의 녹을 먹을 수 있었다.

그러나 나라를 다스리는 일은 무지렁이 같은 뭇 백성들의 머리로서는 가늠되지도 않는 일이다. 제대로 다스리는 것이 무엇인지도 알 길이 없어 여간 많이 배워야 하는 게 아니다.

그래서 백성을 다스리는 일을 시킬 자격이 있나 없나를 과거(科擧)라는 시험제도를 통하여 인재를 가리는 것인데, 월남은 1867년(14년 전) 과거에 응시했으나 낙방하고 지금은 한양에서 나라를 다스리는 실력을 쌓기 위해 집을 떠난 것이다.

문제는 이렇게 조용한 나라에 호랑이도 아니고 도깨비도 아닌 것이, 사람은 사람인데 이상한 사람들이 나타났다. 원나라, 수나라, 당나라에서 명나라로, 명나라에서 청나라로 바뀌어 청국이라 부르는 사람들은 생김새가 우리네와 같은데, 양위(洋人)라고 부를 수밖에 없는 노랑머리, 파란 눈동자의 이방인들이 배를 타고 자주 나타나 알아듣지도 못하는 꼬부랑말로 뭐라고 씨부렁대는 희한한 무리들이 들어오는 것이다.

이들은 천주학(天主敎)이라 부르는 이상한 것을 전하러 왔다고 연신 해변으로 몰려드는 것이다.

이미 나라가 있고 왕이 있고 골골마다 수령이 있건만, 그들은 여기가 무슨 임자 없는 빈 땅인 줄 아는가 보다. 백성들을 원주민이나 미개인으로 취급하며 멋대로 바다와 섬과 육지를 측량하는 꼬락서니가 분명 저희들끼리 줄로 재어 이 땅은 네 것, 저 땅은 내 것 하고 마음대로 나눠 가지려는 모양이다.

1776년, 사도세자의 아들 정조임금이 등극하고 나라를 다스리던 1800년까지 24년 세월은 그런대로 양위들의 침범이 별로 없었다. 정조가 죽고 그의 아들 순조가 23대 임금으로 보위에 오르던 통치시대부터 본격적인 외세가 출몰하기 시작한 것이다.

물론 이보다 수백, 근 1천, 2천 년 전에도 외인들이 이 땅에 들어오기는 했다. 삼국시대 이전 가야국은 인도에서 온 허 황후가 김수로왕과 혼례를 올려 김해 김씨와 김해 허씨의 시조가 되기도 하였는데, 허 황후가 무슨 연유로 우리 땅에까지 왔는지, 또는 알고 왔나 모르고 왔나, 아니면 파도에 길을 잃고 떠밀려 왔는가는 정확하지가 않다.

다만 엄청난 보물선과 함께 이 땅에 왔다는 것이며, 매우 영명(총명)하여 나라를 세우는 데 특출한 예지가 있었다는 사실은 분명하고, 비율빈(필리핀)이나 대만, 심지어는 구라파(서유럽)에서 완전히 낯선 이방인이 난파선에 목숨을 부지하고 이 땅에 와 정착한 역사적 사실들은 삼국시대나 고려, 조선 초·중반기까지 역사적 고증자료는 불충분할 만큼 다반사로 있었던 것이 사실이다.

그러나 천주학을 말하는 저들처럼 특정 목적을 가지고 일부러 한반도에 오기 시작한 것은 순조 임금 시대부터 빈발하게 나타나게 되었고, 그들은 콜럼버스가 미 대륙을 탐험하는 것과는 성격이 다르나 그 비슷한 의도를 가지고 단단히 맘먹고, 이곳에 오면 조선 반도가 있다는 것을 알고 의도적으로 들어오는, 즉 경우가 불가항력으로 오는 게 아닌 그런 일이 비일비재 일어난 것이다.

그들은 이미 지도를 들고 다닌다. 부족한 곳은 보충해 그려 넣고, 어디 가면 어떤 문화와 인류와 문명 그리고 자원이 있으며, 삶의 가치가 있는 지역이라도 있는가 하여 찾아다니는 길에 이 땅에 들어오는 것이다. 더불어 또 하나의 분명한 목적이 있었다. 천주교와 기독교 문화에서 사는 그들은, 성경에서 명령하여 이르기를 "너희는 만천하에 다니며 복음을 전파하라."라고 하는 전도자의 사명을 따라서 오는 경우다.

사도 바울은 지구를 반 바퀴나 도는 1, 2차 전도여행을 걸어서 다녔다는 기록이 성경에 있다. 때로는 지중해를 건너기 위해 배를 타고 가다 죽을 고비를 넘겼다는 기록도 있다. 그러므로 서양인들이 이 땅에 온 것은 예수님의 명령을 따라 하느님을 전파하기 위한 복음전도의 발걸음이며 그들에게 명령한 목숨보다 소중한 전도여행의 길이기도 하였다.

하지만 조정을 비롯한 왕실에서는 질색 팔색 펄쩍 뛴 것이다. 나룻배 시절에 거대한 목조군함을 타고 오고 때로는 철선을 타고 오기도 하여 위협을 느낄 수밖에 없었다.

혹 그들의 말(외국어)을 할 줄 안다는 사람들, 또는 그들 쪽에서 어찌 배웠는지 우리말을 아는 사람을 태워 와서 어려운 소통을 해보았다. 말을 들어 보니까 "주 예수를 믿으라, 그리하면 너와 네 집이 구원을 얻으리라."고 하는 기독교의 명령을 따라 왔다는 것이고, "누구든지 예수를 믿는 자는 하나님의 아들이라 칭함을 받는다."고 하는 구원의 복음을 전하기 위해 왔다고 하여 좀 더 자세히 따져들어 보았더니, 양반이나 상놈이나 왕이나 정승이나 모두 다 하나님의 아들이라는 것이며, 엄연히 임금이 계시는 나라에 와서 만왕의 왕이신 예수를 전한다고 하는 헛소리를 해대면서, 하늘에 또 한 분의 임금이 계시는데 그분이 하나님이시며 하나님은 이 땅의 모든 왕 중의 왕이라고 씨부렁대는 것이니 기가 막힐 일이다.

"이 자들이 전부 미친놈들 아니냐?"

이로써 조정과 서양인들과의 마찰이 시작되고 퇴각명령을 내리고 대포를 쏘고 불을 지르며 그들을 몰아내려 하다 보니 그로 인해 수만 리 길 목숨을 걸고 온 선교사들이 죽는 일이 비일비재하게 일어나게 된 것이다.

여기에 가장 민감하고 과격하게 대처한 사람은 고종 임금 옹립 초

섭정 당시 고종의 부친 대원군 이하응이었다. 그는 1866년부터 1872년, 월남의 나이 17세에서 23세가 되는 6년 동안 수십 차례에 걸쳐 이렇게 밀려오는 족족 서양 천주교인들을 무려 8,000명이나 죽여 버렸다는 기록이 있어 그 8,000명 가운데는 천주교 신부도 9명이 포함되었다. 그러니 무고하게 사람을 죽인 조선에 대해 상대국이 가만히 있겠는가? 이건 우리가 생각해봐도 잘못된 일이다.

그래서 그들은 사과를 요구하고 예수를 믿고 통상 우호조약을 체결하자고 하다가 거부하니까 '신미양요', '병인양요'라고 하는 등등의 한판 전쟁을 일으키기도 했다. 이런 일은 23대 순조 재임 시에도 5가작통법(五家作統法)을 발동 천주교인을 발본색원하여 수만 명을 죽였다는 것은 제1권에서도 쓴 바 있다.

조선 후기 구한말 직전의 우리나라는 이와 같은 서양인들 출몰이 왕실의 가장 큰 골칫거리였다. 왔다 하면 왕실과 부딪쳐 인명 피해가 났다. 아직껏 듣도 보도 못한 참으로 기이한 현상이 벌어지는 것이다.

물론 그간 수많은 외침이 백성과 왕실을 괴롭게 했던 일은 생생하게 기억하여 잘 알고 있다.

멀리 삼국시대로 가면 신라, 백제, 고구려라고 하는 같은 민족 간 우리 땅에서의 전쟁이 있었고, 고려시대에는 후당, 후한, 거란, 여진 등의 침공이 수백 회나 거듭되기도 했으며, 조선시대에도 명나라, 청나라 그리고 왜(일본)나라의 침입이 부지기수로 일어났던 것은 생생하게 기억하고 있다.

그 경우와 이 경우는 달라도 너무 다르다. 청나라, 명나라, 당나라, 왜나라 등은 인근 나라여서 잘 아는 적대국이자 말과 글이 통하고 생김새도 비슷해서 전쟁이라면 즉각 전쟁으로 맞싸우거나 방책을 세우고 나가면 되는 일인데, 서양에서 오는 노랑머리들은 도대체 전쟁도 아니고 평화도 아니고 말도 낯설고 어디서 왔는지 종적도 모르는 곳에서 와서는, 느닷없이 말도 안 되는 말로 어쩌자는 것인지 도통 알 수가 없으니 조정이나 왕실이나 도무지 헷갈려 가닥을 잡기도 어려워 큰 골칫거리가 되고 있다.

동에서 번쩍, 서에서 번쩍, 남에서 번쩍, 도무지 올 때마다 나라 이름도 다 틀린다. 쉬파리 떼처럼 왜 우리 땅에 와서 뭘 어쩌자는 것일까. 귀찮다.

그러나 때로는 그들을 융숭하게 대접하기도 했던 나라가 우리다. 닭 1천 마리에 막걸리 1백 통을 주면서 "우리는 예수가 필요치 않으니 조용히 물러가라신다. 단, 먼 길에 시장할 터이니 요기나 하고 가라 하시는 임금님의 명령이시다."라는 기록은 여러 곳에서 볼 수가 있으나, 그보다는 대개가 박 터지게 싸우고 쫓겨나고 불태우는 충돌이 더 많았다.

세상의 무한한 변화

그러면 우리가 이렇게 종을 잡지 못할 때에 세상(세계)도 우리처럼 멈추고 있었을까? 그렇지 않았다. 지구촌 세계 각국은 부단하게 움직여 지식정보를 쌓아 무한대로 발전하고 있었다.

나중에 조선을 침략한 일본만 해도 사실은 퍽 늦었지만 그래도 우리와 견주면 일각이 여삼추, 일로 발전에 발전을 거듭해오고 있었다.

외세들이 요구하는 대로 성경을 자국어로 번역하는 일에 일본과 중국은 문을 열었다. 우리는 폭격하고 불태우고 선교사들을 죽이고 신부를 죽일 때에 이미 일본은, 그래 봤자 겨우 30여 년 일찍 서양문물을 받아들이게 된다.

그러다 보니 이제는 일본이 서양문화의 경지에 다다라 조선보다 월등히 앞선 것이다.

드디어 일본이 서양문물과 무기를 앞세워 서양인들과 동시다발적으로 조선을 향해 통상이다 우호조약이다 멋대로 요구하며 군함을 몰고 부산과 인천 강화도에 쳐들어오기 시작한 것이다.

둘째 아들 고종을 어렵게 왕위에 앉힌 대원군은 좌불안석에 노심초사 아들 고종의 보위 안녕을 위해 강력한 조치를 취하게 된다. 척화비를 세우고 외세를 배격하며 미친놈들 취급하듯이 양위들을 몰아내는 쇄국정책을 편다. 왕이 어린 탓에 섭정을 하던 대원군 섭정 10년(1863~1873년)은 서양문물을 받아들일 최적기였지만 어림 반 푼어치도 없다면서 빗장을 걸어 잠그고, 아예 적국이거나 호랑이라도 때려 부수는 것처럼 사정없이 몰아낸 세월이 월남 이상재의 나이 24세가 되던 해에는 고종이 친정을 선포하기에 이르기까지의 세월이었다.

대원군이 정치에서 물러나자 고종과 왕비(민자영)는 지금 나라의 문을 여느냐 마느냐의 문제와 연다면 어떻게 열 것이냐의 문제로 심각하게 고민하고 있는 중이었다. 이렇게 변화무쌍한 세월에 세계를 보는 큰 눈을 뜨고 국가 경영의 큰 틀을 짜고 큰 그림을 그려야 한다는 선비가 흔치 않은 것이다. 더 큰 문제는 이 중차대한 문제를 문제로 보는 사람이 없다는 것이다.

이뿐만 아니라, 만약에 그들과 화친하자고 했다가는(개화파) 살아남기가 어려운 것이 실상이었다. 왜놈들이란 우리가 전해주는 통치방식을 본뜨는 한 단계 낮은 나라라는 인식이 완고하였다.

조선 초 중기 몇 차례에 걸쳐 일본에 조선통신사를 보낸 왕실에서는, 어마어마한 행렬을 일본에 보내면서 웃어른 된 나라의 큰 대접을 받고 으스대면서 우리의 문화를 전수하였던 것이 그렇게 먼 옛날 얘기도 아니건마는, 오만 방자하게도 그들은 선박의 숫자와 병사의 숫자가 많은 것을 믿고 임진왜란을 일으켰으나 연전연승 상대가 되지도 않던 무리들이라고 깔보고 있던 중이기도 했다. 그런 일본은 불과 얼마 전의 일본이 아닐 정도로 막강한 힘을 가지게 된다.

운양호를 운요호라고 부르지도 말자.

운양호를 몰고 온 것이 마침내는 강화도 조약으로 연계되고, 강화도 조약을 빌미로 그들의 힘을 믿고 치외법권적인 제10조에서 그만, 일본인이 한국에서 범죄를 저지르면(문서는 '양국'이라 하였으나) 자국(일본)법으로 다스린다는 등 불평등조약을 맺은 것이 중대한 화근이 되었으며, 그들의 화폐를 조선에서 유통하게 하였을 뿐만 아니라, 상권을 허가받게 됨으로 말미암아 툭하면 강화도 조약을 들먹이며 국권을 무시하기 시작하여 마침내는 나라를 잃는 결과의 단초를 제공하게 된 것이다. 왜 이런 불리한 계약을 했을까?

첫째는 힘에 부치고, 둘째는 우호니 통상이니 조약이니 하는 대외 각국과 상대하는 외교술에 대해 무식한 탓이었다. 이런 경험이 없다 보니 글자의 의미를 제대로 해석하지도 못할 정도로 조선은 도대체 무식한 나라였던 것이다.

자연히 고종 임금의 머리는 깨질 정도다. 힘은 약하고 부친 대원군 추종자는 득세하여 기세가 꺾이지 않고, 다시금 쇄국이냐 개국이냐의 문제를 가지고 얼마나 고통스러운 시간을 보냈는지 알지 못하여 고종을 무능하게 보는 역사학자들의 견해가 가슴 아프기 그지없다.

이것은 고종이 뿌린 씨앗이 아니라 23대 순조, 24대 헌종, 25대 철종, 부친 대원군에 이르는 사이에 뿌려진 악의 씨앗이 이 시기에 발아된 것이라고 보아야 옳다.

오래전, 때는 이미 1868년에 프랑스는 신문법을 통과시켰다.

미국은 1869년에는 이미 미 대륙을 가로지르는 횡단 철도가 개통되었으며, 같은 해 이미 컴퓨터의 원조가 되는 타자기를 개발해 썼고, 1876년, 즉 우리가 일본과 병자수호조약을 맺던 해에는 미국에서 전화기가 발명되어 실용화에 접어들어 가고 있었다.

일본은 1871년에는 도쿄와 오사카 간 우편업무가 개시되었고, 청국과 일본은 수호조약을 체결하기도 했다. 1875년에는 에도(江戶)에서 도쿄로 개칭한 도쿄-요코하마 간의 일본 첫 철도가 개통되기도 했다.

1877년이 되자 에디슨은 현대판 TV의 어머니라고 할 축음기를 발명하였다. 우리는 우물 안 개구리처럼 비좁은 헤엄만 치고 있는데 세상은 기하급수적으로 놀라운 발전을 거듭하고 있는 가운데서, 일본은 재빨리 이 모든 문명의 이기들을 받아들이기에 여념이 없었던 것이다.

공부하지 않는 나라 조선

우리 조정은 외세라고 하면 질겁을 하고 또 전쟁이 나는 것처럼 심한 알레르기 반응만 보였다. 때려 부수지 않으면 우리가 부서진다는 철저한 방어사상은 그만 나라의 발전을 늦추고 만 것이다.

보느니 눈치뿐이었다. 대원군이냐? 신정왕후(헌종비, 고종의 양모

대왕대비) 조씨냐? 아니면 고종이냐? 명성왕후 민씨냐? 안동 김씨가 어떻고 여흥 민씨가 어떻고 누구를 따라가야 벼슬이 올라가고 목이 잘리지 않느냐로 권력의 눈치만 본 것이 전부다.

세종대왕의 집현전이나, 정조 임금의 규장각은 옛이야기가 되고 말았다. 나라가 공부를 시키지도 않았고 당상관이나 당하관이나 공부할 꿈도 꾸지 않은 것이다.

심지어는 하늘을 보고 태양을 보며 해시계, 물시계, 자격루를 만들던 조선 왕실의 학자정신과 더불어, 장영실이나 정약용같이 백성을 위해 무엇을 하면 될 것인가에 대해 전념하던 실학개념이 거의 사라지고 만 것이다.

대원군은 영건도감(경복궁 건설청)을 설치하고 거대한 대궐 중건공사에 소중한 에너지를 다 쓰고 말았다. 그럴 기력으로 세상을 배우고 세계를 둘러보게 하도록 해외도감이나 세계정세청(廳)을 설치하고 세계를 향해 나가 견문을 넓히는 학자들 양성에는 아무 의식이 없었다.

연암 박지원이나 환재 박규수와 같이 높이 보고 멀리 넓게 보는 선비들에 대해 인정해주지도 않았다. 박규수 같은 인물이 평안감사로 제너럴셔먼호를 불태우는 일이나 했으니 나라의 실력이 형편없이 추락하고 만 것이다.

국가인재 양성기관이었던 성균관 유생들의 수학에도 관심이 없었다. 그나마 인재의 등용문이 되는 과거제도는 벽장에 가둬버리고 말았다.

1874년 7월에는 아예 명경과(明經科: 과거제도의 하나, 조선 초기에는 700명, 후기에는 540명을 합격자로 선발했다)를 폐지해 버리기까지 하였다.

인간은 본능적으로 무엇인가를 생각하고 생각한 것을 만들어 삽질에서 가래질로 바꾸는 것처럼, 걷기가 버거우면 자전거를 만들어 타듯 발전하게 되어 있건만 먹고 싸움질만 하노라면 아무것도 할 수가 없음은 세종대왕의 집현전 학사 양성이나 한글 창제로도 잘 아는 일. 그러나 지금의 왕실은 머리를 쓰지 않고 공부를 하지 않는 중이다.

기왕에 만들어놓은 벼슬자리에만 탐닉하는 풍조가 고종 임금의 고통이 되어 압박해 들어오고 있는 중이다. 당시 백성과 인류문화 발전을 위한 그 무엇 하나도 제대로 만들어진 것이 없음은 역사가 이를 증명한다만, 서양 각국은 그러지 않았다.

꼭 만들지 못하면 남이 만들어놓은 것이라도 자세히 들여다보고 배웠어야 하는데 먹고 하는 일이란 것이 하나같이 권력싸움이라 물밑은 더럽고 혼탁하여 오염된 세월이다.

대원군의 열정은 대단하고도 아깝기 그지없는 경우다. 그 열정과 정열로 수정전(정조 임금 시 규장각, 경회루 옆 건물)을 학자들의 연구소로 만들었다면 좋았으련만 이미 학문의 방향을 잃어버렸다. 고종은 책을 볼 정신적인 여유가 없다. 오히려 중전 민씨는 책을 읽는 편이다.

이최응(대원군의 형, 이유원에 이어 영의정이 됨) 같은 이가 책을 보고 공부를 한 기록을 찾지 못하고, 어느 누구도 인재나 후학을 길러 문물이나 실물경제에 해박한 지식을 찾기 위해 노력한 증거가 일절 없다.

이것이 나라의 불행을 예고하고 있건만 얼씨구나절씨구나 오로지 벼슬이 높아지고 권력의 축이 자신에게 오느냐 마느냐에만 지대한 관심을 가질 뿐이었던 것이 고종을 에워싼 중신들이었다고 봐도 된다.

거금 770만 냥(약 5천 억대)을 모아 경복궁을 짓느라고 백성들의 고혈을 거둔 것을 마구 나무랄 수만은 없겠으나, 그중에 70만 냥이라도 인재 양성에 썼더라면 나라가 어찌 되었을까.

나라의 힘은 무력+실력(학력)이라고 봐야 한다. 미국을 배우고 영국을 배우며 일본을 알고 청국을 파고들 중대한 시기에 공부깨나 한다 하는 선비들은 걸핏하면 유배(귀양) 가기 십상이고, 선비들의 천재적 두뇌는 집권 세도가에게 종속(하수인)되어 버렸다.

대원군은 정치가요, 고종은 왕이다. 대원군이나 고종에게 고도의 선진 지식을 제공하는 머리가(스승이) 누구였던가? 한심한 일은 명성왕후 민자영만이 그래도 공부를 하여 고종에게 신선한 지식을 전달해줄 정도였으니 이 어찌 왕비가 할 본분이라 할 것인가.

임금은 결정자다. 신하는 수종 드는 실행자다. 학자가 선비요, 선비는 학문을 탐구하는 자다. 지금 미국은 어떻고 영국은 어떤 나라고 일본의 변화는 무엇인가를 아무도 알지 못하는 아주까리 등잔불도 켜지 않은 칠흑의 밤과 같은 허송세월의 대궐에서 벼슬에만 관심을 기울이는 가장 문제가 많은 세월이 흘러가는 것이다.

1일 생활권 고속화 시대에서 첨단 IT시대로 가는 지금처럼, 그때의 세상도 급격한 격변의 세상이었다. 일본이 가진 소총에 비해 조선의 화승총은 장난감 총이나 같아도 신식무기 개발이라고는 눈을 씻고 찾아보아도 1874년도에 겨우 무슨 포(砲) 하나를 만들었다는 것 말고는 눈이 빠져도 찾아볼 수가 없다.

환재 박규수만이 그해(1874년, 운양호사건 2년 전) 6월 '대일본 경비강화책'을 올리고 있을 뿐이다. 박규수 같은 선각자는 벼슬자리에 앉힐 일이 아니다. 환재는 당시 우의정의 자리에 있었는데 우의정이 아니라 신학문연구청(新學文硏究廳)을 만들어 세계사를 가르치게 했어야 적임이라고 본다만, 나라가 무너지려니까 누구도 귀를 열지도 않고 새 눈을 뜨지도 않은 것이다.

월남과 죽천은 공부에 진력하다

왕실이 공부하기에 게으를 때, 죽천 박정양과 월남 이상재는 끝없이 후벼 파고 오로지 공부에 빠져 있었다. 두 사람은 나라를 다스리는 임금의 '훌륭한 신하'가 된다는 데 의기투합하여 동질성을 가진 것이다.

첫째도 공부요, 둘째도 공부이며 제대로 된 신하가 되려면 제대로 배워 알아야 한다는 데 어쩌면 두 사람의 생각이 그렇게도 같을 수가 있을까.

자주 죽천이 과제(숙제)를 낸다. 반대로 월남도 과제를 제시하기도 한다. 임금의 '1등 신하가 되는 길' 이런 종류의 주제를 가지고 대화하고 책을 펴 찾아가는 것이다.

그러려면 임금이란 어떤 위치에 있는가를 보다 점진적·학문적으로 정립해야 한다. 백성이란 무엇인가도 필요하다. 나라는 무엇인가도 알아야 한다. 왜 조세를 거둬야 하는지도 알아야 한다. 거둔 조세는 어떻게 써야 하는가도 알아야 한다.

단, 그저 생각으로만 알면 안 되고, 반드시 체계적인 학문의 기초를 다지고 그 토대 위에 논리를 갖춰야 한다. 무식함이 들통 나지 말아야 한다. 임금이 듣고 고개를 끄덕이고 다른 대신들이 들어도 꼼짝도 못하는 지식을 갖춰야 한다.

거둔 조세는 어디에 1순위를 두어야 하는가도 정해야 한다. 순위에
도 정당한 논리가 있어야 한다. 억지가 아닌 논리가 맞아야 한다.

나라 운영의 정당성을 확보해야 한다. 잘하나 못하나의 분석도 해
야 한다. 그러려면 다른 나라도 알아야 한다. 도대체 하늘 아래 조선
과 같은 나라는 얼마나 되는지도 알아야 한다. 고작 일본, 중국, 아라
사(러시아) 정도만 알아서는 안 된다. 미국 배가 왔으면 미국을 알아
야 하고 영국, 프랑스 정도만 알아서도 안 된다.

세계에는 얼마나 많은 나라들이 있는지도 알아야 한다. 땅덩어리
는 각각 나라별로 어떻게 생겼는가도 알아야 한다. 나라의 1년 소출
이 얼마나 되는가도 알아야 한다. 소출의 몇 할, 몇 푼, 몇 리를 어떤
방법으로 공정하게 조세를 거두어야 하는지도 알아야 한다.

거둔 조세를 가지고 군사를 몇이나 둘 것이고, 1년간 먹이고 무기
를 만들고 군복을 입히고 재우려면 얼마를 써야 되는지도 알아야 한
다. 아마 알았을 것이고 당연히 자료를 가졌을 것이다. 그러나 운용에
허점이 있나 없나도 제대로 챙겨야 한다. 그저 주먹구구로 알면 안
된다. 정확한 통계는 어떻게 만들어야 하는가도 알아야 한다.

국민의 의식을 깨우는 국민교육의 새로운 시대로 갈 연구도 필요
하다. 서양에서는 어떻게 하고 미국의 공교육도 배울 것은 배워야 한
다. 공부를 못해 무식한 국민을 언제까지 버려둘 것인가?

장마가 흉년을, 가뭄이 흉년이 들게 하는 데에 대한 대책도 강구할
일이다. 의술도 국가가 가르치고 관리해야 한다. 홍역, 마마에 대한
치료법도 연구하고 안 되면 기술을 배워올 궁리를 해야 한다. 하던
대로의 농사가 아니라 효율적 고소득으로 가는 농법도 연구하여 소

출을 늘릴 방안도 생각해야 한다.

대낮같이 밝은 전기발명은 꿈도 못 꾼다고 접어둔다 치자. 지금처럼 외세가 밀어닥쳐 오는 데 대한 대책도 이마를 맞대고 각국별로 다른 대처방안을 짜내야 한다. 이상하지 않은가? 무슨 재주로 수만 리를 왔는지 몰고 온 군함도 제대로 분석해야 한다.

벼슬자리에 앉은 이들에게는 각 품계에 따라 어느 정도의 녹봉을 주어야 할지도 공평하게 분석해야 한다. 나라 경제가 적자가 나면 안 되고 매년 얼마의 흑자가 나는지도 알아야 한다. 대충 알아서는 안 된다.

인구가 몇이고, 군사가 몇이고 줄일지 늘릴지도 알아야 하고, 군역(병역)의 공평성도 합리적이어야 한다. 전체 나라 살림을 하는 관리가 몇 명이나 되고, 그들에게 줄 녹봉은 총 얼마를 가져야 1년 동안 나라 살림을 할지도 알아야 한다.

각 지방에서 걷혀오는 국세가 새어나가지는 않는지도 알아야 한다. 무엇이 잘못되어 흉작이고 무엇이 풍작을 이루는가도 연구해야 한다.

나라의 땅을 왕이나 관리들이 농사지어 직접 소출을 일구어 내지는 못하니 백성들이 모두 참여하여 고르게 다 배불리 잘 먹고 나라에 조세는 얼마를 내도록 해야 민심이 반발하지 않는지도 알아야 한다.

미국은 어떤 나라고 영국이나 프랑스, 일본, 청국은 어떤 나라이며, 그들 각 나라에서 많이 나오는 소출은 무엇인가도 알아서 서로 나누어 쓰는 방도(통상)도 찾아야 한다.

우리만 잘 살아서는 외국에서 가만두지 않는다. 저들이 자꾸 들어오는 이유도 알아야 한다. 천적과도 같은 일본의 실상을 알아야 한다. 청국에서 간섭하는 왕실의 대책도 어물어물하지 말고 제대로 대처해야 한다.

그러자니 세계를 알 지도가 필요하다. 나라 안도 제대로 모르면서 세계를 안다? 이것도 말이 안 되니 조선팔도는 손바닥 보듯 하고 난 연후에 넓혀 나가야 한다.

월남과 죽천은 이와 같이 산적한 나라 실상을 꿰뚫어 보는 눈으로 그에 대응할 과제를 찾아 배우고 토론하는 일에 여념이 없었다.

한산 이씨 시조 권지호장 공 묘소(한산면 사무소 옆)

신사유람단 단장 박정양의 증손자 박찬수 교수(고려대)와 저자

제2부

신사유람단 태동

공부가 세월을 삼키다

"무슨 공부할 과제가 이렇게도 많단 말이냐?"

죽천과 월남은 태산이 누르는 것 같다.

공부로서 세월은 훌쩍 철을 지나고 훌쩍 해를 넘겨 어느새 12년이 흘러갔다.

1년 360(음력 기준)일에 12년이라면 4,320일이다. 인간이란 얼마나 사는가? 오래전 어느 날 월남은 계산도 해 보았다. 잘 살아야 60년, 2만 날을 조금 더 산다(360일 곱하기 60년은 21,600일).

2만 날을 사는 가운데 죽천의 사가에서 어언 4천여 날을 산다면 5분의 1이나 된다.

그나마 장수해야 60년이지 40, 50세에 세상을 떠나는 사람도 많은 걸 생각하면 죽천의 사가에서 보내는 날들이 아깝지만 그럴수록 공부의 줄에 묶여 끌려 들어가다 보면 어느새 새벽이고 아침이고 다시 밤이 오는 것이다.

공부는 하나를 알기 위해 열 가지를 찾아야 한다. 책과 책이 다르고 같은 하나의 과제를 가지고 말과 해석이 다르다. 가령 여기 어떤 책에 "나라에 충성하고 부모에 효도하라."는 말이 있다 치자.

딱 하나 그 책에 있는 그 말 하나만 알아서야 '충성과 효도'에 대해 제대로 알고 설득력 있게 말할 수 있어 제대로 배운 학자요, 공부를 많이 한 선비라 하겠는가? 이래서는 왕을 보필하는 훌륭한 신하의 자격이 없다. 그러니까 죽천은 "벼슬길에 나가는 것이 중요한 게 아닐세. 나가서 충신이 되어야지. 무식한 신하가 되거나 간신배가 되어 부화뇌동 똥오줌을 못 가린다면…. 더 있다 제대로 알고 난 후에 나가는 게 옳지 않겠는가?"라고 생각한 것이다.

백번 맞는 말이다.

월남은 무수히 이런 문제에 부딪혀 왔다.

모든 과제에는 학자의 견해가 있다. 그 견해를 자세히 보면 학자마다 다르다.

공자는 무어라 하고 맹자는 무어라고 하고, 장자는 무어라 하고 노자는 무어라 했으며, 순자와 한비자의 충성과 효도에 대한 말도 다 들어보고 알아 학문의 폭과 깊이가 있어야 학자라 할 수 있다.

효도문제뿐만 아니라 왕이란 무엇인가도 마찬가지다. 정치란 무엇인가도 마찬가지다. 백성을 위한 정치란 무엇인가도 마찬가지고 학문의 갈래도 여러 갈래로 해석도 다르고 사상도 다르다.

가령 백성을 다스림에 있어 백성이란 착한 것이 본능이라고 한 사람은(선성설, 善性說) 순자(荀子)다. 그러므로 덕으로 다스려야 한다는 사람은 맹자(孟子)로서 왕도정치 덕치주의를 주장하였다.

그러나 인간(백성)이란 그 본성이 악하다고 한 사상(성악설)에 동조한 사람은 한비자(韓非子)다. 그래서 한비자는 좋게만 해서는 안 되기 때문에 법(法)을 정해 법대로 다스려야 한다는 주장(법치주의)을 하고 있다. 법을 잘 지키면 가만 두고 법을 어기면 벌을 주어야 한다는 논리다. 누가 맞는가?

이것은 빙산의 일각일 뿐이다. 월남이 공부에 빠져든 것은 바로 이와 같은 의문의 수렁에 빠져 깊은 골짜기를 헤매면서 이를 풀어내자고 하는 무한대의 학문에 대한 학구적 열정 때문이었다.

그러나 아직도 태부족이어서 공부해야 할 것은 끝이 보이지 않는다. 경암 박제근 대감은 돌아올 때마다 "이것도 필요할 것 같아 가져 왔으니 잘 읽어봐." 하면서 책이란 책은 다 거둬 오신다.

어느 날은 필요하거든 일본말을 배우라면서 일본말을 좀 안다는 사람을 붙여주기도 하고 닥치는 대로 책을 갖다 주고 있다. 한 권도 버릴 책이 없다

세상은 빠르게 돌아가고 있는데 왕실이나 조정, 삼정승 육판서는 물론 전국의 관리들은 제 몸 하나 건사하기에도 쩔쩔매고 있다.

그저 복지부동하고 무사하기만 바랄 뿐이다. 오늘만 편하고 내일만 편하면 된다고 그날그날 하루를 잘 넘겨 넘어지지(해고+파직)만 않으면 성공이라고 몸보신에만 정신이 없다. 이게 누구 탓인가?

모두 임금 탓이라고 한다면 그 말도 맞다. 반대로 고위직 벼슬아치의 자질 탓이라고 해도 그 말도 맞다. 임금다운 임금이 없고 신하다운 신하가 없다면 양비론일까. 그렇지 않다.

죽천과 월남은 이를 임금 탓이라는 생각은 일절 하지 않았다. 임금은 하늘이 내리는지라 하늘에서 비가 오면 하늘을 탓하지 말아야 하듯, 태양이 뜨고 진다고 그걸 탓하지 말아야 한다는 것이 죽천과 월

남의 사고로 굳어져 있다.

그럼 누구 탓인가?

백번 신하의 탓이라고 단정한다. 임금을 모시는 신하가 임금에게 나라경영의 온갖 자료를 만들어 올리고 임금의 판단을 기다리되, 임금이 믿고 기뻐하며 그렇게 하라고 윤허를 내리시도록 해야 하는데 신하들이 사실 실력이 없다. 가령 퇴계 이황은 선조가 왕위에 올라 모든 게 낯이 설 때 도면까지 그려 국가경영을 위한 십성장도(十成長圖)를 올리니 선조가 큰 힘을 내게 되었다는 기록이 있다.

과거에 장원이면 무엇하고 정승판서면 무엇에 쓸 것인가? 나라가 닥친 현실을 직시하지 못하고 생각이 굴절되어 대안은커녕 원리도 제대로 모르는 것을 어이하랴.

월남과 죽천은 천하를 알고자 불철주야 늘 하루도 긴장을 풀지 않았다.

그래서 마주 앉으면 밤을 새워 토론하기에 여념이 없던 날이 수백 날이 넘어 가히 몇 날이라 할 수도 없다.

그러다 보니 아직도 끝이 보이지 않는 나라의 내일을 위한 큰 그림이 다 그려지지 않아 여전히 그리고 고치고 다시 그려 보느라 세월이 훌쩍 12년이나 흘러간 것이다.

죽천과 고종 임금의 밀담

1880년 초가을 어느 날, 죽천(박정양)이 고종 임금의 부름을 받고 창덕궁으로 간다. 해질 무렵 술시(오후 8시)에 오라는 어명을 받은 죽천은 가슴만 울렁거릴 뿐 무슨 일로 들라 하시는지 감감하여 가늠치 못해 불안하다.

'설마하니 독대하고 뭔가 크게 진노하시어 질책이라도 하시려는가?'

'혹 무슨 잘못한 것이라도 있을까?'

자꾸 지난날들을 돌아보게 한다.

14년 전(1866년) 별시에 합격하고 12년 전(1868년) 월남(이상재)을 수하로 삼은 후 경상좌도 암행어사로 나갔다가 돌아왔던 일부터 돌이켜 보는 죽천이다.

그 후 승정원 승지(정5품)로 1년 있다가(1878~1879년) 보덕(종4품, 세자시강원 강사)이란 한직에 1년 있었고, 지금(1880년) 현재는 종2품 참판의 벼슬자리에 있으나 전념하는 것은 월남과 함께 사가(집)에서 미국을 배우고 아라사(러시아)와 일본, 청국을 공부하며 충직한 신하가 되기 위해 노력하는 것은 여전하다.

하여 월남과 의기투합 공부에 전념하는 것이 죄라면 죄일까 별반 잘못한 것이나 꾸중을 들을 일은 없다는 것이 죽천의 생각인데 왜 들라 명을 내리셨는지 모를 일이다.

혹시나, '자네는 언제까지 사가에서 한눈만 팔 것인가?' 하고 한눈을 판 게 아닌데 혹 전하께서 호통을 치시려 부르는지도 모를 일이다.

'자네 그러려면 보덕이고 부총관이고 참판이고 다 내놓게나!'

'사가에서 공부한답시고 지금 월남이란 젊은이와 헛짓거리만 하고 있는 게 아닌가?'

이렇게 말씀하시면 걱정이다. 불안, 불안, 걱정의 먹구름이 엄습해 들어온다.

'아닐 거야… 아니야, 아니야.'

죽천은 애써 불길한 생각을 지우고 있다.

지워지지 않는다.

구태여 문책을 받는다면 죽천 자신의 과오가 아니라 4년 전 세상을 떠난 환재(瓛齋, 호) 박규수의 개화파 활동이라 할 것이다.

신정왕후 조 대비의 측근 이유원이 영의정이 될 때 흥인군(대원군의 친형)이 좌의정이며 환재는 우의정이 되었다가 불과 1년도 못 되어 판중추부사로 좌천당한 것과 연계되어, 환재는 개화파의 온상을 제공한 사랑방 모임을 가졌었다. 이것이 엉뚱하게도 모반이라면 모반이라 하여 책망을 받을 일일지도 모를 것이나, 이는 벌써 4년이나 흘러간 묵은 얘기이며, 죽천에게는 조부뻘 되는 환재의 성향이 있다는 것 정도일 뿐 질책당할 일은 아니다.

그러니 수구파(쇄국파) 대원군이 하야한 이제 와서 새삼 문제될 일도 아닌데 웬일인지 모르겠다.

그렇다고 벼슬을 종2품에서 정2품으로 올려주겠다 할 턱은 없다. 만약 그렇다고 한다면 밤에 부르실 일이 아니다. 이런 일은 편전 신하들 앞에서 공개적으로 하지 밤에 들어오라 하지 않기 때문이다. 밤에 편전으로 혼자 들어오라 하시는 예는 듣도 보도 못한 죽천이다. 점점 가슴이 울렁이고 뛴다.

중전 명성왕후(민자영)와 동석해 고종이 죽천을 맞는다.

"내 죽천과 긴히 할 말이 있으니 이 내관은 물러가 있거라."

고종은 진지하다 못해 숙연하여 엄숙한 위엄이 오늘따라 더더욱 무겁다.

"어서 오세요."

내관이 물러가자 명성왕후가 입가에 웃음을 띠며 입을 열지만 감히 올려 보기에도 기가 눌린다.

"죽천!"

"예, 전하."

"좀 더 다가와 앉아 고개를 들고 나를 보시오."

이제야 입가에 띤 고종의 웃음이 죽천의 눈에 보인다.

"중전께서 말씀하시겠습니까?"

"아닙니다, 전하께서 직접 말씀하시지요."

도대체 무슨 이야기를 하시려는지 아직도 긴장이 풀리지 않아 양 어깨가 무거워진다.

"편하게 들어 주십시오."

명성왕후가 안심을 시켜주고 고종이 입을 연다.

"내 기회를 만나면 환재(박규수)를 중히 쓰려 했으나 그만 연로하여 이미 세상을 떠나셨기에(1876년 12월) 때를 놓치고 말았습니다. 환재가 세상을 뜨지 않았다면 이 말은 환재와 만나 상의하고 환재에게 천거하라 하려고 했던 말이었는데 그간 아버님(대원군)의 일로 혼돈하여 이제야 죽천을 불렀소이다. 이미 너무 늦은 감이 있으나…."

고종이 다시 한번 주위를 둘러본다.

"이 내관 어디 있느냐?"

"예 전하!"

"어찌하여 멀리 가 있으라 하였거늘 가까이 서 있느냐!"

호통을 쳐 하고자 하는 말에 큰 비밀이 있다는 것을 느끼게 한다.

"안 되겠소이다. 이 일은 음성이 차분하시니… 중전께서 나 대신 죽천에게 말하는 것이 좋겠습니다."

하자, 명성왕후가 입을 연다.

'도대체 무슨 말씀을 하시려는가?'

'얼마나 비밀스러운 것이기에 자리를 이렇게까지 물리고 물리시는 것일까?'

죽천의 가슴이 더욱 요동치고 있다. 애써 태연하기가 힘들 지경이다. 마침내 명성왕후가 또렷하면서도 차분하게 말한다.

"죽천께서는 오늘 하시고자 하는 전하의 말씀을 누구에게도 말하시면 안 되십니다."

"예, 마마."

영문은 모르지만 지당한 응답이다.

"이 일은 전하와 죽천만이 알아야 하는 비밀입니다."

하자 고종이 거든다.

"경암(박제근, 죽천의 부친, 강화 판관을 거쳐 상주 목사, 정3품으로 아들 죽천의 벼슬이 더 높음)에게도 비밀로 해야 합니다."

이어 명성왕후가 말을 받는다.

"이제야 아버님의 세력들이 좀 잦아들었습니다. 죽천께서도 아시는 바와 같이 아버님은 나라의 문을 열면 안 된다고 해오셨습니다. 척화비를 세우면서까지 양위(서양인)를 거부하셨고, 그런 아버님의 뜻에 따르는 조정신료들로 인하여 전하께서 심중에 가득 찬 뜻을 펼쳐오지 못했습니다. 그러다 보니 너무 늦었습니다."

죽천은 아직도 무슨 일인지 알지 못하겠다.

"이제는 조선의 문을 활짝 열어야 합니다. 미국이든 영국이든 화란(네덜란드)도 좋고 불란서라도 괜찮습니다. 이제는 아무리 빗장을 쳐도 밀려오는 외세의 물결을 막을 수가 없습니다. 그것은 파도를 막을 수 없는 것보다 더 어려워, 마치 바람을 막는다고 하는 짓과 다를 바

없습니다. 바람을 막지 못한다면 조선의 대문을 걸어 잠그지 못합니다. 그래야 하는 이유는 그래야만 조선도 힘이 생깁니다. 그러니 죽천께서 조선의 문을 여는 일에 앞장서서 전하의 뜻을 펴 나라를 발전시키는 빗장을 열고 푸는 열쇠가 되어 달라는 것입니다."

말이 느리다. 중간 중간 말을 쉬기도 한다. 말이 편하고 안정되다.

'무슨 말씀이신지요?'

입가로 말이 흘러 나가려 하는데 참고 듣는다. 중전의 말이 이어진다. 여전히 말이 느려 서둘지 않는다.

'참으로 침착하시기도 하구나.'

죽천은 중전과 이렇게 직접 대면하고 말을 듣지는 못하였다. 의지가 확고함을 느끼게 한다. 둘이(고종) 무슨 교감이 오갔는지 이번에는 고종이 말을 잇는다.

"그래서 죽천께서 일본을 다녀오면 어떨까 상의를 좀 해보려고 하는 것입니다."

'상의?'

죽천이 내심 놀란다. 전하께서 낮은 자신에게 상의라는 말을 하신다는 것은 있을 수 없는 일이기 때문이다.

중전이 거든다.

"물론 전하께서 단도직입적으로 명하셔도 되는 일입니다. 하지만 이 일은 그러기보다는 긴밀한 교감이 오가야 하겠기에 상의를 해보려고 한다는 것입니다."

"전하! 어인 말씀이신들 소신에게 내리시면 되시옵니다. 상의라 하심은 가당치 않습니다. 감히 어느 안전이라고 전하와 소신이 상의라 하시옵니까?"

"아닙니다. 상의를 하시려 한다는 말씀이 맞습니다."

고종은 입가에 긴 웃음을 띠며 바라보고 중전은 말을 계속한다.

"먼 나라 서양까지 가서 문물을 보고 배워온다는 것은 어렵습니다. 게다가 언어와 문화의 장벽은 일본이 얕습니다. 통사(통역원) 자원도 일본이 낫고 거리도 가까운 데다가 죽천께서는 이미 일본문물이나 말에 어느 정도 근접하다는 얘기도 들어 알고 있습니다."

비로소 죽천이 입을 열었다.

"미국이건 유럽이건 명을 내리시면 어찌 가타부타하겠습니까. 소신 미력하나마 어디라도 좋사오니 명만 내리시옵소서."

"압니다. 일찍이 『열하일기』나 『북학의』에 통달하셨으며, 일찍이 문호를 열어야 나라에 힘이 생긴다는 것을 직시하고 사가에서 어떻게 공부에 전념했는지도 들어서 알고 있습니다. 일본입니다. 죽천께 긴말을 하지 않아도 죽천은 전하의 뜻이 무엇이며, 그러니 어떻게 해야 전하의 뜻에 부합할지에 대해 상당 부분 간파할 분이라는 것도 알고 부른 것입니다."

"그러하시면 소신이 무엇을 어찌해야 할지를 하명하여 주시옵소서."

"먼저 죽천의 뜻이 어떤지부터 생각을 말해 보세요."

"감히 어찌 소신에게 뜻이라고 할 게 있겠습니까. 소신은 그저 명을 따를 뿐이오니 전하의 뜻만 하명하시옵소서."

"아닙니다. 우리 세 사람의 뜻이 맞아야 합니다. 전하의 뜻은 긴말 안 해도 무슨 말씀인지 알아들으셨는지요?"

"예 알아는 듣습니다."

죽천의 고종과 독대 대화

"그렇다면 죽천께서 처음 하나에서 열까지 전부 합당한 뜻을 위해 전체의 틀을 짜셔야 합니다. 첫째는 가는 목적이 무엇이며, 다음은 누구를 데리고 어디를 갈 것이며, 가서 무엇을 할 것인가의 문제까지 계획을 세우고 실천에 옮기는 전 과정을 궁리해서 전하께 주청을 올려 명을 요구하셔야 합니다. 단, 모든 일은 아직도 개화를 반대하는 아버님의 세력이 내재해 있기 때문에 하나에서 열까지 아무도 모르게 비밀리에 추진되어야 합니다. 갑작스러운 제안이라 즉답이나 즉결을 하는 것은 옳지 않습니다. 달포 정도 기간을 드릴 테니 지금부터 돌아가거든 구체적인 계획을 세우는 일에 몰두하시라는 것입니다. 전하께서는 죽천을 믿습니다. 벼슬이 높은 사람도 많지만 이 일에는 죽천이 적임자이며 저도 전하의 뜻을 받들 최적임자는 죽천이라고 말씀드렸습니다. 그러니 죽천의 즉흥 소감이나 한마디 해 보십시오."

명성왕후의 침착함에 죽천이 놀라 무슨 말씀을 올려야 할지, 갑작스러운 하명에 머리가 풀리지 않는다.

"전하! 소신 실은 꿈도 못 꾸고 전하 앞에 왔기로 지금은 무슨 말씀을 올려야 할지 모르겠습니다. 그러나 신은 오늘 전하의 하명에 신의 모든 것을 바치겠다는 생각입니다. 어서 문을 열어야 한다는 것은 저의 움직일 수 없는, 하잘것없사오나 확고한 소신입니다."

"아 그래요? 압니다, 그래서요? 그러니 어떤 식으로 열어야 하느냐가 중요합니다. 좀 더 생각나는 말을 해보시오."

"소신 미력하오나 두 가지는 분명합니다. 하나는 문을 열어야 강해진다는 것이며, 둘은 열 되 잘못 열어도 안 된다는 소신입니다. 잘못

연다 함은 나라를 빼앗으려 하는 외세와, 우리와 통상하여 상부상조 공리상생하기를 원하는 외세는 다르다고 하는 것입니다. 편리기생(便利寄生, 한쪽만의 이득)으로 착취를 위해 가면을 쓴 외세와 호혜평등으로 피차 번성하기 위한 통상이라면 누구든 반기고 교류해야 한다는 것입니다. 양위라고 다 거부할 게 아닌 것은 그들의 인격과 국격의 문제입니다. 사랑을 나누며 피차 도와주고 서로 도움받는 교류를 분간하여야 하고, 일방적 침탈로 국권을 유린하고자 하는 속내를 가지고서는, 힘이 강하다고 해서 우리 백성을 짓밟을 악성국가를 잘 판단해서 현명한 개방이 되어야 한다고 보는 것입니다."

"그래요, 맞습니다. 그렇다면 일본은 어떻다고 보십니까?"

"일본은 그들의 과거 역사나 현재를 보아 상당히 위험한 개방대상국이라 생각합니다. 임진년 왜란으로 잃은 선조의 영령들이 축복하지도 않는 국가에 해당됩니다. 그러나 노골적으로 적대감정을 가지고 기왕에 4년 전(1876년) 강화도 조약으로 맺어진 지정학적 입지마저 부정할 수는 없다는 면에서 상당한 기술을 요한다고 하겠습니다."

"그런데도 전하께서는 1차로 일본을 지목하셨습니다. 이 점에 대해 혹 아니라는 생각이 있으시면 이참에 전하께 터놓고 미리 말씀을 올리십시오."

"하지만 전하의 지목에 동감합니다. 늘 상국인 줄 아시온데 그렇다고 청국은 아닙니다. 좋은 것은 드러낼 일이라 하겠으나 국제관계에서는 드러내놓고 직설적으로, 특히 불편한 상대국의 경우에는 쉽게 좋다, 나쁘다, 아니다, 노골적 감정을 적나라하게 표출하는 것은 득보다 실이 많을 것이며, 특히 대일관계에서는 속내를 드러낼 것이 아니라 상대가 불편하지 않도록 슬기를 발휘할 일 같습니다. 이런 점에서 볼 때 이번에 전하께서 일본을 지목하신 것은 그들에게 우리는 적이 아닌 동지라는 인식을 줄 것이므로 저도 찬성입니다. 아마 열정적으로 많이 보여주려 할 것이고 앞서 받은 서양문물을 자랑삼아 전달해 줄 것으로 여겨집니다. 일본을 선택하신 것이 옳습니다. 우선은 우리도 힘을 길러야 한다면 일본을 돌아보고 난 후에 은밀하게 우리의 노선을 그 후 다시 정할 일 같습니다."

"아 그래요? 고맙소이다. 일본은 26년 전(1754년) 미일수호조약을 체결하였으나, 우리는 나라의 문을 벌써 근 60년 세월 걸어 잠가 버려 100년이나 뒤처지고 만 격입니다. 늦었지만 아버님께서라도 바로 문호를 개방하셨더라도 많이 달랐을 일을 더욱 완고하셨으니 따지고 보면 국력이 약하기 그지없건마는 아직도 그 생각에서 벗어나지 않는 아버님과 그 세력들이 많으니 우선순위가 바르지 않습니다. 자꾸 세월만 가고 있어 불안하기 그지없습니다. 죽천의 고조부뻘이 되시는 연암(박지원, 반남 박씨 오창공파 19세손)이나, 고령 탓에 중히 쓰지도 못하고 타계한 환재(박규수, 참봉공파 21세손, 71세로 4년 전 사망)의 생각이 모두 옳았어요. 이제라도 죽천(박정양, 참봉공파 23세손)이 나서서 나라를 강하게 세울 방안을 강구해내야 합니다. 나는 죽천이라면 뜻이 통할 것을 이미 믿어왔습니다. 중전께서도 죽천을 만나면 이렇게 반가워할 줄 알았어요. 특히 중전께서 죽천에 대해 많이 알아보고 실은 먼저 추천을 했답니다."

"전하! 소신 형언치 못할 광영으로 아옵고 전심을 다 바치겠사옵나이다."

"그러세요. 늦었지만 중요하기 이를 데 없음에도, 게다가 일을 내놓고 하지도 못하니 복잡하여 책무가 막중하십니다. 이제는 아까운 인재들이 나이가 많아지기 전에 나라 일에 재목으로 쓰여야 마땅합니다. 아직은 젊으시오나(죽천 39세, 월남 30세) 죽천보다 나이 든 사람은 아닙니다. 어릴수록 개화에 적응력이 앞섭니다. 그러니 최연장자는 죽천이 하시고 심지어 20세나 15세 안 된 청년이라도 함께 갈 사람이 있으면 과감히 참여시키세요. 첫째도 둘째도 사람을 잘 쓰셔야 합니다. 내 말 알아듣습니까?"

"전하! 이를 데 없는 성명으로 소신을 깨우쳐 주시는 줄 잘 알고 있습니다. 감읍하옴이 하늘에 닿습니다. 하오나 최연장자로는 소신이 되라고 하신 말씀은 생각해 보셔야 할 것 같습니다. 나이가 젊어도 굳은 사람이 있고, 나이가 많아도 젊은 머리가 많습니다. 환재 조부님의 경우는 70세가 되어서도 개화에 대한 열정이 대단하셨으니 말입니다."

"그건 그렇기는 해요. 다만 죽천이 인솔자의 대표가 돼야 합니다. 나이가 60이라도 죽천의 아랫자리에서 일할 사람이어야 한다는 뜻입니다. 현재의 조정에 신정부 통리기무아문(새 조직)이 12개 사(事)사(司, 일을 맡은 부서)로 되어 있으니 그런 규모로 짜야 할 것입니다. 각 사의 대표는 모두 죽천의 지휘를 받아야 합니다. 내 말 알아듣습니까?"

"알아듣습니다. 소신을 중히 쓰시려 하심에 열과 성을 바치겠습니다."

"질렸어요, 나는…. 나이가 들면 젊은이들을 무시하고 자기네들만 최고라고 하는 그 생각이 옳지 않아요. 우리나라는 어른이 너무 강합니다. 그러다 보니 생기가 죽고 오기가 불타 이렇게 늦고 있습니다. 뜀박질을 해도 젊어야 잘하는 것 아닙니까? 그래서 늙으면 죽어야 한다는가 봐요. 물론 목숨이 죽어야 한다는 뜻은 아니겠지만…."

고종이 독백처럼 말을 흐린다.

"전하! 밤이 늦었습니다. 오늘은 이쯤 하시고 다시 부르시지요. 돌아가라 하시면 어떻겠습니까?"

"하하하, 왜요? 내 말이 심했습니까?"

"아니옵니다. 어른 대접을 제대로 올려야 한다는 뜻인 줄로 압니다. 생각을 한걸음 뒤로 물러서 주시기 바란다는 뜻인 줄 잘 알고 있습니다."

중전이 결례가 되었다고 느끼는가 보다.

"저는 괜찮사오나 전하께서 침수를 드셔야 하는데 그것이 저어될 뿐이옵니다."

"나는 사실 밤을 새워도 상관없습니다. 그만큼 나는 오늘 죽천을 부르기에 앞서 많은 생각을 해왔으니까요. 내 뜻을 받아주셔서 고맙습니다. 그러나 오늘은 이만 돌아가시고 한 달이나 두 달 후에는 출발준비를 해야 합니다. 달포라고 해야 짧습니다. 그러니 멀어도 그 이전에는 자주 들어와 상의를 하셔야 합니다. 그냥 오면 안 되고 계획을 잘 짜가지고 들어오셔야 합니다."

명성왕후도 거든다.

"잘하실 분으로 믿습니다. 그렇지만 계획도 잘 세우시고 사람을 잘 세우셔야 합니다. 전하께서는 죽천이 세운 계획이라면 눈감고도 받는다고까지 하셨습니다. 그럼 늦었으니 이만 돌아가 보시지요. 한 치레쯤 후에 뵙도록 하겠습니다."

하자 고종이 급히 말을 막는다.

"아, 가만가만… 하나만 더 알고 가십시오. 이번에 일본에 가는 것은 조정에서 모든 경비를 다 부담할 것이나 그렇다고 과거 통신사나 수신사처럼 공식방문단이 아닙니다. 그렇게 되면(알면) 나라 안이 시끄러워집니다. 개방을 위한 사전 시찰 겸 견문단을 보내는 것이지만 겉으로는 조정과 무관한 개인방문단으로 아무도 모르게 가야 합니다. 인원은 죽천이 필요로 하는 만큼 계획을 올리세요. 그때 또 상의합시다."

상의 또 상의라고 한다. 신하가 감히 전하와 상의할 수 있는가? 없다. 그런데도 상의라고 한다. 죽천의 가슴이 멍하다 못해 얼얼하다. 고종은 이럴 정도로 이번 일에 정치적 명운을 건 것이다.

새 정부 조직 통리기무아문

죽천이 돌아간 후 고종은 자리를 뜨지 않고 오른손을 머리에 얹은 채 중전과 깊은 생각에 잠겨 있다.

"전하! 이제 그만 침수에 드시옵소서!"

중전도 선뜻 자리를 뜨지 못한다.

"죽천은 개화의 피가 흘러 잘할 것이옵니다. 혹 우려되시거든 전하께서도 일본에 보낼 인사들을 선임하여 죽천과 상의하세요."

"그 점은 죽천이 하는게 낫다고 봐요. 일본은 서양문물을 받아들이는 데 성공했습니다. 지난번 김기수가 수신사로 다녀와서 올린『일동기유(日東記游)』나『수신사일기』를 봐도 그렇고, 작년에 다녀온 김홍집이 올린 중국인 황준헌(黃遵憲)이 쓴『조선책략』(朝鮮策略, 1권 참조) 같은 책은 우리나라에 값진 교훈입니다. 이번에는 결단을 내야 한다고 생각합니다. 일정에 대해 중전께서는 어찌 생각하십니까?"

"출발은 내년 봄이나 돼야 할 것이고 다녀오면 내년 여름이 될 것입니다. 작년에 새로 편제하신 통리기무아문(統理機務衙門, 의정부 이전의 정부조직)이 잘된 조직입니다. 아버님(대원군)은 마뜩잖아 하시겠지만 12개 사(司, 현재의 각부에 해당)를 완벽하게 보완하시면 우리나라도 달라질 것입니다. 죽천은 개화사상이면서도 온건개혁파여서 분명 좋은 결과를 가지고 올 것입니다."

"맞아요. 아버님(대원군)은 지금도 우리를 순한 눈으로 보지 않고 계십니다. '어디 얼마나 잘하나 보자.' 이렇게 고누고 보신다는 것은 상당한 부담입니다. 그러나 그야 아버님이시니까 그렇다고 치겠습니다만, 아버님과 동조하는 구신(舊臣)들의 입방아가 청년들의 기를 꺾고 심지어는 임금인 나의 기(氣)도 꺾지 못해 안달입니다."

"전하! 그들은 존경하고 받들 대상입니다. 조선의 전통이 잘못된 것은 연로하시면 편히 즐겁게 사시도록 모시라고 가르치지 않고, 그저 복종하고 순종하라고만 가르쳐온 구습입니다. 젊은이와 노인의 차이는 하나를 두고 열 가지냐 백 가지냐 하는 생각의 방향갈래가 적고 많은 사고의 폭넓이라 할 것입니다. 이미 전하의 보령이 스물여덟이나 되셨습니다. 남아 이십에 나라를 평정한다 하고도 8년이 지났는데 아직까지도 어린 주상이라고 그저 내려만 보시는 것이 문제입니다. 그러니 척신들이 그분 말을 따를까 전하의 영을 따를까 하다가 권세의 줄만 잡으려 하여 나라가 묵밭처럼 돼 버렸습니다."

"친정선포 자체가 늦었습니다. 경복궁을 떠나 창덕궁으로 오기 한 달 전(1873년 11월 5일)이면 내가 22살일 때입니다. 22살이면 민가 백성이라도 이미 장가가고 7~8년이 지난 나이입니다. 그게 서운하시다고 양주에서 운현궁으로 몸을 달구시며 경복궁, 창덕궁을 못 믿어 하시니 내가 눈총 아래서 어찌 기를 펴겠습니까. 어마마마(신정왕후, 조대비)의 대왕대비전과 쌍불을 켜고 자기 사람을 내치면 두 분이 다 눈을 치뜨고 불만하시니 조정대신들의 임명을 눈치 보여 어디 제대로 하겠습니까."

"그러니 3정승 6판서를 비롯한 아버님이 만든 대전회통(大典會通, 당시의 헌법+정부조직법전)을 또 바꾸신 것은 잘하신 일이십니다. 통리기무아문[1]의 12사는 빈틈이 없습니다. 게다가 벼슬자리 이름까지 다 바뀌니까 굳어 버린 세도벼슬 의식도 많이 줄였습니다.

"이로서도 완벽하다 하지 못합니다. 그러니 일본에 죽천을 보내 그들이 서양문물을 받아 무엇을 어떻게 하는지 실무에 대해 많은 보완이 필요합니다. 관할 부사(司, 맡을 사) 명칭보다 어떻게 일을 하느냐고 하는 것이 중요해요."

"죽천이 잘할 것입니다. 문제는 아버님이 마뜩잖아 하시니 전하의 탁월한 통치를 보시란 듯이 갖추셔야 합니다. 그것이 책봉한(1875년) 세자(후일의 순종)에게 물려줄 전하의 값진 유산이 될 것이기도 하고요."

"중전이 믿으니 나도 죽천을 믿습니다. 내가 손수 사람을 가려 보내기에는 무리가 있으나 죽천이 가려내면 아마 나라의 틀을 잡을 참고자료는 내가 찾는 것보다 나을 것으로 봅니다."

---

1) ① 사대사[事大司, 사대문서(事大文書)의 관장, 중국사신의 파견, 대청(對淸) 외교 등을 맡아본 관청] ② 교린사(交隣司, 통리기무아문에 속하여 일본과의 외교를 맡아보던 관청. 고종 18년에 설치), ③ 군무사(軍務司, 군대의 통솔 등 군사에 관한 일을 관장), ④ 변정사[邊政司, 신문화를 도입하고 내정을 개화하기 위하여 설치한 통리기무아문(統理機務衙門) 소속의 관아], ⑤ 통상사[通商司, 통리기무아문(統理機務衙門)에 소속된 부속관청. 외국과의 통상사무를 맡아 보았다], ⑥ 기계사(機械司, 신문화를 도입하고 내정을 개화하기 위하여 설치), ⑦ 선함사[船艦司, 전함(戰艦)의 제조와 이를 관장], ⑧ 군물사[軍物司, 병기(兵器) 제조업무를 관장], ⑨ 기연사(譏沿司, 군국기밀과 일반 정치를 총관), ⑩ 어학사(語學司, 외국 문자와 언어 해석 및 번역), ⑪ 전선사(典選司), ⑫ 이용사(理用司) 등으로 구성되었다.

제3부

3년 만의 귀향

귀가한 죽천

죽천이 집에 오니 해시(밤 10시)가 넘어섰다.

"이보게 점묵이! 안에 가서 나 귀가했다 하고 사랑채 월남과 이야기 좀 하고 든다 하게."

죽천은 오자마자 월남에게로 왔다.

"월남! 아직 주무시지 않는가?"

"예 대감마님!2) 늦게 잘 것 같습니다."

월남은 방 안 가득하게 책을 펼쳐놓았다.

"무엇을 이렇게 열심히 보셨는가?"

"예, 일본 지도하고 일본에 관한 책들입니다."

"일본만 아니고…. 와, 뭘 이렇게 잔뜩 열어놓고 보시는가?"

"예, 밤인지 낮인지도 잘 모르겠습니다. 해보니까 공부가 세월을

---

2) 이제는 나리가 아님. 정3품 이상을 대감이라 부름. 죽천은 현재 종2품으로 부친 경암 박제근보다 벼슬이 높은 참판임.

잊게 합니다. 해시(밤 10시)가 넘었지요?"

"그러네…. 그런데 월남!"

부르고는 말을 잇지 않는다.

"예, 무슨 하실 말씀이라도?…"

"아, 아닐세."

무슨 말인가 하려다가 만 죽천이 딴청을 한다.

"다름이 아니라,"

"예."

"아, 전하께서 들라 하셔서 편전에서 이제 나와 늦었다네."

그러고는 다시 또 입을 닫는다.

바라보던 월남이 묻는다.

"저하고 무슨 상관이 있을 일은 아니지 않습니까?"

"하하 상관? 글쎄…. 뭐 무슨 상관이랄 것은 없고."

하더니마는

"월남! 집 생각 안 나시는가?"

화제를 돌리는 눈치다.

"집이요? 하하, 저야 집을 잊은 사람이라 집 얘기만 하면 쥐구멍이 어디냐입니다. 참 무심도 하다 할 거예요."

"해서 하는 말인데 자네 집에 좀 다녀오게."

"집에 갈 새가 없습니다. 대감께서 제게 언제 짬을 주셨습니까?"

"하하, 그랬던가? 너무 걱정하지 말게나. 신정왕후도 자경전에 불 나고 나서 창덕궁으로 가셔서는 많이 잠잠하시고, 대원군 대감께서도 이제는 지치셨는지 좀 조용하시네. 문제는 개화파가 맥을 못 추니까 그게 문젤세."

"박규수 대감님이 돌아가시니 뿌리가 빠져 시들할 수밖에요. 환재 (박규수) 대감 생각일랑 이제 접으시고 거기 드나들던 김옥균·박영효·홍영식 같은 청년 인재들을 어찌 등용하실지가 관건일 것 같습니다."

"문제는 김옥균이나 박영효가 저대로 말 사람들은 아니야. 당연한 사상이고, 참 애국자들인데 좀 강직한 면이 있어. 조금만 부드러우면 좋겠는데…. 급하게 구부리면 부러지지 않겠는가? 자네 말대로 꾀가 있어야 하는데 열정이 너무 뜨거워."

"맞습니다. 그러니 강화도(병자수호) 조약대로 가자고 일본공사 하나부사 요시모토(花房義質)는 목을 조이고 나서니 통리기무아문(統理機務衙門, 의정부 기능에 준하는 정부조직)이 어서 안정돼야 전하께서 편히 침수를 드실 것 같습니다."

"전하께서 편히만 주무신다면 신하된 자로서 그보다 더 큰 보람이 무엇이겠는가. 전하가 편치 못하시니 백성이야 얼마나 고달프겠는가?"

"맞습니다. 대감마님께서 나서셔야 하는데 아마 좋은 기회가 올 것입니다."

"그런데 얘기가 엉뚱한 데로 가 버렸구면."

"예?"

"자네 시간이 없으니 속히 고향부터 다녀오시게나."

"예? 시간이 없다니요?"

"없어, 그러니 고향부터 다녀오시게. 한 보름 넉넉하게 다녀오시게."

"시간이 없는 것은 무엇이고 보름 동안이나 다녀오라시니 앞뒤가 이상합니다."

"이상할 것 없네. 자네 고향 다녀온 지가 2년은 됐지?"

"3년입니다. 그래도 대감께서 늘 본가 처자들 식량 걱정까지 해주셔서 굶지는 않사오니 제가 고향 간들 무슨 보탬이 되겠습니까? 대감마님의 수종을 들기 위해 공부를 잘해야 보답이지요."

"이번에는 다르네. 자세한 건 다녀와서 얘기하기로 하고 서둘러 다녀오게나. 정말 시간이 없어."

"영문을 모르겠사오나 감사한 마음으로 그냥 다녀만 오면 되겠사옵니까?"

"이번에 다녀오면 어떻게 해서든지 처자를 한양으로 모셔올 때까지는 못 만날지도 모를 일이니 모셔올 연구도 진작부터 했어야 하는 건데."

"제 몸 추단도 못하는데 언감생심일 따름이지요."

"내 죄가 많네. 진즉에 어디 자리를 잡아주었어야 하는 건데 그만 내가 내 욕심만 너무 부린 모양이야."

"아닙니다, 대감마님. 어떤 자리에 간들 그게 제 목적도 아니고 대감마님의 뜻도 아니지 않습니까? 때가 오리라고 믿어 저도 서둘지 않았습니다. 아무리 서둘러도 아직도 가야 할 학문의 길이 멀고 정사를 아우르는 데 일조할 자격이 되는지도 모르겠으니 이렇게 온 방 안을 책으로 채우며 밤을 새우는 거지요."

"그동안 무리했어. 꼬박 새우기를 한두 번인가? 이제 잠시 다 접고 부모님 뵙고 일단은 안심하시라 하시게. 내가 면목이 없어."

어른 월남과 어린 상재

월남은 내일 한산으로 출발하려다 모레 가기로 했다.

그런데 잠이 들려고 할 때 갑자기 어린 시절의 월남 자신(댕기머리 어린 상재)이 나타나 말을 건다. 둘이서 육조거리를 다니기도 하고, 손잡고 대궐 돌담장 길을 걷기도 한다. 어린 상재가 월남을 할퀴고 꼬집어 댄다.

"월남 형님! 한양에 온 지 얼마나 됐는지 알아요?"

"뭐 형님? 내가 어찌 네 형님이냔 말이냐. 이놈아 네가 커서 내가 됐으니 따지면 네가 내 형님이 되는 것 아니냐?"

"에이 형님도…. 형님은 어른이고 나는 애들이잖아요?"

"그래도 그렇지 네가 나고 내가 넌데, 같은 네가 나를 형님이라 한다고?"

"그냥 어른이니까 형님이라 한 걸 가지고 뭘 따지십니까. 묻는 말에나 대답해 보세요."

"그래 그렇다 치자. 에…. 그러니까 내 나이 19세에 왔으니 12년째나 되었구나."

"맞아요, 그러니까 아버님(희택) 연세가 지금 얼만지나 아세요?"

"너 날 바보로 보는 거니? 쉰아홉이시다 왜?"

"아버님은 작년에 관아를 그만두셨어요. 건강도 안 좋으신 데다가 연세도 많아서…."

"그래 그렇구나, 벌써 내후년이면 환갑이시로구나."

"애들도 부쩍 컸어요, 몇 살 몇 살인지도 아세요?"

"그렇구나. 승륜이가 13세냐?"

"맞아요. 승인이가 9세고, 막내 승간이가 7세입니다."

"그렇구나, 참 세월이 빠르기도 하다. 애들은 아프지나 않고 잘 큰다고 하더냐?"

"애들 엄니 월예가 하나도 잃지 않고 챙겨서 그 많은 돌림병과 부실한 먹을거리에도 잘 컸어요."

"휴, 고맙기는 한데…. 내가 이거 지금 뭐하자는 사람인지 모르겠구나. 아비라고 해봤자 희택 아버님의 똥도 못 치우는 풍신이라니 기가 막힌다."

"그런 줄은 아세요?"

"알지. 그러니까 내가 7세 때, 너는 기억할 것이다. 그때 아버님은 나를 사숙에 보내셨고, 11세 때는 봉서암으로 보내셨지. 승륜이 나이면 봉서암에서 현만 스님한테 한참 공부를 할 때였다."

"그런데 승륜이나 승인이는 희택 아버님이 공부라고 시켜주시지만 아버님의 눈도 흐리시고 서당에 보낼 형편도 안 돼서 머리는 참 좋은데 나이만 걸 먹고 있습니다."

"안다. 그러나 알기만 하다니 면이 없다는 것이다. 그래서 어떡하든 내가 책을 좀 많이 보내주려고 생각만 하고 실천을 못하고 있어."

"도대체가…. 내 월남 형님께 한 가지 여쭤 볼 게 있습니다."

"너 나를 혼꾸멍이나 낼 참은 아니겠지?"

"이게 혼꾸멍인지 똥구멍인지는 잘 모르겠지만…."

"모르겠지만…?"

"월남 형님은 어떻게 하실 작정이십니까? 벼슬을 나가시던지 과거를 보시던지 했어야지, 그것도 진즉 하셨어야지, 나이 서른이나 되도록, 애들은 셋이나 되고 아내는 쎄가 빠지고, 아버님은 늙어 가시고,

성재는 별반 농토도 없고, 애들은 자꾸 나이가 들고, 승륜이는 월남 형님 같으면 내후년에 장가갈 나이 아닙니까?"

"…휴…."

"아니 한숨만 쉴 게 아니라, 승륜이를 어쩔 것이며 집이 저렇게 엉망인데도 집 생각을 얼마나 하고 계시는지 묻는 것입니다."

"휴, 집 생각?"

"집 생각, 애들 생각, 아버님 생각, 뭘 얼마나 어떻게 하느냐고요?"

"못했다 사실, 못한 게 아니라 할 새가 없었다."

"그게 말이 되십니까? 아비가 어찌 아무 생각도 없이 나만 편하면 답니까?"

"편해? 그래 편했다고 해도 할 말은 없지."

"형님은 정말 무심한 사람입니다. 남자 나이 30세에 부모를 아나, 처를 아나, 셋이나 되는 자식을 아나… 도대체 무슨 생각을 하며 무엇을 하면서 세월을 보냈단 말입니까?"

"나? 세월? 무슨 생각? 뭘 했느냐고?"

"말을 해 보세요, 어물거릴 일이 아닙니다, 이건."

"어물거리고 있는 것이 맞는 것도 같다."

"이렇게 넘어가도 되는 겁니까? 이렇게 무책임한 사람이 어디 있답니까? 말을 해 보세요. 왜 그러셨는지…."

"내가 왜 이렇게 사는지 나도 모르겠다. 분명 잊지 않았는데도 잊은 것과 다를 게 하나도 없구나."

"그래서 이제 어떻게 하실 건데요?"

"이제가 아니라 진즉부터 내가 내려가든가, 아니면 데리고 오던가, 마음이야 꿀떡 같았었다. 핑계대지 말라고 할 테냐?"

"지금 그걸 따질 때도 아닙니다. 고향 집 이번에 가시면 3년 만이 아닙니까? 동네 얼굴 들고 어떻게 가실 겁니까? 성재도 성재지만 제수씨 얼굴은 무슨 낯으로 보실 것이며, 주름 골이 잔뜩 패인 아버님께 이제부터 뭘 어떻게 한다고 할 말 있습니까? 그렇다고 벼락 돈벌이를 해서 보낸다고 할 뾰족한 수도 없지 않습니까?"

"네 말이 백번 맞는 말이다."

"이런 식으로 구렁이 담 넘지 마세요. 형님은 나쁜 사람입니다. 생각이 있는 겁니까? 없는 겁니까?"

"내가 내 한 몸 편하다 보니 몸에 배어 가족들을 버린 남자란 말이겠지?"

"맞아요, 형님이 이래서는 안 되십니다."

"내가 어쩌면 좋겠느냐?"

"그걸 왜 내게 물으십니까? 가서 아버님께 물으시는 불효를 저지르실 참이세요? 월예에게 물을 일도 아니지 않습니까?"

"내가 가끔 너만 나타나면 말문이 막혀 버려."

"이것도 아닙니다. 말문 막힌다고 나를 피해서 될 일입니까, 이게?"

"…."

"대답해 보세요."

"대답이라고 할 말이 없다."

"그럴 게 아니라. 그럼 형님!"

"또 무슨 말을 하려고?"

"12년 동안 형님이 얻은 게 무엇입니까? 가족을 위해서 말입니다."

"너는 말만 하면 나를 숨도 못 쉬게 하는구나."

"숨 쉬세요. 그리고 얻은 게 뭔지 말해 보세요."

"너도 알다시피, 내가 12년 동안 잠을 잤느냐? 놀러나 다녔느냐? 아니면 술독에나 빠졌단 말이냐?"

"그럼 한 일이 뭐예요?"

"공부만 했지. 쓸 데가 있나 없나는 모르겠지만 내가 잠시도 한눈을 판 일은 없다. 공부가 아니면 죽천 대감이 나리 일적부터 국사에 대한 토론만 했고, 죽천 대감의 지인들과 나라 걱정만 하면서 어떻게 해야 좋은 신하가 될까 꿈만 꾸었고 그러느라고 나도 어? 하다 보니 세월이 이렇게 흘러간 것이다. 멍할 따름이야."

"할 줄 아는 것이 무엇이죠?"

"야야, 막 몰아치지만 말거라. 왜 나라고 생각이 없겠느냐?"

"생각만 해서 되는 일도 아니잖아요?"

"허허, 이거야 원."

"저도 알 건 압니다. 형님 일본말 조금 하시는 것, 책이란 책은 동양·서양까지 꿰고 계신다는 것, 나라가 어찌 돌아가는지 법전에 능통하다는 것, 전 조선팔도를 손바닥 보듯 훤히 내려다보신다는 것, 일본지도를 꿰뚫어 보시고, 서양 열강들의 역사와 문화 그리고 그들의 각축과 조선에 대한 속내, 더불어 조정(육조와 삼정승) 문신들의 성향 파악과 임금님의 심사를 간파하신다는 것, 권력의 축이 어느 쪽에 기울고 짜우는 것, 장차 이 나라가 세계 속의 강대한 나라가 되려면 무엇을 어찌해야 한다는 것, 형님은 높은 산이요, 넓은 바다시라는 것은 저도 압니다. 그런데 참 답답하세요. 해는 지고 날은 저물어 가는데 언제까지 머리만 채우고 생각만 우려내며 살 것입니까?"

"그러니 넌 뭘 어쩌라는 것이냐?"

"죽천 대감의 사가에서 나오셔야 합니다."

"너 또 그 소리 하려고 하는 거냐?"

"제가 몇 번을 말했잖습니까? 수염이 대자라도 먹어야 산다고…."

"알지, 나만 잘 처먹으면 짐승하고 뭐가 다르냐고도 했었지?"

"그래요, 형님은 이기적입니다. 이기적이란 말은 짐승이란 말과 동격이라는 말은 전에도 했지요?"

"그래서? 나가서 내가 어디로 갈까?"

"지금도 늦지 않았습니다. 죽천 대감과 상의해서 과거를 보세요. 그래야 하는 것은 농사도 안 되고 관리가 되는 것 말고는 길이 없는 형님이시라 형님이 과거를 보면 이제는 붙지 않겠어요?"

"내가 공부한 것은 과거 공부가 아니었다. 천문, 지리, 과학 같은 잡과도 아니고 무과도 아니다. 오로지 문과였는데 문과라 해도 내 공부는 신하에 관한 전문 공부여서 대궐에서 임금님을 모시는 방법밖에 배운 게 없어."

"그러면 경암(죽천의 부친 박제근) 대감님께 매달리든지, 죽천에게 말해서 직을 받아 나가야 할 것 아니겠습니까?"

"죽천 대감은 나를 놓지 않는다. 그렇다고 죽천이 사욕을 위해 멀쩡한 장정을 썩히자는 것은 더더욱 아니다. 죽천은 나보다 한 수가 아니라 열 백 수나 위다. 나라를 맡아야 할 신하가 사명이라면 제대로 된 신하가 되어야 하고, 그 길은 하루 이틀 단 몇 년에 도달하는 길도 아니라는 죽천 대감의 깊은 뜻을 내 어이 모르랴."

"백날을 얘기해도 다람쥐 쳇바퀴만 돕니다 그려, 그만둡시다. 그만두고, 고향에 가지 마세요. 아물 수 없어 임시 덮은 상처를 긁으러 갑니까? 며칠 생각해 보고 사가를 나간다던가, 아니면 직임을 찾아 달라고 하고 고향 길 포기하세요."

"그 말도 일리는 있다마는…."

"그런데 이 녀석이 어디로 갔어? 상재야! 상재야!"

어린 상재는 자주 월남에게 나타난다. 그럴 때마다 월남을 할퀴고 꼬집고 약을 올려댄다. 하지만 틀리는 말이 없으니 월남은 오늘도 잠들기는 틀려 버렸다. 다시 일어나 책을 펴지만 이렇게 되면 공부도 안 된다. 뒤척이고 거지반 새우고 나니 새벽녘에야 잠이 들었다.

고향에 가지 않으리라

월남은 한밤중인 줄 알고 곯아떨어져 자는데 누가 흔들어 깨워 일어나 보니 죽천이다.

"이보시게 월남! 월남!"

놀라 깨어났다. 어린 상재가 또 괴롭히는가 하여 바라보니 죽천이다.

"예, 대감마님, 이 밤중에 웬일이십니까?"

"지금이 몇 신데 밤중이라니. 진시(8시)가 지나 사시(10시)가 다 돼 가고 있네. 고향에 가라 했더니 오늘 안 가나?"

월남이 자리를 걷고 일어난다, 이부자리를 개키는데 그새를 못 참고 죽천이 말을 건다.

"내 밤새 생각해 봤는데…. 나도 실은 잠을 설쳤다네, 그런데 가는 길에 아예 한 달 동안 푹 쉬다가 오는 것이 좋겠네."

"예? 한 달이나요? 왜, 무슨 일이 있으십니까?"

아직까지 이렇게 오래 내려가라 한 일도 없었고, 그럴 수도 없는 형편이었다. 길어야 열흘이고 아니면 7일이었는데 한 달이라니, 이것은 무엇인가 다른 이유가 있는 모양이다.

"무슨 일입니까? 그렇게 오래 가 있으라 하시면 이제 제가 보기 싫으십니까? 왜 그러세요?"

"좀 쉬기도 해야지. 별일은 없고, 다만 다른 생각이 있는 것이 아니라 이제는 정말 내려갈 사이가 없을 것 같아 마지막이라는 생각에 아예 머리를 싹 비우고 쉬었다 오라는 뜻일세. 다른 이유랄 게 뭐가 있겠는가. 정 좀 주려고 하는데 왜 시비를 걸어."

조반상이 들어왔다. 모처럼 같이 아침을 먹으며 월남이 죽천에게 말했다.

"저는 고향에 안 가기로 했습니다. 어제만 해도 가려고 했는데 갈 일이 아닙니다."

"아니 3년이나 됐는데 갈 일이 없단 말인가? 왜 그러는데?"

"가 봐야 마음이 편치를 못하겠습니다. 말씀드리자면 길어집니다."

"왜 그러는가 월남?"

"아버님도 퇴직하셨고 애들은 부쩍 컸고, 아비라는 사람이 그만 고향이나 처자, 부모님 생각만 하면 공부도 안 됩니다. 큰아이는 벌써 장가를 보낼 준비를 할 나이입니다. 아우가 애들을 키우고 마누라는 꼴이 아닌데 아버님의 심정은 까맣게 탔을 것이고…"

"그걸 모른다고 내게 알려 주자는 것인가?"

"대감마님께서 알아 달라는 말은 아닙니다. 마님께서는 제게 과분하게 잘해 주셨습니다만, 핏줄의 정은 제 몫인데 제 몫을 못하였으니 생각이 많습니다."

"뭘 생각이 많은지 말을 해 보시게나."

"신하가 될 것이냐 말 것이냐의 심각한 고민으로 잠을 못 잤습니다. 새벽에 눈을 감았지만 잔 것 같지도 않아요."

월남이 괴로운가 보다 싶어 죽천은 짐짓 할 말을 잃는다.

"잘 안다네. 왜 나라고 그걸 모르겠는가. 그러나 안다고도 못하겠으니 나도 편치는 않네. 하지만 남아입지일건(男兒立志一建, 한 번 세웠으면)이면 하사만사(何事萬事) 불방(不防)이라 우리가 그걸 몰랐고 우리가 한번 일도작심(一道作心)에 무심해태(無心海苔, 생각 없이 늦음) 허세월(虛歲月)을 보낸 일 있단 말인가?"

죽천은 말을 하면서도 둘러대는 자신이 궁색함을 느낀다.

'차라리 사실대로 말할까?'

그러나 그럴 수는 없는 일이다. 죽천은 월남을 곁에 두고 전하의 뜻을 준비하는 일을 숨기기 어렵다. 방을 따로 쓸 수도 없다. 3차로 가라고 하신 일본 수신사(유람단) 인선과 추진업무에 대한 계획을 머리로만 할 수는 없는 터, 펴놓고 쓰기도 하고 사람도 만나봐야 한다. 그러다 보면 다 몰라도 월남은 바로 비밀을 알게 된다. 주위가 편해야 하기에 첫째가 월남을 고향으로 보내야 하고, 아무래도 한 달은 혼자서 머리를 짜내야 한다. 물론 월남을 배제할 생각은 아니다. 이번 일본 길에는 월남을 같이 가자 할 생각이다. 이제 월남은 어디에 어떤 일로 동행해도 알아서 잘하되 누구보다도 잘할 사람이다. 반드시 데리고 가야 한다는 생각은 출발을 결정한 첫째 조건이다.

결정은 전하께서 하시겠지만 처음 인선은 죽천에게 하라고 하신 전하의 말씀이었으니 월남을 데려가는 것은 어려운 일이 아닐뿐더러, 월남을 데려가야만 자신이 안정되고 월남은 일본에 대한 공부를 한 사람이라 필요한 사람이다. 그래서 일단 기초계획이 세워지면 아무래도 월남에게만큼은 사실을 터놓고 상의해야 한다는 생각이다. 하지만 지금은 아니다. 일단 한 달여 혼자 정리를 해서 기초가 세워지면 그때 가서 월남에게 말하기 위해 고향으로 보내려 하는 중이다.

이런 죽천의 속내를 알 길이 없는 월남은 영 빗나가고 있다.

"꼭 가라고 하시면 가기는 가겠습니다. 꼭 한 달이나 있다 오라 하셔도 그렇게는 하겠습니다. 단, 가게 되면 저도 많은 생각을 하게 될지도 모릅니다."

"많은 생각? 무슨 딴생각을 하겠다는 건가? 아니 이 사람 보게나? 하하, 나를 협박하시려는가?"

죽천이 따끔하게 찌른다.

그렇다.

가게 되면 또 어린 상재란 녀석이 나타날 것이다. 그 녀석만 나타나면 월남이 맥을 못 추겠고 심하게 흔들려 버린다. 게다가 촌댁이 되어 허름하기 이를 데 없는 사랑하는 월예를 보면 더욱 흔들릴 것이다. 아버지 희택을 보면? 이것은 생각만 해도 끔찍하다. 향수병(鄕愁病)에 절은 가슴을 쓸어내리며 10년 넘은 세월 내내 공부가 입맛에 너무 달고 맛있어서 향수병을 덮어놓고 살아온 세월인데 내려가게 되어 병이 도져 향수병이 벗겨진다면 다시 올라올 마음도 식을 것 같다.

"대감마님! 아무래도 무슨 비밀이 있으신 듯합니다마는 여쭙지는 않겠습니다. 그리고 순종하겠습니다. 가겠습니다. 내일 떠나겠습니다."

월남은 미묘한 낌새를 느꼈다. 죽천의 표정이 그래야 할 이유가 있다고 보였기 때문이다. 우선 내가 없어야 될 특별한 이유가 있다는 생각이 든 것이다. 그러나 속내는 내려가기가 싫은 월남이다.

"고맙네."

죽천은 지금 말해줄까도 생각하다가 만다. 월남은 무슨 비밀이라도 믿을 사람이라는 데 의심 없는 사람이라는 믿음은 한결 같다.

"지금이 상달(음력 10월/양력 11월) 초니까 동짓달 초순에 올라오시게. 노자와 가용돈은 주려고 하네만 자네가 만족할지는 모르겠고…."

"아닙니다."

"대신 말을 타고 가시게. 가서 말 관리가 불편하겠는가? 아니면 말고."

"예, 타고 가겠습니다. 말 관리는 해야지요."

월남은 고향으로 내려가기로 했으나 마음이 착잡하다.

12년 세월 속에 묻힌 이야기들 1

1868년, 그러니까 12년 전인 월남 19세에 한양에 왔다. 해가 12번이 바뀌고 계절이 48번이나 바뀐 오랜 세월이다. 그러나 지나고 보니 번갯불처럼 가 버렸다. 오직 공부에만 전념했던 세월 12년이라 하겠지마는, 월남에게는 꼭 그렇지만도 않은 반면과 이면에 묻힌 수많은 사연(이야기)들이 있다.

그 사연들이라고 하는 게 무엇인가?

귀향길에 곰곰이 생각해 보는 월남이다.

월남은 생존의 토대가 의식주라 한다면 먹고 자는 데는 별 문제가 없었다. 그러나 매일 끼니때마다 밥상을 받으면 고향에 두고 온 부모와 처자식이 떠오른다. 이제는 무디어질 때도 되었는가 싶지만 단 하루 어느 한 번도 지워지지 않는다.

나만 잘 먹고 잘 자서 될 일이 아니다. 부모 자식은 지금 무엇을 먹는지를 생각도 못하는 사람이라면 그를 사람이라 할 수 있겠는가?

봄, 가을 추수 때가 되면 죽천이 쌀과 보리를 두 가마니씩 보내주라 하였다. 그러나 식구가 점점 늘어 지금은 월남 가족 6명과 성재 가족 3명을 합쳐 9식구나 된다. 9식구가 1년을 살려면 이것 가지고는 식량만도 부족한데 사람이란 밥만 먹고 살 수는 없는 일이다. 무엇보다도 승륜이와 승인이가 공부할 뒷돈을 대 주어야 하는데, 그렇다고 더 보내 달라고 할 수는 없다. 매번 충분하다고 하는 수밖에….

'모자라는 것은 농사도 짓고 녹봉도 받으시니 그런대로 굶기야 하시랴.'

마음을 편하게 가지려 해도 그게 잘 안 된다. 어느 날 몸살이라도 나면 집 생각이 난다. 누가 약재를 구해오기를 바라는 것이 아니라, 고향 가족 중 누가 나보다 더 아프지나 않은지가 궁금해 견디기 힘들어 몇 번은 아픈 몸을 이끌고 한산으로 내려가기도 했다.

죽천은 한산에 가는 일은 자유롭게 하라고 한 지 오래다.

처음 죽천의 사가로 올 때는 한산에 갈 생각을 말라는 말보다, 가면 안 된다는 눈치였었고, 부친 희택 공은 아예 집을 잊고 살라고도 했었다.

그러나 한산에 가고 올 짬을 내는 것은 쉽지 않고, 가면 또 노자가 있어야 한다. 노자만 가지고 가서야 되겠는가? 그러나 돈이 생길 아무런 이유가 없으니 모두 죽천의 몫이다.

그렇다고 죽천에게 손을 내미나? 내밀 일은 아니다. 내밀지 않아도 자주 용돈이라고 주기에 구태여 내미는 것은 월남의 성정에 맞지도 않다.

그렇다면 밥값을 하고 돈 값을 하고, 고향에 가라고 하면 노자 값을 하고 먹고 자는 값을 하면서 가야 하는데 이게 늘 부담이다. 돈으로는 할 수가 없다.

"걱정 마시오, 공부가 쌓이면 그게 밥값이오."

죽천이 월남에게 바라는 것은 오직 실력이 늘어나는 것이다.

자주

"우리가 이제 이런 것을 알았으니 이게 실력이고 이게 국력이고 이게 왕권이고 이게 민권이 되는 날이 올 것이오."

하며 기뻐하였다.

죽천의 부친 경암 박제근 대감이나 대감의 부인 영인(令人, 정4품과 종4품 관리 부인의 예칭 譽稱, 정3품과 종3품 관리의 부인은 숙인 淑人이라 함) 한산 이씨에게는 죽천 외의 자식도 따로 없는지라 가끔 월남을 챙기는 것은 큰 문제가 아니나 식솔이 거대군단이다.[3]

게다가 관무에 따르는 가용 돈이 만만치 않다고도 보이지만 그래도 자주 오지 않을 뿐이지 경암 대감이 오면 매번 "지니고 있게나."

하시고는 많을 땐 2원도 주고 1원도 주고 50전도 꺼내주어 그것을 모았다 노자로 쓰고 가용으로도 써왔으나 가용돈은 별 따로 나갈 것이 없다. 전부 월예에게 주고 오게 되는 돈이다.

그러다 보니 둘째도 셋째도 태어나 월남은 스스로 자식 복은 많다고도 생각한다. 하지만 이번 참에는 벌써 3년이나 고향에 가보지 못한 월남이다.

그렇다고 방 안에서 공부, 공부, 그저 공부만 한 것도 아니다. 대궐이 궁금하고 임금의 편전이 보고 싶은 마음은 여전한데 도무지 대궐에 들어갈 일이 없다. 하지만 경복궁에도 두 번 가봤고 창덕궁에는

---

3) 정종1품의 처는 정경부인(貞敬夫人), 정종2품의 처는 정부인(貞夫人), 정종3품의 처는 숙인(淑人), 정종4품의 처는 영인(令人), 정종5품의 처는 공인(恭人), 정종6품의 처는 의인(宜人), 정종7품의 처는 안인(安人), 정종8품의 처는 단인(端人), 정종9품의 처는 유인(孺人)이라고 하며, 종품은 정품과 동일함.

자주 드나들었다.

처음 경복궁은 하도 가보고 싶어 하니까 죽천이 데리고 갔었다.

"편전에는 못 가네. 대궐 담장 너머로밖에 보지 못했다 하니 내가 광화문 안에 한번 데리고 가 구경을 시켜 주지."

하고서는 광화문과 홍화문을 지나 궐내각사(대궐 안의 근무처)로 데리고 간 것이다.

"궐내각사란 조정의 신하들이 대궐 내에서 근무하는 별개의 전각를 말하는 것이야."

정문으로 들어가더니 왼쪽 쪽문 여러 개를 지나 수정전(경회루 앞) 왼쪽 편에 있어 대궐 서문 쪽이 궐내각사다.

삼정승과 육판서는 광화문 밖 육조거리가 근무처로서 의정부 소속이지만 대궐 안에도 별도의 각사가 있었다. 죽천은 궐내각사에 가는 날이 많고 여기까지는 데리고 가도 되는 모양이다.

"내 식솔일세."

누구라고 개별적으로 인사를 시키는 것은 아니고

"여기 들렀다 같이 어디 갈 데가 있어서…."

하고는 말꼬리를 흐려 그저 혼잣말처럼 하는 소리일 뿐 누구도 말을 걸지도 않는다.

'궐내각사가 이런 곳이로구나.'

월남은 자세히도 보았다. 그러나 촌닭 장에 온 듯, 한구석에 얌전히 앉아 있다가 나온 것이 두 번이다.

창덕궁은 여러 번을 드나들었다. 이따가 무엇을 가지고 오라든지, 이따가 뭐 가져갈 게 있으니 와서 가져가라든지. 그럴 때는 돈화문(창덕궁 정문)에 가서 "죽천 대감의 식솔인데 이런저런 일로 왔다."

하면 처음에는 죽천이 이미 말을 해놔서 쉽게 들어가고, 나중에는 돈화문을 지키는 군사들과 면이 생겨 어렵지가 않았다.

그래 봤자 돈화문을 들어서도 우측 금천교(다리)를 건너가지는 못한다. 금천교를 건너가야만 편전(왕의 집무실)이고 침전(왕의 숙소)이고 들어갈 텐데 오른쪽으로 금천교에서 그저 오십보백보 걸어가면 닿는 진선문을 바라만 보고, 곧장 궐내각사를 향해 곧장 왼쪽으로 가야만 한다.

그러나 대궐에 갈 일이 있는 날이면 새벽부터 설레고 가슴이 뿌듯하다. 세수도 제대로 하고 의복도 미리 손을 봐놓고 머리도 단정하게 매무새를 잘하고…. 하지만 언제 어떻게 저 진선문 안으로 들어가 선정전(편전, 임금의 집무실)과 희정당(침전으로 쓰다가 편전으로 사용)과 대조전(왕과 왕비의 침전) 앞에 가게 되는 날이 올지 벅찬 가슴이 그때마다 차갑게 식어 버린다.

12년 세월 속에 묻힌 이야기들 2

죽천의 사가로 처음 온 한두 달은 도무지 무엇을 할지 알 수가 없어 마음이 진정되지를 않았었다.

말타기, 활쏘기, 칼 쓰기를 배울 때만 해도 장차 할 일이 무엇인지 가늠되질 않았다.

마침내 나라를 위한 큰 그림을 그리는 벗이 되어 달라는 말에 공부에 전념하던 2~3년, 그러니까 나이 21~23세 때까지만 해도 공부라고 시작은 하였으나 아득하기만 했다.

차츰 서재에 쌓인 책을 탐독하게 될 즈음에 이르러서야 그제야 월남은 자신이 할 일이 과연 무엇인가를 알고 차츰 안정하게 되었다.

말을 타고 각 지방을 다녀오고 왕릉도 참배하고 강화도에도 다녀오자 더욱 해야 할 공부의 끈이 어떤 끈인가도 확연해졌다. 그러나 그때까지만 해도 왠지 새장에 갇힌 새 같기도 하고 어디 감옥소에라도 갇힌 것 같은 압박감이 가슴을 눌렀다.

공부를 안 하면 눈치가 보이고 때때로 공부의 줄을 잡은 기력이 약해지면 중압감에 힘도 들었다.

그러나 그런 압박에서 해방된 지 오래다. 죽천은 자주 말했다.

"어이 월남! 공부는 머리 회전이 안 되면 안 되지 않던가? 그러지 말고 자유롭게 좀 바깥바람도 쐬면서 놀기도 하며 하시게. 내가 종일 나가는 날은 한양 구경도 다니게나. 하루를 다니든지 이틀 사흘을 다니든지 나한테 편하게 말이나 하고 나가 돌아도 다니라고."

또

"꼭 공부는 공부할 때에만 머리에 쌓이는 것은 아니라고 보네. 반대로 잘 때도 머리에 쌓이고, 나가 돌아다닐 때 머리에 저장도 되는 것 같은데 그렇지 않은가? 죽어라고 책만 펼치고 앉아 있으면 역효과가 나는 경우도 많아."

하면서

"한양성도 올라가 보고, 4대문 밖에도 좀 나가 보고, 한강 나루터에도 좀 가보고…. 인왕산이고 북한산이고 관악산에도 가서 바람도 쐬고 세상 구경도 해야 되지 않겠어?"

묻고는

"여보게 점묵이!"

부르고 하는 말이

"월남 서방님이 바람 쐬러 가자 하거든 집식구한테 얘기해서 밥도 싸가지고 같이도 나가 월남의 말동무도 되어 주게. 단, 월남과 같이 가거든 나하고 같이 간다는 마음으로 잘 모시고 다녀야 하네."

라고까지 말한 게 벌써 몇 년 전인지도 모른다.

월남은 철철 계절이 바뀔 때마다 육조거리를 나다녀도 보고 인왕산에도 올라 다녔다. 말을 타고 인천 바닷가에는 여러 번 가서 바닷바람을 쏘이기도 했다. 광진나루, 한강 노량나루, 마포나루, 양화나루도 가고, 걸어서 성안과 성 밖을 다니기도 했다.

자주 나가 바람을 쐬는 것이 줄곧 들어앉아 책만 보는 것보다 신선하여 머리 회전이 더 잘된다는 것을 여실히 알게 되면서 그만 돌아다니는 맛도 알게 되었다.

인왕산에 올라 대궐 지붕을 종일 내려다보기도 하였다. 매번 오만

월남 이상재에게 수여된 건국훈장 대한민국장

가지 생각이 휘몰아친다. 부친 희택 공도 보이고 월예 생각도 난다.

한양 성 초소를 지키는 군사에게 때로는 가져온 떡을 주며 같이 먹기도 하여 여기저기 면이 익은 사람도 많아졌다.

"뉘시오?"

처음에는 경계하는 말로 막으려 한 적도 있으나 죽천을 모르면 경암을 알고 경암을 모르면 죽천을 알더니마는 나중에는 월남의 호도 기억하는 사람이 많아졌다.

봄에 꽃이 만발하면 때를 놓치지 않아야 한다고 송심증이 나고, 가을에 단풍이 들면 또 때를 놓칠까 하여 철철마다 한양 천지 사방을 돌아다니는 것도 안 하면 좀이 쑤시는 짓거리가 되어 버렸다.

겨울이 되면 눈밭을 헤집고 구태여 산을 오르기도 했다. 장마가 심하면 나루터가 궁금해 견디지 못해 물 구경도 나갔다.

때때로 죽천과도 동행했다. 아예 월남이 안내자가 될 때가 더 많아졌다.

뉘댁 초상이라도 나면

"자네도 같이 가도 될 만한 자리야."

하면서 같이 가자고도 했다.

때로는 월남을 대신 보내기도 한다.

돌, 생신, 결혼, 환갑집에도 동행하거나 혼자 가라고 한 일도 참 많다. 가면 떡 벌어지게 잘 먹고 대접을 잘 받는 경우도 많다.

제4부

12년의 세월

두물머리의 사색과 명상

월남이 자주 찾는 곳 중에는 두물머리(남양주 양수리)가 있다.

갈 때마다 끝없는 생각이 멈추지 않는 곳은 두물머리다.

두물머리는 말을 타고도 한강줄기를 거슬러 한나절을 가야 된다. 나룻배를 젓는 사공하고 면이 익어 그와 만나기만 하면 별의별별 세상이야기를 참 재미있게 해주기도 한다.

월남은 어느 곳보다도 두물머리에 오면 머리가 맑아지고 생각도 많아진다. 양수리라고도 하는 두물머리는 두 개의 큰 강이 만나 하나가 되는 합수머리다.

월남은 여기 올 때마다 마음껏 생각의 깊고도 넓은 늪 속에 잠긴다.

남한강과 북한강이 만나니 남한강은 월남이요, 북한강은 죽천인가보다. 둘이 만나 거대한 이름 한강수가 되는데 아리수라는 옛 이름이 더 정겹다.

필수품은 3가지다. 주먹밥, 떡 그리고 절대 잊으면 안 되는 것이 지도다. 지도를 가지고 오지 않을 때는 답답하다.

늘 펴놓고 지도하고 맞춰 보았다. 두물머리도 마찬가지다.

멀리 강원도 통천 서편 산을 넘어선 금강산보다 더 위쪽, 그러니까 강원도 금강군 오봉산 자락에서부터 흘러내려온 물이 북한강이다.

그 물이 여기서 남한강을 만나니, 거기서 사는 인간의 사연은 물론, 거기서 낳고 게서 자라고 게서 사는 이쪽저쪽 세월을 사는 인간의 실 일상사를 말없이 매만져 어우르고 마침내 여기까지 내려온 물이다.

남으로는 강릉 주문진에 등가죽처럼 달라붙은 대관령 서북쪽, 오대산 아래 상원사 계곡과 상왕봉 아래 있는 사찰 북대사 골짜기나 백두대간 황병산과 소황병산 노인봉 굴척진 속새골과 안개자니 골짝에서부터 흘러흘러 820리(325km)라고 하는 근 천 리 길을 흘러왔으니 이것이 또 남한강이다.

흐르고 흘러오면서 그 얼마나 무수한 군상들과 만났을 것이며, 감히 대들어 헤아린다고 덤비는 게 같잖은 산천경계의 경험을 그 얼마나 쓸어안고 예까지 왔을 것인가?

월남의 명상과 사색이 이어진다.

저 한 모금의 물속에는 사람이 죽어 물이 빠져 내려와 섞여진 시체 수는 얼마이며, 소가 죽고 개가 죽으면서 흘린 피가 정화되어 내려와 섞인 물은 얼마이며, 우사(牛舍)·돈사(豚舍)·계사(鷄舍)에서 내려온 배설물이나, 춘천·원주·태백·영월·제천·단양·충주에 사는 인간들이 먹고 배설한 분뇨가 다시 부패를 거쳐, 재여과 과정을 거친 물은 얼마나 섞여 있을까 하는 문제 말이다.

양수(두 줄기의 물)는 신랑 신부의 사랑하는 마음이었고 젖무덤이었으며, 시골 색시나 여염집 규수의 그 몸 자체요, 심장이었으며, 나무의 가지가지를 오르내리면서 열매를 맺혔다가 떨어져 썩은 실과의 몸이었던 물도 섞였다고 하겠는데, 누가 이런 눈이 있어 이를 알고 저 물을 보겠는가?

저 강은 그 옛날 신석기·구석기 시대의 선조들을 보았을 것이다. 그렇다면 벌거벗다시피 하고 오가시던 사람들은 다 어디로 가셨는가? 어쩌면 저 강은 다 보았고 알 것이다. 물은 수많은 동식물과 강물 속의 어류군도 다 만났을 것이다. 삼국시대일 땐 통일신라가 한강 대신 대수(帶水)라고 불렀고, 고구려가 압수니 살수니 패수니 부르면서 아리수(阿利水)라고 하여도 웃으며 응답했다. 한수(漢水)라거나 한수(恨水)라거나 감수(甘水)고 고수(苦水)라고 해도 괜찮고, 애수(哀水)면 어떻고 정수(淨水)라건 탁수(濁水)라 하건 그게 뭐 어떠냐고도 탓하지도 않았다.

그러다가 세월이 흘러와서 이젠 한강(순수 우리말로는 '하나')이라는 이름이 되었다.

백 년 천 년의 역사와 더불어 십 년 이십 년 반백년의 고대와 근대의 과거역사를 담고 있다. 당나라의 말발굽 소리와 거란군의 군화 소리도 저 강은 보고 들었을 것이다. 왕이 바뀌고 왕실이 바뀌고 권문세도가가 바뀌고 바뀌는 동안에도 물은 흐르고 흘러왔으나 아마도 그때의 물들은 전부 서해바다로 흘러갔을 것이다.

월남이 하루 종일 바라보아도 질리지 않는 것이 물이 만나는 지점이다. 그때마다 영락없이 고향에 두고 온 월예가 떠오른다. 두물처럼 신랑 신부로 만나 자식 낳고 사는데 저 물은 하나가 되어 한 몸이건만 자신은 만나고도 두 몸으로 멀리 떨어져 산다.

두 물이 하나가 되는 두물머리에서 가장 많은 생각을 하게 되는 것은 강 한가운데 있는 섬 하나다. 한양에도 여의도가 있고 난지도가 있듯이 두물머리에도 두물이 만나는 바로 그 자리에 섬이 하나 있다. 족자도라 부른다.

족자도가 만나고 만나는 것은 바로 물과 물, 강물이다. 남과 북 멀고먼 물길 천리, 북한강 820리 유로(流路, 물길)와 남한강 985리 (394km) 유로(流路, 흐르는 물길)의 사연을 만나고 받는다. 방패더냐. 과녁이냐. 갑옷이더냐?

만사(물)를 부딪쳐도 다치지도 아프지도 않게, 편안하게도 맞는 물섬, 이게 바로 다산 유적지로 들어가는 길 왼쪽이며 두물머리에서 정면에 보이는 족자도다.

족자도는 거대한 두 개의 강물줄기가 만나는 딱 正中央, 正中心, 수삼각(水三角) 수중점(水中點)에 자리 잡고 앉아 있다. 참 놀라운 일, 자리 잡고 앉은 지리적 입지조건이 우리 민요 <도라지>하고 왜 이리도 똑같은지나.

"도라지 도라지 백도라지 심심산골에 백도라지."

"어디가 날 데가 없어서 쌍 바위틈에 가 낳느냐."

절묘 기묘 오묘 신묘 막측이라. 이게 이게 정말 과연 뉘조(祖父)께서 지은 가사이시길래 도라지를 말하면서 족자도의 앉음 자리와 쌍바위와 우리네 인생을 짚어주니 여기서 도라지라 함은 그냥 우리가 먹는 그 음식 도라지만이 아닌 것이다. 그러면 도라지는 뉘뇨. 바로 너요, 바로 나요, 월남 자신이다.

수심과 인심

또 그냥 멀건이 앉아만 있는 게 아니다. 인생길 지친 나그네의 마음을 달래주듯, 천 리 길 지친 물그네(물떠돌이, 나그네)의 수심(水心)과 수심(愁心)을 어루만져주는 사랑과 신비의 물 쓰다듬이의 정이 넘치는 섬이다.

물에게도 물의 마음이 있을 터이니 그렇다면 그게 수심(水心)이다. 수심이라 하면 마음을 닦는 수심(修心)과 마음을 지키는 수심(守心)과 근심에 잠기는 수심(愁心)도 있고, 물속 아주 깊은 수심(水深)이 있는가 하면, 짐승이나 다름없는 심보를 가진 불량인간 짐승 수(獸) 수심(獸心)도 있으나, 이제 말한 물의 마음이 수심(水心)이란 응응당당 물에게도 물의 마음이 있기에 수심(水心)이라 하는 것이다.

이 세상에 마음이 없는 것이 무엇이랴. 한 그루 나무에게도 마음이 있다면 이 경우는 수심(樹心)이요, 한 포기 풀에도 있을 것은 초심(草心)이다. 널브러진 돌들도 마음이 있어 석심(石心)이라 한다면 인간에게야 더 말해 무엇 하겠는가? 바로 인간의 심성이라고 하는 인간의 마음, 즉 인간다움 인심(人心)이 있게 마련이다.

월남이 두물머리에서 족자도를 볼 때마다 잠기는 생각에는 그 끝이 없을 정도다.

철이 바뀌면 호수 위로 겨울철새가 날아다닌다. 주둥이를 처박고 곤두박질을 치기도 하고 물 위에 올라와 홰를 쳐도 본다. 철새들에게는 안전하다. 광주 쪽이고 남양주고 양평 쪽이고, 모든 하늘 길은 열려 있으니 청둥오리가 하늘판 물판을 거머잡았다.

하루는 두물머리 주막에서 잔 일이 있다. 이른 새벽, 물안개가 피어오르는 아침이다. 데워진 가마솥 뚜껑을 열 때처럼 김(물안개)이 솟는다. 저러다가 얼음이 얼려는지 날씨는 차다. 생각해 보면 저것(물안개)들이 식물의 양식이 되는 먹을거리다.

솟아오른 물안개가 퍼져 올라 경안천을 따라 광주로 올라가고 북한강과 남한강을 따라 청평, 양평으로 올라간다. 올라가면서 좌로 우로 산으로 들로 퍼진다. 양식이다. 식물이 받아먹을 생명의 이슬, 산천초목들의 양식이다.

또 다른 생각에 잠긴다.

인간다움이란 짐승다운 것과 반대말이다. 그러나 지금, 인간이 인간답다고 하는 것, 그러나 기실 인간은 겉 다르고 속 다르기가 일쑤다. 나무나 돌이나 들풀은 안팎이 같다. 두뇌를 갖지 않은 무생물은 속내를 감추지 못하나, 요상하게도 두뇌라는 구조를 가졌다고 하면 심지어는 짐승도 대갈통(머리)을 굴려대니까, 만물의 영장이라는 인간의 뇌라고 하는 조직은 얼마나 기기묘묘하던지 본성변성에 기함을 하고 나자빠질 때가 어이 그리도 많은지.

족자도는 그래서 인간속세와 적당히도 외따로이 떠나 앉아 있구나도 싶다. 아예 거기보단 여기가 더 낫다 하고서 병풍보다 더 완벽한 수심 깊은 수역계(水域界)를 맞추고 앉았지 싶다. 그래서 보면 볼수록 절묘하다. 사방으로 2대 8로 균등(均等) 분거(分距)된 이런 천지의 오묘한 조화 속을 보노라면 감탄이랄지 경탄이랄지…. 차라리 경기(驚氣)가 난다고 해야 할 정도다.

월남의 사색은 오나가나 가는 곳곳마다 때때로 깊기도 하다.

잘되는 사람, 그러나 물처럼 흘러서 낮아지는 인생들. 물만 순환하는 게 아니라 인생살이도 순환하는 신비로운 인간의 법칙이라도 있다던가. 행복한 사람도 만나고 슬픈 사람도 만나지만, 기뻐 뛰는 사람을 만나고 가슴 아픈 사람도 만난다. 남녀노소 빈부귀천과 병들고 아픈 사람과 상처로 마음이 아픈 사람과 나면서부터 장애를 가지고 태어난 사람들, 이것도 자연과 접목되고 있다. 산다는 게 아프기만 한 건 아니라지만…. 남자도 만나고 여자도 만난다. 사람이든 나무든 돌이든 산이든 물이든, 자연이고 사람이고 간에 천상천하의 존재물과 존재자에게는 생각이 있고 마음이 있으니 이런 것이 이 사색과 명상의 핵심이다.

만나고 보면, 그들의 삶이 보이고 대화가 나오고, 본인과 부모와 자녀들과 사는 이야기가 나온다. 어떻게 이런 사연들을 뭐라고 해야 할지…. 족자도가 생긴 모양대로의 느낌, 생각, 이어서 공감 동감과 연민을 사랑으로…. 명상과 사색의 지향목표이기도 하다.

이렇게 천하를 자유로이 나다니다 보면 그만 날은 저물고 배가 고프다. 그래서 주로 떡을 좋아했다. 떡도 넉넉하게 싸 달라고 해야 어디 가서 누구와 나누어 먹기도 하는데 자주 떡이 모자라 힘들 때도 있지만 요기를 하려면 10전 20전을 써야 하니까 참아야 한다.

산에 올라 한양의 지도를 펴고 길을 맞추고 강을 맞추고 궁(대궐)을 맞춰도 보고 때로는 넋이 나간 사람처럼 하염없이 한강을 내려다보기도 한다. 문득 내가 제정신인가 싶을 때도 많다.

궁금한 것은 영 참지를 못해서 강줄기를 따라가다 보니 춘천까지 오기도 했고, 충주까지 갔던 날은 도무지 되돌아가다가는 짐승이 위험하겠다 싶어 하룻밤을 자고도 왔다.

강줄기를 위 아래로 따라 따라 김포 들녘을 지나 임진강과 만나는 곳까지 온 참에 배를 건너 강화도에도 두 번을 더 갔다. 다행히 경암

대감께서 재워주며

"잘하는 짓일세. 맞아 맞아 남자는 돌아다녀야 되고 말고."

하고서는

"그래 공부는 잘 되나?"

그리고 꼭 덧붙인다.

"죽천이 잘해주는가?"

천지사방 산천을 돌고 돌아

부모와 처자에게는 참 무심하기도 했다.

12년을 죽천과 동숙 동학하면서 부정기적으로 죽천이 떠나자고 하여 각지를 많이 돌고 돌았다.

"이번에는 북쪽으로 가볼까?"

죽천이 가자고 하여 북으로 가면 한양 이북은 한양 이남보다 더 넓고도 멀다. 길은 더 거칠고 산세는 더 높아 산은 높고 골은 깊다.

개성은 이색 할아버지의 뼈아픈 구왕도(舊王都), 포은 정몽주와 야은 길재, 그리고 목은 이색 할아버지의 숨결이 들리는 듯하여 공기가 다르다.

태조 이성계와는 같은 신하로서 공민왕을 모셨던 할아버지와 틈새가 벌어진 것을 이제 와 따져 무엇하고 탓해 무엇하랴.

말에서 내려 여기 올 때마다 선죽교 돌난간을 일부러 만져 보지만 목은 할아버지의 체취는 약하다.

강은 한강이나 대동강이나 볼수록 월남을 사로잡는다.

'강은 무슨 걱정이 있으려나?'

강에게도 고향이 있다면 자신처럼 처자도 있을까 하다가 헛된 망상인가 하여 걷어치워도 능라도를 보며 족자도를 떠올린다. 족자도의 아늑한 평안이 능라도에게는 없다. 능라도는 큰 섬이라 북에서 보나 남에서 보나 자주 섬이라는 생각도 잊는다.

평양성 대동문을 둘러보노라면 고구려의 명장들이 떠오른다. 명장은 곧바로 왕위에 올랐다. 왕이 자주 바뀌는 것은 무엇인가.

왕이 자주 바뀌면 무장의 권력이 커지고 왕이 대를 이으면 무장은 후손에게 권세를 물려주는데, 백 년 이백 년 이상 흘러가면 무장보다 문관들이 더 많아진다.

압록강은 왜 그런지 으스스하다. 때가 늦가을인 탓인지 북쪽인 탓인지, 빼앗긴 건지 우리 땅인지도 부정확한 압록강 건너 만주 일대, 죽천은 여기만 오면 그만 돌아가자 한다.

"만주는 너무 넓어. 저기도 우리 땅이지만 별도로 가야 돼. 미국, 영국처럼 철도가 생기면 그때 신나게 달려 보자고."

압록강에서 말머리를 돌린다. 동으로 가는 길은 무쇳덩이보다 더 묵직한 산이 막아 남으로 다시 내려오는 수밖에 없다.

"인도에도 철도가 깔렸대요. 석가모니의 천축국이라 하던 인도가 세계에서 두 번째로 철도를 깔았답니다. 우리도 만주 북간도에 철도를 깔아 달려야 하겠지요?"

인도에 철도가 깔린 것은 죽천도 아직 모른다.

이북 동북쪽은 원산까지 갔다가 돌아오고 청진 나진 두만강, 그리고 백두산 초입이라도 가자고 하고 미루고 못 간 곳이다.

"원산은 지리적 조건이 좋아. 허리가 잘록하니 발전요인이 너무 많지?"

죽천은 원산에 관심이 많았다.

이렇게 떠나면 보통 네 구역으로 나눠야 한다. 북서, 북남, 영서, 호남으로서 한번 떠나면 보름으로도 부족하여 근 한 달도 걸리니 자주 가지 못한다.

그러나 죽천은 이 땅에 관심이 많아 12년 세월에 삼천리를 두 번이나 돌아쳤고, 월남은 그때마다 기를 돋우고 동행하여 산천경계를 두루 다니며 견문을 넓힐 수 있었다.

"다 월남 덕인 것 같네."

"죽천 대감마님의 덕분이지 어찌 제 덕이라 하십니까?"

"아니야. 나 혼자서야 다니겠는가 어디. 자네와 뜻이 맞으니 내가 오는 것이지."

월남을 향한 죽천의 도량에 월남은 '나도 저런 사람이 돼야 하는데 언제 저런 날이 오기나 하려나?' 한숨도 쉬었다.

한강은 물론 남한강 북한강, 임진강, 청천강, 섬진강, 영산강, 두만강을 돌았다.

"나라는 알고 보면 산과 강이라고 봐야 될 걸세."

죽천도 강을 좋아했다. 월남은 강이라면 더 좋아한다. 두물머리가 가장 좋다고 할 정도로….

대관령, 죽령, 이화령, 추풍령, 저수령, 산을 넘고 영을 넘어 안동, 상주, 의성, 예천… 경상도는 크기도 하다.

이렇게 떠나기를 매년 적어도 한 번, 어떨 때는 두 번도 나갔다.

전라도로 충청도로, 그러나 금강과 공주는 가기 싫어 말자고 했다.

"공주감영하고는 운이 맞지 않습니다."

과거에 떨어진 아픔 때문이다.

고향집과 가족

기린산 쪽으로 뉘엿뉘엿 해가 지는 저녁녘, 말을 탄 월남은 마산리를 지나 종지리에 접어든다. 건지산은 여상한데 더 낮아진 것 같다. 오라리 뜰과 앞내 뜰은 여름 장마때 물에 잠겼었는지 모랫바닥에 쑥대가 무성하여 농토가 아니라 벌판이 되어 있다.

아이들이 볼 책을 좀 챙겨 가지고 왔다.

사립문 밖에 와 말에서 내려 보니 집 안은 조용한데 안채도 사랑채도 곧 허물어질듯 낡아 비스듬히 누워 있다.

마당 하나 가득 털지 않은 콩대를 널어놓아 어지런하여 죽천의 집과는 딴판이다. 우물가 홍송 아래는 정한수가 놓여 있으나 며칠을 묵혔는지 물에 먼지와 티끌이 들어 있다.

"어? 아버지이!"

승륜이가 부엌에서 나온다.

"아 그래, 아버지 왔다."

"아버지, 그간 안녕하셨어요?"

"그래 그래, 그런데 어머니는 어디를 가셨느냐?"

"아네요. 어머니는 편찮으셔서…."

죽을 끓여 대접에 담아 방으로 들어가려던 참인 모양인데 월예의 기침소리가 들리며 문이 열린다.

"아버지가 오셨다고?"

누워 앓던 월예다.

"많이 아프시오?"

순간 월남의 가슴이 뭉클 무너지려 한다.

"어여 들어오시지요?"

기침을 참으며 월예가 말한다.

방에 있던 승인이도 뛰쳐나와 허리를 숙여 인사한다. 오랜만에 집에 와보니 냉기가 서려 있다. 월남의 발바닥은 마당에 붙어 버린다.

"아버님 어머님은 어디 가셨습니까?"

"예, 서리태(늦은 콩) 거둬 오신다고 서방님 내외와 밭에 나가셨습니다."

"서리태?"

"문 안에 들어선 월남은 어젯밤부터 막힌 가슴이 아직도 멍한데 월예는 어서 들어오라 재촉하나 발이 떨어지지 않는다.

"승간이는 어디 갔니? 아버지한테 절 올려라. 어서 들어오시지 않고 왜 서 계세요?"

"절이요? 부모님께 절부터 올리지도 않고 내가 먼저 받습니까? 승인아! 할아버지 가신 콩밭이 어디냐?"

승인이를 앞세워 밭에 오니 아버지 희택은 서리태를 지게에 지고 일어서려 하고 어머니 박씨는 단을 묶어 이미 머리에 이고 계셨다.

"아버지, 제가 왔습니다."

어머니가 콩단을 내려놓고 반긴다.

"성재 내외는요?"

"등 너머 밭으로 갔지."

희택이 지게를 받쳐놓고 일어서고, 월남이 아버지의 콩 짐지게를 지고 승인이가 할머니의 콩단을 메고 밭을 내려온다. 12년 전 맹 진사의 밭이 아니라 처음 와보는 밭이다.

집에 돌아와 부모님께 큰절을 올리자니 눈물이 쏟아지려 하여 어렵게 참는다.

저녁상을 물리고 희택과 박씨와 셋이 앉았다.

"건넌방 승륜 어미한테 가보고 어서 쉬어야지?"

"아닙니다. 아버님이 하실 말씀이 있으실 텐데 말씀 듣고 건너가야지요."

"물어볼 말도 많고 들어볼 말도 많지만 내일 들어도 되는 거지 뭐. 건너가라."

"그래, 어미 방에는 아직 발도 안 들여놨다면서? 옷가지랑 가지고 건너가 봐라. 어미가 어제부터는 더 심하게 앓네. 마침 잘 왔다. 서릿발은 돋고 콩은 튀고 손은 모자라고. 어미가 기운이 있나 아버지가 힘이 있나. 승륜이가 죽을 끓여 대는데 잘 먹지도 못하는 것 같더라. 며느리 딱하다. 이 방에도 올 건데 앉기가 힘든 모양이니 어서 건너가라."

"예, 건너가야지요. 좀 더 있다 건너가겠습니다."

아우 성재 내외가 월남이 왔다는 말을 듣고 왔다.

"말 먹일 여물을 끓여 집사람이 이고 왔어요. 콩깍지라 잘 먹을걸."

성재가 말하고 들어와 절을 하려 한다.

"성재야! 부모님 앞에서 무슨 절이냐. 받는 게 아니니 그냥 앉아라."

성재는 월남이 왔다는 것이 너무 좋은 모양이다.

"어디, 신혼방이 먼가?"

"아니요. 네댓 집 건너예요."

"…"

"첫아이예요."

월남이 아이를 본다.

"애비를 빼닮았어."

성재 아들의 할머니가 된 박씨가 벙긋이 웃는다.

"형수님은 많이 아프세요? 왜 안 건너 오셨어요?"

"아니다, 열이 나서 방에 있으라 했다. 이제 건너가야지."

오랜만에 왔으니 희택이 오늘 할 말이 있고 내일 할 말이 있을 것이다. 월예가 얼마나 아픈지 얼른 가고 싶지만 냉큼 들어가 버리면 아버님이 서운하실 일이다.

'부부가 좋긴 좋구먼. 들어가더니 어미 아비는 관심도 없네 그려.'

말이야 이렇게 하지 않겠지만 밤새 같이 잘 사람이고 한 달을 한 이불 속에서 잘 부인인데 그새 뭐가 그리 바쁘다고… 궁금하기는 매일반이지만 아버님과 월예 중 누가 더하다 할 수도 없는 일이다.

"차츰 들으면 되지. 지금 들을 말 없다 없어, 내일 얘기하기로 하고 건너가라 어서!"

월예의 방으로 돌아왔다.

월예의 몸살

월예가 일어나 앉는다. 전신이 땀에 흠뻑 젖었다. 윗목에는 승륜이와 승인이가 공부하던 책상 위에 책이 놓여 어지럽다.

"얼마나 아프기에 안방에도 못 와보시고…."

"아버님이 하도 걱정을 하셔서 마음 놓고 아프지도 못해요."

월남의 말문이 막힌다.

이마에 열이 펄펄 끓고 창자가 끌려나오는 듯 괴로운 기침을 연달아 댄다.

"이렇게 아프도록 가만히 두고만 봅니까? 승륜이를 장인어른한테라도 보내지 않고…. 그래 무슨 약재를 썼습니까?"

"이러다 낫지, 몸살 고뿔이 어디 죽을병인가요?"

죽을병보다 더 힘들어한다.

"너희들 아버지께 절은 올렸느냐?"

"아니요."

세 아이들이 절을 한다는 것을 아버님 앞에서 받기가 불편해 아니라 하고 나가 있으라 해서 절을 받지 않은 것이다.

"절을 올려야지."

세 아이들이 절을 한다. 문득 절을 받을 자격도 없지 싶으나 그렇다고 말라고 하지도 못해 절을 받자니 오만 생각이 교차한다.

"어머니 약재는 뭘 해 올렸느냐?"

승륜이를 보며 물었다.

"생강차 끓여 드리고 구기자 달여 올리라 하셔서 구해다 놨어요. 내일 끓여 드리려고요."

"열이 높은 데다가 기침까지 심하시니 모과를 달여 올리면 좋았을 건데…"

그러나 월남도 무엇이 좋은지 잘 모른다.

"아버님 생신날부터 이러더라고요. 생신상도 못 차려 올릴 건데 새 동서(성재의 처)가 와서 차렸어요."

그리고 보니 아버님 생신이고 어머니 생신도 잊고 산 월남이다.

"피곤하실 텐데 주무세요."

한 방 가득 다섯 식구가 누웠다.

곁에 누운 월예의 몸에서 뜨거운 체온이 느껴오고 자주 일어나 앉아 기침을 하니 잠이 오지 않는다.

아이들은 곧 코를 골고 잠에 떨어졌다. 월예도 잠이 든 듯하자 순간 어린 상재가 한숨을 쉬며 말한다.

"월남 형님! 나랏일도 시작한 게 없고 집은 이 모양이고 도대체 이게 뭡니까?"

월남은 할 말이 없다.

"참 무심한 사람이니 내 할 말이 뭐 있겠느냐."

"어서 결단을 내려야지 이대로 가면 정말 훌륭한 신하가 된단 말입니까? 뭐 하나 나타나는 게 없잖습니까?"

없는 게 맞다. 그렇다고 내려올 수도 없고, 내려와 봤자 할 일도 없고, 동네 이웃이나 아버지께 면도 없다. 농사지을 땅도 없지만 농사는 이제 공부보다 더 어렵다. 그러나 공부에 빠져 아예 집을 잊고 살아왔다.

병석에 누운 혜산(惠山) 스승

월남이 혜산 스승님을 뵈러 판포로 가고 있다. 며칠 동안 월예의 병을 낫구려 한의원을 찾아 병구완을 하였더니 월예가 좀 나아졌기 때문이다. 공연히 말을 타고 온 모양이다. 말 먹이로 인해 월예가 괜한 고생을 하는 것 같기도 하고, 제수씨까지 말 먹이로 신경을 쓰는데 판포는 하룻길이 아닐 것 같아 말을 두고 걸어가는 길이다.

스승님 댁의 나무들이 우쑥 자란 것 같은데 조용하다. 문득 스승님이 혹 돌아가신 게 아닌가 불안한 마음이 드나 그렇다면 아버지가 말씀해주셨을 테니 그렇지는 않을 모양이기는 하다. 그때 61세였으니 올해는 74세 고령이 되셨다.

"스승님, 상재가 왔습니다."

가솔이 있었건만 이렇게 조용하니 기척이 없어 이상한 일이다. 방문을 여는 사람은 스승님의 부인이다.

"아이구 이게 누구요? 어서 들어오세요. 여보! 당신이 보고 싶어 하던 상재 도련님이 서방님이 돼 가지고 오셨네요."

혜산이 병석에 누워 월남을 맞는다.

"오호라 상재 왔는가? 이제야 왔구먼."

많이 쇠약하신 모양이다.

"벌써 3년이 넘으셨어요. 오래 누워 계시면서 아들보다 도련님을 더 찾으셨어요."

"면목이 없습니다. 죄송합니다."

월남이 절을 하려 하자,

"병석에 누어서는 절을 받지 않는다네. 절은 앉아 있는 사람만 받는 법. 그냥 앉게나."

한다.

어디서부터 무슨 말을 해야 할지 월남은 아니라도 많은 생각으로 복잡한 머리가 말을 잊게 한다.

"어째… 시간이 좀 났는가?"

"예, 한 달여 시간을 내어 며칠 전에 내려왔습니다."

"그래? 내 좀 일어나야 하겠네."

'이렇게까지 반가워하시다니….'

그런데도 찾아뵌 것이 5년인가 7년 전인가 참 사람 노릇을 못하기는 여기나 거기나 마찬가지다.

"시간을 좀 냈다니 무엇보다도 반갑네. 며칠 예서 좀 묵다가 가 줄수는 없겠는가? 회포가 쌓여 가슴에 멍이 든 것 같아. 누구하고 실컷얘기라도 좀 하면 병도 낫겠는데 얘기할 사람이 없어. 자네가 오니열 동무 백 동무 안 부럽네. 에이구, 현만이나 일정이나 나 죽는 걸보고 같이 죽지 않고…."

최고의 효도는 얼굴을 보여 드리는 것, 월남은 아버님께도 불효요, 스승님께도 하제자다. 앞으로 사실 날이 멀지도 않으실 생각에 새록새록 지난날들이 떠오른다.

'그래 며칠 곁에서 탕약도 좀 끓여 드리다 가야겠다.'

공부에 빠져 인간을 잃고 살았다.

'맞아 부모와 스승을 뒤로 모시고 아내나 자식만 앞자리에 두어 내가 어찌 선비라 할 것인가?'

문득 다 잊고 버려도 부모와 스승은 잊거나 버리면 안 된다는 배움이 떠오른다. 세상에서 가장 귀한 사람은 셋이다. 부모와 스승과 임금이다. 그래서 군사부일체(君師父一體)라 하였고, 세분은 한 분과 같다는 것이며, 처자식은 골골이라는 말도 있다.

골골이란 곡곡(谷谷)이다. 곡곡이란 곡곡(曲曲)이라고도 한다(밭고랑도 골골이라 함). 처자식은 인생길 굽이굽이 한 고개 두 고개 넘다보면 골골마다 곡곡마다 살다 보면 만나고 낳는 것이 처와 자식이라할 것이나, 부모는 한번 가시면 천지에 다시없다는 말씀도 입으로 배우고 글로만 배웠다.

친자식도 아니면서 자신을 아끼고 사랑하신 마음이 얼마나 깊으셨기에 자식보다 자신을 더 기다렸단 말인가. 죽천 대감께서 이번에 넉넉하게 여가를 내준 것이 참 잘됐다 싶다. 그리고 집에 가면 한 시간이라도 귀하게 여겨 아버님의 곁에 오랜 시간 얼굴이라도 보게 하고 말동무도 돼 드려야 한다는 생각이다.

머언 훗날.

혜산 스승님처럼 희택 아버지가 병석에 눕기 전에 하시고 싶은 말이나 듣고 싶으신 말을 다 하시게 하고 듣게 해 드려야 하겠다는 생각이 이제야 난다.

옥포에 가서 한약 한 재를 지어와 손수 달여 혜산 스승 앞에 올려도 드린다.

'맞아, 아버님도 보약 한 재 해 올렸어야 하는 건데….'

그만 아픈 월예만 챙기고 와 버렸다. 어머니 박씨는 등이 많이 굽었다. 그러나 어머니 등이 많이 굽었다는 말도 하지 않았다. 혜산의 깊은 주름살 속에 희택 아버지와 어머니가 보이기도 한다.

마음이 아픈 고향

흘러간 세월 흘러간 시간
남이 나보다 훌륭하다
스승은 제자, 부모는 자식에게 배워라
어명을 받들지 못하였사옵나이다
지금도 돌아가는 세상이야기
외세의 실상

흘러간 세월 흘러간 시간

"도무지 캄캄이야. 누가 제대로 아는 사람도 없고, 5년여를 두문불출하다 보니 그렇다고 어디 가서 얘길 들을 수도 없고…."

"스승님! 뭐가요?"

혜산의 말은 느리고 어둔하다.

"세상 돌아가는 것을 모르겠다는 것이지. 어느새 자네 본 지도 7년이고 일정도 세상 뜨고 현만도 먼저 갔으니 그 후로는 조정이고 백성이고 뭐가 어떤지 알 길이 없어. 선비라는 사람이 늙다 보니 하던 짓이라 궁금하기는 한데 알 수가 없는 거야. 자네가 좀 들려 주게나."

"예, 스승님 무엇이 궁금하십니까?"

"다 궁금하지. 세상이야기를 하기도 하고 듣기도 하면 병도 나을 것 같아."

"제가 사람 노릇을 너무 못했습니다. 3년 전 동생(성재) 결혼식 때 찾아뵙고 갔어야 하는데 잘못되었습니다."

"됐고, 우선 자네는 어떻게 살고 무엇을 배웠는지 그게 궁금하네."

월남이 입을 열었다.

경암(박제근, 죽천의 부친) 대감 이야기부터 시작했다. 그리고 죽천 대감(박정양)이란 어떤 사람인가로 말을 이었다.

"공부가 이렇게 오랜 세월이 갈 줄은 저도 몰랐습니다. 이럴 줄 알았더라면 아예 시작을 안 했을 것입니다."

"그래서 무슨 공부를 10년이 넘도록 얼마나 했는가?"

"제 아버님도 잘 모르십니다만, 책이란 책은 닥치는 대로 보았습니다. 지금 한산이나 함평관아의 누구라도 저만큼 많은 책을 만나지 못했을 것입니다. 어찌 보면 행운이지요. 경암 대감께서 이것이 봐야 할 책이다 싶으면 무슨 수를 써서라도 챙겨다 주셨습니다."

"오호라, 책이 없어 그 고생을 하더니만 책 복은 터졌구면."

"그러나 제 속에 어떤 학문과 지식이 들었는지는 경암 대감하고 죽천 나리 빼고는 아무도 모릅니다. 아직 어디다 써먹을 데가 없어 드러난 것이 없으니까요."

"그럼 왜 과거를 다시 보지 않았단 말인가?"

"학무(學務, 배우는 일)가 산같이 쌓이다 보니 과거는 우습게 여겨 건방졌다 할까요? 그러나 건방이 아니라 겸손이었다고 생각합니다. 배울수록 배울 것이 더 많았습니다. 아직도 배우지만 세상에는 책이 태산이라 과거에 눈을 돌릴 겨를도 없었고, 죽천 대감이 저를 끝없이 채찍질했습니다. 이거 하자 저거 하자 하면서 나라를 튼튼하게 하려면 인재가 튼튼해야 하는데, 튼튼한 인재는 벼슬보다 실력이며, 실력과 더불어 신하다운 인격을 가져야 한다면서 자신과 저와 나누어 공부를 하여 일생 글동무요, 벗으로 어전시 장원급제보다 더 중요한 실력을 갖추자고 하는 까닭에 제가 글 욕심에 그만 세월을 잊었습니다."

"오호라 그랬구먼. 그러다 보니 자식들이 고생하고 집사람이 그렇게 고생을 하였구먼. 그래도 아버님은 기뻐하시는가? 도대체 뭘 하느라고 집을 돌보지 않느냐고 채근은 안 하셨어?"

"저의 아버님은 세상에 둘도 없는 분이십니다. 저럴 수가 있나 싶을 정도로 저를 믿으십니다. 자신은 벌써 환갑이 다 돼 가는데도 목은 할아버지 같은 후손으로 저를 지목하신 어렸을 때의 그 마음 그대로십니다. 요즘 말씀하시기를 '때가 곧 올 것이다, 그러나 네가 서둘면 안 된다.' 이 말씀뿐이세요. 그러니 저도 때론 어처구니가 없습니다. 손자들 셋이나 기르면서도 저에 대한 소망을 버리지 않으시는 거지요."

"그래 주로 뭘 배웠는가?"

"조선팔도를 바둑판처럼 보게 되었습니다. 지도를 그린 선조님들의 덕분에, 또 실제로 경상도 같은 지방은 한산 보듯 알게 되었습니다. 두 번이나 암행어사 길 죽천을 모시고 나가면서 지도를 꿰뚫고 현장을 가보았더니 지도가 현장보다 더 정밀했습니다. 관찰사가 머무는 감영이나 군수가 집무하는 성이나 현감이 머무는 현까지 8도 강산을 다 꿰었습니다. 그걸 다 말씀드릴 수가 없을 정도지요."

"중앙정치무대가 되는 조정을 알아야 하지 않았겠는가?"

"조정은 대전회통을 한 10독을 했더니만 하다못해 미관말직까지의 벼슬을 알 정도라 죽천 대감이 제게 묻지요. 물론 경국대전도 열 번은 본 것 같아요. 그러나 저는 이 점에서 죽천 대감한테는 집니다. 죽천 대감은 20독 했을 정도입니다. 죽천은 알면서도 묻지요."[4]

---

4) 죽천의 손자 박동서 서울대학교 전 명예교수(행정학/2005년 소천)는 현재의 행정실무 기초를 잡았으며, 현

"알 만하이 알 만해. 그런데 그런 책이 참 따분한 책 아닌가?"

"그렇지 않습니다. 그 책을 쓴 사람의 입장에서 내가 쓴다는 마음으로 읽다 보면 세상에서 가장 재미난 책에 속합니다."

"그렇지. 책을 쓴다는 마음으로 읽다 보면 따분할 이유가 없지. 그래서?"

혜산 스승님의 열정이 대단도 하시다.

"쉬었다 하세요, 여보."

무리할까 싶은데 마침 쉬라고 한다.

"스승님 누우세요. 내일 또 들으시고요."

혜산 스승이 자리에 눕는다.

남이 나보다 훌륭하다

월남은 혜산의 곁에서 하룻밤을 잤다. 잠자리에서도 월남에게 이 것저것 물어본다. 며칠을 들어도 부족하실 모양인데 자라고 하셔서 잠이 들었으나 놀라 깨어났다. 혜산 스승이 숨을 멈추는 듯 기침을 하셔서 부인이 건너와 한밤중 탕재를 끓여 올려야 했다. 월남이 보기에 병세가 여간 위중한 것이 아니다.

"밤에 더 심하신가 봅니다."

부인의 시름이 깊다.

"아들 며느리 딸 줄줄이 왔다가 그만하셔서 돌아가기를 두 번이었어요. 밤이 되면 늘 무서운데 그렇다고 마냥 가지 말라고도 못하고….

_____
박찬수 고려대학교 교수의 부친이다.

행랑아범 내외가 있어 그나마 좀 낫지만…"

잠시 숨을 고르자 일으켜 달라 하여 기대앉으니 숨소리가 약간은
가라앉는다.

"세상은 어찌 돌아가는가?"

혜산이 묻고 월남에게 말을 걸지만 월남은 무리하실 것 같기도 하
고, 밤이 깊어 월남도 잠이 쏟아져 핑계의 말이 나온다.

"스승님! 제자 된 제가 스승님의 말씀을 들어야 옳지 어찌 스승님
께서 소제의 말을 들으시려 하시옵니까. 기력이 있으시면 제가 스승
님의 말씀을 듣고자 하여 왔습니다."

혜산은 말이 없다.

"한양에서 지금은 공부에 열심이지만 이러다가 죽천 대감께서 어
떤 일을 하라 하실지 모를 일이므로 스승님을 뵈온 차에 꼭 받들어
새겨야 할 말씀을 듣고 싶습니다. 하지만 지금은 밤이 깊으니 날이
밝고 스승님이 편안하시거든 내일 낮에 들려 주십시오."

그러나 혜산은 역시 말이 없다. 이윽고,

"이보게 월남!"

"예, 스승님."

부르고는 또 언간(말의 간격)을 늘린다.

"피곤도 하겠지만, 언제 우리가 만나 이렇게라도 얘기를 할 시간이
많다 하겠는가? 그러니 난 이 시간이 금쪽같네. 그래서 자네의 여러
가지 이야기가 듣고 싶은 거야."

하지만 겨우 기력을 차려 기대앉으신 스승님께 무리할까 하여 더
이상 말씀을 들으시게 하면 안 되겠기에 월남도 언간을 띄었다.

"그리고 이걸 알아야 하네."

잠시 후 혜산이 입을 연다.

"스승님 말씀하십시오."

"사람은 가르칠 때가 있고 배울 때가 있네."

"배울 때가 있고 가르칠 때가 있는 것 아닌가요. 선후가 바뀌셨습니다."

월남의 말에 한바탕 기침을 한다. 다행이다. 잠시 후에 멈추었으니까.

"선후는 자네가 바뀌었네. 원래는 배울 때가 있고 가르칠 때가 있고, 그 다음에 배울 때가 있다고 해야 하는 것이 맞는 말일세, 첫 번을 빼면 내 말이 맞아, 스승이 되었던 자가 후일 제자를 만나면 가르칠 때가 지나고 배울 때라고 하는 뜻일세."

월남은 이해가 잘 안 간다. 돌아가실 때까지, 아무리 고령이시라도 제자는 제자요, 스승은 스승이라. 제자는 스승에게 배워야 한다. 그러나 혜산은 지금 선후가 바뀌었다고 하고 있다.

"사람은 유년, 소년, 청년, 중년, 장년, 노년으로 구별되는 것일세. 12년 전만 해도 나는 월남의 스승이고 자네는 내 제자였었지. 그러나 지금은 아니야. 그때 나는 자네가 20세가 되면, 길어야 거기서 2~3년만 더 지나면 스승이 아니라는 것을 알고 있었네. 가르치고 배우는 것은 때가 있네. 늙어 노년이 되어서도 가르친다? 그건 아니지."

스승은 제자, 부모는 자식에게 배워라

"부모라도 마찬가질세. 자식이 장성하여 장가가고 20, 30세가 되면 두뇌가 바뀌지. 젊은 두뇌는 열 가지를 보고 백 가지를 궁리하지만,

늙은 두뇌는 백을 보고도 열 가지밖에 궁리를 못하는 것일세. 세상은 빠르게 변하는데 두뇌는 오그라들게 마련인 것이 인간이라는 말일세. 늙어서도 장년이 된 자식을 눈 아래로 보고서는 '아직도 멀었다.' 하는 아비는 아비 자격이 없어. 스승도 마찬가질세. 가르칠 때가 지나면 제자가 부족해도 제자 앞에 머리를 숙이고 '네가 나보다 낫다.' 이렇게 인정하지 않으면 제대로 된 스승의 마음가짐이 아닐세."

"자네는 그간 많은 책도 보고 물정도 가늠하고, 게다가 중앙무대에서 내 감히 생각지도 못한 일본말, 영어, 중국어까지 공부를 했다고 하지 않았는가? 내가 자네와 같은 환경이었다면 나는 나이가 많아 머리의 궁량(窮量, 생각하는 분량)이 오그라들 때라 불가능일세. 나이 30세나 된 자네는 무엇이든 나보다 앞서 있다는 것을 나는 인정하지 않을 수가 없네. 그러므로 나는 이제 자네에게 배워야 돼. 뭐든 자네의 이야기에 귀를 기울여 들어봐야 하고, 분석·평가·판단에서도 나는 묵은 사고로 틀이 오그라들어서 그릇된 판단을 하게 마련이야."

"그러니 자네가 내 스승이야. 부자지간이라면 이제는 내가 피보호자고 자네가 내 보호자가 되었다는 것이지. 아직도 내가 자네를 가르치는 스승이라면 자네는 희망이 없어. 마찬가지로 늙은 아비가 다 큰 자식의 보호자라면 자식은 희망이 없어. 늙은 머리에서 배울 것이 많겠는가? 젊은 머리한테 배울 것이 많겠는가?"

"알아 두게나, 나보다 남이 낫고 나보다 못한 남은 없어."

월남은 뜨거운 감동에 잠이 활짝 깨고 말았다.

'제자인 나를 이렇게까지 인정해주신단 말인가?'

월남은 혜산이 몸을 가누지 못하는 쇠약함을 다시 보았다.

그러나 혜산은 하늘같은 스승님이다. 군(君)이요, 부(父)요, 사(師)

다. 극 존경을 받아 마땅한 분이시다. 그럼에도 지금 하는 말씀을 들어보니 참으로 겸손한 스승이다. 제자만 못한 스승은 없는 법이다. 그런데도 네가 나보다 낫다 하고 있다. 순간,

"사람은 모두 나보다 남이 낫다는 것을 알아야 큰 사람일세. 보는 사람마다 나보다 못하고 나는 잘났다고 생각한다면 소년만도 못한 유아와 같단 말일세. 나보다 못한 사람은 단 한 사람도 없다는 말의 뜻을 알겠는가?"

월남은 잘 알지 못하는 말이다.

"사람을 무엇으로 판단하여 낫다 못하다 하겠는가? 학식? 아닐세. 돈? 아닐세. 벼슬? 아닐세. 키 크고 잘생긴 것? 아닐세. 양반 상놈? 아닐세. 주인이냐 종이냐? 아닐세."

"사람을 보고 그의 벼슬로 판단하는 게 옳은 것 같지만 큰 그릇이냐 작은 그릇이냐고 하는 면에서는 틀리네. 종이라도 그에게는 나보다 나은 것이 있다네. 지식도 나보다 나은 것이 하나는 꼭 있어."

"그러나 사람은 눈앞만 보고 사람을 무시하네. 인정을 해주지 않으니까 인간관계가 나빠지고 싸우게 되는 걸세. 100가지가 부족해도 한 가지는 나보다 잘하고 나은 무엇이 있다는 것일세. 이것은 부자간에도 있고 사제(師弟)간에도 있고 군신(君臣)간에도 있으며 반상(班常)간에도 있는 걸세."

"나는 자네가 큰 사람이 될 재목이라는 것은 일찍부터 알고 있었네. 물론 나이 30세에 아직도 못 컸다고 생각할지도 모르겠네만, 나처럼 73년을 산다면 시작에 불과하고, 사람은 60년 배워서 단 1년만 제대로 된 꽃을 피워 결실을 맺는다면 인생 성공일세. 자네는 자네의 큰 인물 됨을 이룰 것이네. 내 비록 못 보고 죽겠지만 자네는 명심하시게."

"자네는 큰 인물이 될 사람이야. 왜냐하면, 자네는 남을 높이는 덕이 들어 있는 사람이니까 틀림없네."

월남은 또 놀란다. 들어있다는 큰 덕? 자신에게는 그런 것이 없다. 틀림없이 있다고 하시는 큰 덕은커녕 자주 소인배가 되어 곧잘 가슴앓이를 심하게 하고 있을 뿐이다.

"예? 큰 덕이라 할 것은 정말 없는데요."

갑자기 가슴이 조여든다.

"스승님, 과찬도 아니시고… 오늘 말씀을 들어 보니 저는 스승님이 보시는 것보다 너무 작습니다. 그렇지 않습니다."

"누구나 자기 자신은 모르는 것이지만 자네는 자네를 모르는 게 있네. 나는 자네를 아는 것이 있다네. 나이 30이나 돼 가지고 열세 살 첫아들 승륜이가 조부와 홀어머니 밑에서 저러고 있는데 자네가 얼빠진 사람이라 잠시라도 잊었겠는가? 다 그렇다 하여도 나는 아니라고 믿네. 오직 안목이 높은 탓이야. 나라를 위해, 백성을 위해, 임금을 위해 무언가를 제대로 하겠다고 하는 것, 그게 집념이고 기상일세. 그 집념과 기상이 자네를 책에 빠지게 하였고, 하다 보니 공부에 빠져 한 발자국씩 나가 보니 10년이 넘는 세월이 흘러간 것 아닌가?"

맞다. 하루 한 시도 잊지 않았으나 그럴수록 공부에만 몰두하고 10년이 넘은 것 맞다.

"스승님께서 해석을 좋게 해주십니다마는 그렇다고 하겠습니다."

"그래 그래, 맞아 맞아. 자네는 공부의 끈에 매달려 오직 공부에만 전념한 것이야. 그러면서도 지금도 부단히 배울 것을 찾고 있는 자네의 눈빛을 난 똑똑히 보고 있네. 이 늙은 스승에게도 뭔가를 받아먹겠다고 하는 간절한 속내를 내 어찌 모르겠는가. 나? 자네가 무시해도 그만인 사람이야. 죽천만 못하고 경암 대감하고는 상대가 못 돼. 그런데도 자네는 내가 자네보다 월등히 낮다고 보는 눈빛이야. 그러나 나는 아닐세. 그래서 하는 말인데, 그 눈빛을 잃지 말게. 모두 자네보다 아래라고도 보이겠지만 모두 자네보다 낮고 높다는 것 말일세. 지금 나는 그 말을 하는 것이야. 자네가 나보다 나으이.”

어명을 받들지 못하였사옵나이다

죽천이 다시 고종 임금을 배알하였다.

“죽천! 생각해 보셨습니까?”

“예, 전하.”

“그래 인선과 역할분담은 어떻게 하려고 하십니까?”

“예, 전하. 그에 앞서서 황공한 말씀부터 올려야 하겠습니다.”

“황공한 말씀이라니요?”

“소신이 전하의 당부를 잊은 것은 아니오나 청년들 중심으로 인선하고 제가 최연장자가 되라 하신 말씀은 받들지 못했습니다.”

“왜요? 나이가 많은 사람들 중에 적임자가 있습니까?”

“예, 전하. 있는 정도가 아니옵니다. 절반은 저보다 연장자로 인선하여야 하겠다는 생각이 지워지지 않습니다.”

“조직을 어떻게 하실 생각인데 몇 분이나 누구를 생각하였습니까?”

“조직은 금년에 이유원 대감을 영상에서 내리시고 흥인군(이최응, 대원군 이하응의 친형)으로 총리대신(영의정)에 오르게 하시면서 설치하신 통리기무아문(統理機務衙門)의 12사(司)와 같이 12개 시찰단으로 분류하면 어떨까 하여…"

"그래요? 1개 시찰단에 몇 명의 조직원을 두자는 것입니까?"

"각 시찰단마다 수원(수행원) 2인과 통사(통역관) 1인, 사무(총무) 1인을 두어 5명씩 모두 60명으로 하고…"

"그래 60명으로 하고?"

"미력하나마 소신이 단장이 되어 제게는 수원 1인 정도를 더 두게 하여 모두 62명으로 인선함이 어떠실까 하는 구상을 하고 있습니다."

"그래요? 그러면 인선명단이나 각개 시찰단의 조직도는 만들어 왔습니까?"

"아니옵니다. 우선 말씀을 올려 윤허를 하시면 곧 문서를 올리려 합니다."

"그런데 어명을 받들지 못했다는 말은 무엇입니까?"

"12명의 각 시찰단 분야에 따른 인선대상은 아무리 깊이 생각해 보아도 저보다 거의가 연장자가 적임자로 보여 어명을 따르자니 마땅한 사람이 없습니다."

"그래요? 우선 누구누구를 생각하는지 몇 사람만 말해 보시오."

"엄세영, 강문형, 조병직, 조준영은 연장자이옵고, 어윤중, 홍영식은 한참 연하이옵나이다. 이분들은 딱히 만나 보지 않아도 결정할 수 있으나 나머지 여섯 사람은 제가 만나 뵈어야 결정을 낼 것 같습니다.[5]

---

5) 엄세영(嚴世永, 1831, 49세, 조선 후기의 문신): 고종 때 부수찬선전관 등을 거쳐, 대사성, 한성부좌윤, 대사헌을 역임하였다. 동학농민운동 때 삼남염찰사로 민심수습에 힘쓰고 새 내각의 농상공부 대신.
강문형(姜文馨, 1831, 50세, 조선 후기의 문신): 회환진하(回還進賀) 겸 사은사. 통리기무아문 부경리사(副經理事)를 지냄.
조병직(趙秉稷 1833, 48세, 조선 후기 문신): 협판교섭통상사무 · 전보국총판 등을 역임했다. 일본의 침투를 막기에 노력하는 한편, 후일 김옥균의 살해범 홍종우를 옹호하는 등 사대당(事大黨)의 중진으로 활약했다. 만민공동회로부터 맹렬한 비난을 받기도 함.
조준영(趙準永, 1833, 48세, 조선 후기의 문신): 신사유람단의 한 사람으로 일본을 시찰하고 돌아와 통리기무아문의 당상경리사가 되었다. 임오군란으로 청나라 군대가 올 때 영접관이 되고, 협판군국사무를 거쳐 갑

"그래요. 내가 선임하기보다는 죽천이 하고 내가 결정하는 방식이 좋을 것 같습니다. 꼭 믿을 사람으로 하시면 나도 믿을 것입니다."

"그런데 비밀을 유지하는 문제에 대해 전하께서는 어떻게 하실 생각이신지 제가 알면 안 되겠습니까?"

"안 될 것은 없습니다. 단, 비밀문제는 내게 생각이 있어요. 인선만 해오면 나는 그들에게 일본선비시찰단이나 문물견학단이라는 이름으로 보내지 않고, 수신사나 통신사를 보낼 때처럼 공개적인 행사를 별도로 갖지도 않고 비밀리에 보내려 합니다."

"소신은 그 점이 간단치 않아 마땅히 떠오르는 묘책이 없습니다."

"아, 그래요? 그 점은 내가 좋은 방도를 생각해두었습니다."

"소신이 미리 알면 안 되는지요?"

"알아도 괜찮습니다. 어떻게 하려는가 하면…."

"예, 하명해주시옵소서."

"죽천을 포함하여 13명을(후일 12명으로 함) 암행어사로 임명할 것입니다. 단, 구체적인 출발 방법 등 계획은 차후에 결정하기로 하되, 일본어를 잘하는 통사 12명은 죽천이 뽑아야 합니다. 통사를 암행어사 수원으로 임명하되 일본시찰단으로 간다는 것은 비밀로 해야지요. 아직도 척화세력이 개방에 반대하기 때문에 배에 타기 전 동래부(부산) 어디에 어느 날 모두 모이라고 하거든 그때 죽천이 일본으로 간다는 어명을 내려 준비한 배에 타도록 하여 가면 됩니다."

"전하의 뜻대로 하시면 우리가 떠난 후에도 알려지지 않을 것 같습니다. 배가 출항하면 배 안에서 업무분담을 하면 되겠습니까?"

"그렇지요. 금년 내로 인선과 계획을 마감하고 내년 초에 암행어사

신정변 실패 후 사대당 내각에서 개성유수가 되었다. 이듬해 협판내무부사, 협판교섭통상사무를 지냄.

로 발령해서 두 달이나 석 달은 실제로 암행어사 일을 하면서 동래로 내려가는 것이지요. 내년 3월에는 배를 타야 합니다."

"받들어 착오 없이 하겠습니다."

"달리 할 말씀은 없으십니까?"

"예, 제가 저의 수원(비서관)으로 데려갈 사람은 월남 이상재를 생각한다는 말씀을 미리 올려야 하겠습니다."

"월남 이상재가 누구지요?"

"제 집에서 저와 12년을 동거하여 수학한 자로서 저는 월남을 벗이라고 생각할 정도의 사이입니다. 12개 시찰단을 통괄함에 있어 저와 뜻이 잘 맞을 사람입니다."

"그래요? 그렇게 믿는 벗이 있습니까?"

"예, 목은의 16대손이며 저보다는 9년 연하이오나…."

"아, 목은의 후손입니까?"

"예, 학문과 인품이 믿어도 되는 사람입니다."

"과거는 언제 보았습니까?"

"과거 볼 시간도 못 내고 여태껏 공부만 해온 사람입니다. 동북아 지리에 밝고 일본지리나 문화에도 밝고 일본말도 좀 하는 사람으로 저의 분신처럼 믿는 벗인데, 합리적이고도 지혜로우며 성균관 유생이나 관시를 나온 인재에 뒤지지 않다고 보아, 제가 전에 암행어사로 갈 때는 두 번 다 수하로 데려간 적도 있습니다. 이번에는 말씀을 올리고 데려가야 하겠기에 미리 여쭙습니다."

"그리하시오. 죽천이 좋다는 사람이면 나는 이미 믿기로 하였으니 나도 좋습니다. 하하, 그 어떤 사람인지 궁금하군요."

"예, 허락하시면 뵈오시도록 하겠습니다."

"그럽시다. 출발 전에 안 되면 다녀온 후에라도 나도 한번 봅시다. 월남이라…?"

죽천의 서재가 어지런하다. 시찰단으로 갈 사람들의 명단이 널려 있다. 그들의 신상이 적혀 있기도 하다. 월남이 오기 전에 인선을 마무리하고, 1대1로 선임된 선비들을 만나도 봐야 하고 일이 많다. 월남이 오면 월남이 좋아라 할 사람은 홍영식과 어윤중이고, 나이는 20세도 안 되었으나 어쩌면 윤치호도 넣자고 할 것 같아 아예 이들의 이름도 올렸으나, 윤치호는 너무 어려(15세) 수원으로 넣어야 한다.

시찰할 분야도 정해야 한다. 이것도 월남이 돌아오면 계획을 잘 짤 것이다. 일정표도 만들고 방문처도 사전에 정해두어야 한다. 가장 어려운 문제가 비공식사절이라는 문제다.

일본 어디에 숙소를 정하여 한곳에 모이지도 못한다. 비밀유지를 위하여 개인유람단(관광객)처럼 따로 떨어져 5명씩 숙소를 정해야 하고, 예산도 어떻게 배정할지, 또 총괄 관리는 어떻게 해야 할지 등등 준비할 것이 많다.

그러나 죽천은 희색이 넘친다. 이제 드디어 신문물을 받아들일까 하여 시찰단을 보내려 하시는데 전하의 뜻에 부합하여 우리나라도 선진국처럼 나라가 달라져야 한다. 이것은 월남이 자주 주장했던 것이기도 하였으나 죽천으로서는 알아도 실천에 옮길 방도가 없어 다만 학문의 한계를 벗어나지 못한 터였다.

일본 외무성과 일정의 연줄도 대놓아야 한다.

지금도 돌아가는 세상이야기

혜산은 그냥 누워 있기보다는 월남의 이야기를 듣고 앉아 있는 것이 더 편한 것 같아 월남과 이야기로 새벽이 오는 것도 모를 정도였고 혜산은 시간 가는 줄을 모르고 듣기를 꽃노래처럼 즐겨 하는 눈치다.

"스승님! 그래도 좀 눈을 붙이시지요."

월남은 졸음이 달아났으나 혜산의 건강이 우려된다.

"아니야, 나는 이게 더 편해. 날이 새거든 그때는 양기가 지배하니 차라리 그때 좀 눈을 붙이는 것이 나을 것 같아."

날이 밝아오자 혜산이 잠이 든다.

'오늘은 늦게라도 집으로 돌아가야지.'

생각하다, 기왕에 왔으니 어젯밤의 일도 걱정되어 하루만 더 자고 내일 돌아가기로 마음먹고 월남도 자리에 누웠다.

날이 밝아 조반 겸 점심 겸 늦은 아침을 먹고 바깥바람을 쐬러 마당가로 나서자 이내 혜산이 월남을 부른다.

"어제 내가 듣고 싶은데 듣지 못한 이야기를 해주게."

"예, 스승님 무슨 말씀을 듣고 싶다 하셨지요?"

"나? 궁금한 것이 많아. 또 이야기라도 나누고 있어야 정신도 모여지고 아픈 것도 덜하고…. 왔으니 대엿새 내 벗이 되어 주다가 가면 안 되겠는가?"

"예? 저는 내일쯤 돌아갈까 했더니 스승님이 아니라 하시면 그렇게 하겠습니다."

대엿새…. 월남은 그간 스승님이 퍽 외로우셨다는 짐작에 마음이 아프다. 아들 둘에 딸이 하나. 맏이는 나주에 있고 둘째는 영암에 있다 했다. 지방 관리로서 일찍 벼슬에 나가 잘 있으나 혜산이 편치 않아 자주 오가지만 막상 이러다가는 임종이 쉽지 않을 모양이다.

"따님과 사위는 어디 있습니까?"

"아, 충주에 있다 서원(청주)으로 왔지. 딸의 효심이 대단하지만 딸은 딸이더라고. 시가가 있으니까 와도 내가 편치를 않아."

"저의 아버님은 딸이 없습니다."

"자네도 없지 않은가? 그런데 한양 이야기랑 나라가 돌아가는 이야기는 언제 해줄 텐가?(후일 네 번째는 딸이었으나 현재는 3형제)"

"무슨 말씀부터 드릴까요?"

"자네가 알아서 해봐."

이렇게 시작한 이야기로 닭이 울고 아침이 오고 저녁이 온다. 월남과 혜산과의 대화는 계속된다. 이것이 스승님께 대한 마지막 도리가 될지도 모른다는 생각에 월남은 아직 아버지 희택과도 편하게 장시간 대화하기도 전이라 마음에 걸리지만 아버지는 며칠 후에 가서 뵙고 말씀을 듣고 올려도 괜찮아 마음 편히 묵고 있다.

"그럼 대궐 이야기부터 올리겠습니다."

월남은 고종 임금과 대원군과의 복잡한 관계를 말씀 올린다.

"신정왕후 조 대비와 중전과 시아버지가 삼각형으로 얽힌 모양이구만. 그래서? 지금은 대원군이 덕산(남연군 묘소) 쪽에 가 있는가?"

"양주에 계시다 운현궁으로 오신 것으로 알고 있습니다. 하지만 대원군의 정책을 지지하는 선비들이 아직도 궁에 많이 있습니다. 쉽게 파직을 하는 것도 참 어렵습니다. 대왕대비 신정왕후 조 씨의 사람과 대원군의 사람과 민 중전의 사람들로 혼합돼 있어 복잡합니다."

"고종의 사람은 누가 있는가?"

"고종 임금의 사람이 없다고 할 정도라는 것이 어려움입니다. 전부 임금의 사람들이어야 하고, 모두가 임금의 뜻을 살펴 국사에 참여하는 것이 마땅하지만, 제각각 자기 상전 따로 인맥 따로여서 임금이 어렵습니다."

"중전의 사람이 임금의 사람이라고 보면 안 되겠는가?"

"맞습니다. 민겸호, 민규호, 6년 전(1874년) 죽은 민승호를 비롯하여 민태호(세자의 장인) 등등 모두 중전의 사람이지만 고종의 사람이라고 봐도 됩니다. 하지만 미묘하게 다릅니다. 어찌 보면 고종 임금의 사람은 없는 것과 다름없습니다. 전하께서는 이도저도 아닌 그야말로 백성과 나라의 편입니다."

"당연하지. 왕이 누구를 상전으로 모실 턱은 없는 것이니까."

"굳이 임금의 사람이라면 저는 단도직입적으로 제가 모시는 죽천 박정양 대감이라고 생각합니다. 박규수(우의정) 대감이 돌아가시자 이제는 임금님 쪽에 반듯하게 선 사람이 마땅치 않습니다."

"홍순목(대원군 측의 영의정) 대감은 어찌 되었는가?"

"대원군의 사람 홍순목 대감에 이어 조 대비의 사람 이유원 대감이 영상으로 있다가 이번에 이최응(흥인군, 대원군의 친형)이 영상이 되었으나 역시 고종의 사람이라고 보기에는 아직도 대원군의 눈치를 보아야 하니 임금의 사람이라 하기는 어렵겠고…."

"오히려 홍순목의 아들 홍영식(갑신정변으로 몇 년 후 처형당함) 교리(정5품)가 고종의 사람일 정도로 부자간에는 임금과 정승 판서들의 가정까지 임금 가정을 닮아 버렸습니다. 참 애석한 일입니다. 모두 나라를 편하게 하자는 것인데 부자지간에 대립하는 터라 어서 왕권이 확고해져야 할 것입니다."

"다 못 믿어도 고종은 진정 민 중전만큼은 믿어야 하는 것 아니겠는가? 실제로 믿어 못 믿어?"

"물론 누구보다도 민 중전의 사람들은 믿지요. 문제는 그들도 눈치를 보며 그네들끼리 반목하고, 다른 세력들과의 알력이 있습니다. 이 통에 임금이 힘이 들고 중전도 힘이 듭니다. 그런데 중전은…."

"중전도 문제가 있는가?"

"아닙니다. 중전은 아들 5명을 낳았습니다. 차례로 3명이 낳자마자 죽거나 낳기도 전 죽어 넷째 하나를 겨우 살렸습니다. 아직 걸음마도 못하는 넷째 척(순종)을 세자로 책봉한 것만 보아도 중전은 임신 복은 있는데 출생과 성장의 복이 없습니다. 이번에 다섯째를 낳았지만 역시 두 치레 만에 죽어 버렸습니다."

"맞아, 나라에는 중전이 태복이 있어야 왕실이 편하고, 그래야 당 짓는 무리들도 잦아들고, 엉뚱한 모반죄도 사라지는 건데 중전마마가 저토록 애간장을 태우시니 그것 참…."

"잘은 모르겠으나 완화군과 영보당 이 씨가 궁을 나간 것도 중전의 지레 걱정(투기, 스트레스)이 작용했는지도 모를 일이고요. 요즘에는 나인 장 씨가 아들까지 낳았습니다(후일 의친왕, 이강). 이 역시도 중전을 가리켜 투기가 심하다고 하는 견제세력(신정왕후 등)의 눈초리를 피하려는 것일 수도 있고요."

"자네나 나나 자식복은 있어 쑥쑥 낳았으니 참 행복이네."

"백성의 자식복보다 더 큰 복은 임금의 자식복인 것 같아요. 임금이 자식 복이 없다 보니 벌써 정조 임금 승하(1800년) 후 80년이 지나가도록 대대로 자식이 없어 나라가 기울고 외세가 노려보는 결과가 왔지 않습니까?"

조선은 약하고 힘이 없었다.

"아 참, 그래서 외세는 지금 어느 지점에서 어떻게 들어오려 하는가?"

"외세는 크게 다섯 개 나라로 요약됩니다. 미국, 일본, 청국, 아라사
(러시아)에 이어 유럽 쪽 영국, 프랑스, 독일, 네덜란드 등을 서구라고
하여 하나로 보는 거지요."

외세의 실상

"아라사나 서유럽은 외세라 하기보다는 3개국(후일 4개국)으로 일
본, 미국, 청나라로 보아도 되지 않는가?"

"그렇습니다. 실은 3개국이 조선을 향해 입을 벌린다고 보면 되지요."

"웃자고 벌리는 입이 있고, 잡아먹자고 벌리는 입이 있지 않겠는가? 전부터 입을 벌려도 성질은 달랐으니까."

"겉으로는 어느 나라라도 웃자는 입이지만 첫째는 일본이 잡아먹자는 입이라고 보이고 청나라도 만만치 않습니다."

"이 문제는 자꾸 충돌하여 한양의 관문인 인천과 강화도가 늘 불안하고 자주 외국군함이 오지 않는가?"

"저는 이 문제에 대해서는 중전마마의 생각에 전적으로 동의하는 입장입니다."

"중전마마의 생각이 뭔데?"

"중전마마는 문호를 개방해야 한다는 일편단심입니다. 그래서 고종 임금께 대원군의 척화 쇄국을 버리고 상호 협력자관계를 가져야 한다는 것입니다."

"어느 나라와 우호조약을 맺자는 것인가?"

"그것은 차후 문제고 우선은 개방정책으로 가자는 것이지요. 각국의 의도가 다르니 본심을 잘 살펴 나라의 유익과 백성의 유익을 찾자는 것이 중전마마의 지론입니다."

"그런데 자네는 이런 궁내의 세미한 내용을 어떻게 그리 잘 아는가?"

"죽천 대감께서 저를 하인이나 수하로 보지 않고, 부부처럼 이부자리에서나 할 말을 자주 해주십니다. 중전마마의 어머니 감고당(인현왕후가 폐서인이 되었을 때 머문 집, 후에 복원되었다) 이 씨는 우리와 같은 한산 이씨 이규년(李圭秊)의 여식이기도 하지요."

"오 그래? 나는 그걸 몰랐었네."

"1874년에 난 화재로 양아들 민승호와 같이 돌아가셨지요."

"아 그렇구먼. 그런데 그건 죽천이 국가기밀을 누설하는 것 아니겠는가? 부인에게도 말하면 안 되는 것을…"

"바로 그 점이 저로 하여금 오랜 세월 죽천을 모시게 한 이유였습니다. 죽천은 오로지 나라가 편하고 탄탄하게 발전하는 쪽에 선 사람입니다. 그 첫째가 '배우자'는 것이며, 다음은 인재를 육성하여 힘을 합치자고 하는 것입니다. 저의 경우는 죽천이 저를 동지로 봅니다. 저를 믿어주니까 지금은 왜 일본어를 배우고 영어를 배워야 하는 것인가를 말해주면서 나라의 미래를 위해 다들 감투싸움이나 하는데 우리는 기초를 다지자는 것이지요. 적을 알아야 하듯 현재를 알고 대궐과 신료들을 알아야 그에 대비를 한다는 것이지요."

"자네는 외세에 대한 진단을 어떻게 하는가?"

"저는 어려워 풀지 못합니다. 분명 웃자는 측은 미국이고 서유럽이 맞습니다. 그런데 하느님을 앞세워 천주학을 믿자는 것이 문제입니다. 이제는 기독교가 천주교보다 더 적극적으로 밀려오고 있습니다. 이 점은 신정왕후나 대원군의 말이 맞습니다. 하느님을 믿어야 한다는 조건 아래 뭐든 서로 나누자는 것은 좋지만 하느님을 믿으면 왕이나 백성이 모두 아버지가 같아서 같은 아들이 된다는 것은 죽었다 깨어나면 모를까 저도 그건 반대하는 게 당연하다고 보는 것입니다. 서구 열강들은 이것이 문제입니다."

"일본은?"

"일본은 또 명치유신 이후 그들의 왕을 천황이라고 하면서 조선의 왕은 과거로 치면 일개 성주(城主) 정도로 취급하여 천황폐하가 신하의 나라에 감사나 유수 격으로 보려고 하는 것이지요. 어찌 보면 이놈들이 더 고약합니다. 단, 똑같은 아들 신분은 아니기는 하지요."

제6부

조선 주변 열강의 각축

강화도 조약

"저녁 먹고 쉬었다 또 하세나."

혜산과 월남의 이야기는 이어진다.

"그런데 죽천의 부친 경암 대감이 강화 판관으로서 강화도 조약을 맺은 지가 4년 전이던가? 아무튼 결국 일본과 수교의 문을 열긴 열지 않았는가?"

"강화도 조약은 1876년, 그러니까 4년 전이 맞습니다. 조·일 수호조약(朝日修好條約) 또는 병자수호조약(丙子修好條約)이라고도 합니다. 이 조약이 체결됨에 따라 조선과 일본 사이는 종래의 전통적이고 봉건적인 통문관계(通文關係)가 파괴되고, 국제법적인 토대 위에서 외교관계가 성립되었습니다. 사실 부산항과 강화도 인천 등에 자꾸 쳐들어와 양민까지 죽이는데, 우리 대포의 성능은 턱도 없어 조선의 입장에서 이 조약은 일본의 강압 아래서 맺어진 최초의 불평등조약입니다. 그러나 대원군의 통상수교거부정책에 맞서 개화론자들은 부국강병을 위해 개화사상을 도입하고 문호를 개방하여 대외통상을 해야 한다고 주장하기 때문에 내키지 않는데도 체결한 조약입니다. 이때(76년) 접견대관 신헌(申櫶)과 일본 측 구로다, 이노우에, 오카모도를 만나게 한 사람이 경암 대감이기도 합니다."

"나라가 힘이 없으니까 불평등을 시비하기가 어렵지. 그러니까 예로부터 장수가 좋은 무기를 가지고 적을 무찌를 힘이 있어야 나라가 부지하는 건데 애당초 정조 임금 적부터 나라의 문을 열든가, 아니면 5가작통법 따위로 백성들을 잡을 게 아니라 일본처럼, 그때가 언제지? 맞아 1867년경에 명치유신으로 문을 확 열기만 했더라도 사정은 달라졌을 거라. 67년하고 지금 80년하고 불과 13년 차이가 아닌가? 그래서 강화도 조약의 요점이 무엇이고 그 결과가 어찌 돌아가는가?"

"예, 당시를 자세히 분석해 보면, 조선 조정 내에서의 권력투쟁으로 대원군이 하야하게 되자 이러한 국내의 정황을 탐문한 일본은 1875년 통상외교교섭을 위해 조선에 사신을 파견해왔으나 교섭은 성립되지 않았습니다. 이에 일본 정부는 측량을 빙자하여 군함 운양호(雲揚號)를 조선 근해에 파견하여 부산에서 영흥만(永興灣)에 이르는 동해안 일대의 해로측량과 아울러 함포(艦砲)시위를 벌였지요. 또한 운양호를 강화도 앞바다에 재차 출동시켜 초지진(草芝鎭)의 수비병들이 발포하는 사태를 유발하게 하였습니다. 1876년 정한론(征韓論)이 대두되던 일본 정부에서는 전권대신(全權大臣) 일행을 조선에 파견하여 운양호의 포격에 대하여 힐문(항의)함과 아울러 개항을 강요하였던 것입니다. 2월에는 일본 사신 일행이 군함 2척, 운송선(運送船) 3척에 약 400명의 병력을 거느리고 강화도 갑곶(甲串)에 상륙하여 협상을 강요해왔습니다. 이에 조선 정부는 국제관계의 대세에 따라 수호통상의 관계를 맺기로 결정하고 신헌(申櫶)을 강화도에 파견하여 일본 사신 구로다 기요타카(黑田淸隆)와 협상하게 한 결과, 수호조약이 체결되었던 것입니다."

"그래서 그것이 피차 살자는 조약이 되었단 말인가?"

"전혀 그렇지 않습니다. 오히려 빗장을 하나하나 더 열어야 하는 단초가 되고 말았습니다. 원래는 모두 12개 조로 되어 있는데, 사실 그 내용 속에는 일본의 정치적·경제적 세력을 조선에 침투시키려는 의도가 반영되어 있었던 것입니다. 제1조에서 조선은 자주국으로서 일본과 평등한 권리를 가진다고 규정되어 있으나, 이의 목적은 조선에서 청(淸)나라의 종주권을 배격함으로써 청나라의 간섭 없이 조선에 대한 침략을 자행할 수 있는 길을 모색하는 데 있었던 것입니다. 제2조에서 조약이 체결된 후 조선 정부는 20개월 이내에 부산과 그 밖의 2개 항구를 개항할 것을 규정하고, 2개 항구의 선정은 일본 측 임의에 맡길 것을 주장하였습니다. 그 결과 동해안에는 원산이, 서해안에는 인천이 각각 선정되었으나, 다만 인천항으로부터의 미곡 수출만은 금지되었습니다."

"미곡수출만 금지하고 실리는 무엇을 빼앗아갔지?"

"재작년(1878년) 일본은 드디어 부산에 제일은행의 문을 열었습니다. 어려운 백성에게 돈을 빌려 준다니까 외상이라면 양잿물도 먹는 백성들이 쌀 10가마니 30원을 봄에 쓰고 가을에 300원을 갚으라고 하려는 꿍내가 나라를 들어먹으려는 음모일 뿐입니다. 금년(1880년) 5월에는 원산항이 개항되었고, 작년에는 왜인 청사가 부산에 들어섰지만 막지를 못 합니다. 지금도…."

"임금님께서 걱정이 많으시겠네 그려."

"많은 정도가 아니라 아주 심한 상태입니다. 그러나 신하가 없습니다. 죽천은 별겸춘추(別兼春秋)로서 선원록과 조선왕조실록 서고에 저장하는 일로 무주 적상산 서고와 태백산 서고에 출장을 다녀오고 90여 일간 경상좌도 암행어사로 나가 40개 주를 돌아와서 임금하고 면대가 어렵습니다. 사실 임금님께 뭇 백성들이 자유로이 상소를 올리면 임금님이 읽어 보면 좋지만 도중에 막아 보내지지도 않고 상소라고 올렸다가는 목이 달아날 지경이니 말입니다. 최익현도 상소로 인해 제주도로 유배 가지 않았습니까? 그러나 고종이 과감하게 풀어 주기는 했는데 역시 반대세력의 반발이 만만치 않아요."

"강화도 조약은 또 뭐가 있었지?"

"예, 또한 제4조와 제5조에서는 개항장 내에 조계(租界)6)를 설정하여 그곳에서의 일본 상인의 자유로운 무역과 가옥의 조영(造營) 등 거주의 편의를 제공할 것을 규정하였습니다. 제7조에서는 일본이 조선의 연해(沿海)·도서(島嶼)·암초(岩礁) 등을 자유로이 측량하고 해도(海圖)를 작성할 수 있도록 규정하기도 하였습니다. 제8조와 제10조에는 개항장에서의 일본인 범죄자들에 대해 현지에 파견된 일본영사가 재판한다는 치외법권의 조항이 명시되었고, 이 조약에 규정되어 있는 바와 같이 일본은 개항장을 통해서 일본인을 조선에 침투시키고, 여기에 조차지(租借地, 한 나라가 다른 나라로부터 빌려 통치하는 영토. 영토권은 빌려준 나라에 속하지만, 통치권은 빌린 나라에 속한다)를 확보하여 일본세력의 전초지로 삼고자 하는 내용도 들어 있습니다. 아울러 치외법권을 설정하여 일본인 상인들의 불법적이고 방자스러운 행동에 대해서 조선의 사법권(司法權)이 미칠 수 없도록 하였

---

6) 외국에 빌려주는 우리 땅

습니다. 물론 이 강화도 조약은 이와 같은 불평등한 조약으로 인하여 조선은 선례에 따라 서양 여러 나라와 통상을 시작하게 되고, 문호를 개방함으로써 서양의 신문명을 수입하는 반면에 열강의 침략을 받게 되는 시발점이 되었다고 하는 면도 있습니다마는…."

"그래서 지금의 조정은 어떤 체제로 바뀐 것이 있는가?"

"예. 삼군부[조선 후기에, 중요한 군무(軍務)를 의논하던 관아. 고종 5년(1868)에 비변사를 없애고 대신 설치하였다가 고종 9년(1872)에 폐하였다]를 폐지한 이후 12년 만에 청(淸)나라 제도를 모방하여 통리기무아문(統理機務衙門)을 설치하였습니다. 그 밑에 12사(司)를 두어 사무를 분담하게 하였는데, 그 장관을 총리대신이라 하고 각 사에는 당상관(堂上官)과 낭청(郎廳)을 두어 다스리게 하였습니다. 12사는 사대사(事大司)·교린(交隣)·군무사(軍務司)·변정사(邊政司)·통상사(通商司)·기계사(機械司)·선함사(船艦司)·군물사(軍物司)·기연사(譏沿司)·어학사(語學司)·전선사(典選司)·이용(理用)의 각 사들입니다. 당상관의 정원은 10명, 낭청은 18명을 원칙으로 하였으며, 곧 낭청을 주사(主事)·부주사(副主事)로 나누게 될 것 같다고도 합니다."[7]

"복잡하고 어렵구만. 한마디로 말해서 자네의 뜻은 무엇인가?"

"저는 죽천을 중히 쓰실 날이 올 것이라 믿고 기다리는 중입니다. 지금 조정에서 죽천만 한 합리적 사고와 지식과 덕망을 가진 사람이 없다고 할 정도입니다. 죽천의 안목은 정상에서 내려 볼 정도입니다. 산 밑에서 위를 올려다보거나, 중턱에서 내려다보거나 올려다보는 것과는 질이 다릅니다. 죽천은 조선만이 아니라 5대, 4대, 3대 열강을 꿰뚫어 박규수나 박지원을 능가합니다. 하지만 아직 임금께서 그것을

7) 1882년 6월 폐지하고 그 기능을 삼군부(三軍府)에 이관하였다.

모르십니다."

"게다가 자네 같은 수족이 있으니 환상의 짝이라 하겠지?"

"죽천 대감의 생각이 곧 제 생각이고, 제 생각이 곧 죽천 대감의 생각이 된 지도 오래입니다. 그러니 모든 것이 죽천 대감과 경암 대감의 도우심 덕분이지요? 하지만 우물 안 개구리가 되어 있어 답답합니다."

"그러니까 조선의 현실과 미래를 보는 핵심이 뭐라고 생각하는 것인가?"

"간단합니다. 물도 맥이 있고 사물마다 제각각의 기가 있습니다. 수맥을 열면 물이 터지나 수맥을 막으면 물이 없습니다. 사물의 이치나 나라와 백성 또는 국가와 국가 간의 관계에서도 사안의 맥이라 할 본질이 있습니다."

"그래? 갑자기 어려워지는데…? 무슨 소린가?"

"임금을 곁에서 모시는 신하가 반듯하고 현명해야 한다는 것이지요. 어려서 현만 스승님께서 가르쳐주신 대로 신하가 둘 셋으로 갈라져 제각각 아니올시다 전하! 옳사옵니다 전하! 한다면 임금도 헷갈려 정사를 펴지 못하는데 지금은 임금의 사람이 없습니다. 만일 누가 있다고 해도 지혜와 총명이나 덕망이나 충성에서 사심의 고리가 아직도 안동 김씨 시대나 대원군 집정 초기와 다를 것이 없습니다."

"그러니까 죽천을 중히 등용해 쓰셨으면 좋겠다? 뭐 이런 뜻인가?"

"죽천 대감은 해박하고 판단의 균형이 반듯합니다. 그러니 제가 학문에 반했다기보다는 죽천의 인품에 반했다고 봐야 합니다. 부모 처자식이 저 고생을 해도 제가 속도 없는 사람처럼 한양에 있는 까닭도 언젠가 죽천을 들어 쓰실 날이 올 것이며, 그러면 저는 임금의 1등 신하라고 확신하는 죽천 대감의 수하로서 신하의 신하가 되라는(제1권

참조) 상면 시 첫 죽천 대감의 말대로 때를 기다리고 있는 것입니다."

"옳거니. 죽천이란 사람이 대단키는 한 모양이로고. 자네는 원체 웬만해서는 의문을 풀지 않는 진드기라고 하였지. 먼저 간 일정이 그러더라고. 휴, 일정이 보고 싶다."

일본은 지금

"지금 일본과 세상은 어떻게 돌아가는가? 그간 자네가 무엇을 배워서 얼마나 아는지 한번 들어보고 싶네."

"글쎄요. 저는 일본 알기에 집중하고 죽천 대감은 미국을 집중 공부했습니다. 지금 세상 돌아가는 것의 첫째가 무엇이냐 하면 철길이 생겼다는 것이지요. 일본도 철로가 생겨 기차가 다니고 있습니다. 이미 정조 임금 이전 영조대왕 시절(1765년)에 기차가 발명되어 정조 임금이 세상을 떠날 즈음(1800년)에는 영국이나 미국에는 철도가 놓여 한 번에 한산고을에서 올리는 곡물을 다 싣고도 하루도 안 돼 한양으로 가는 정도의 빠른 세월입니다."

"그럼 일본은 지금 어떤가? 자네는 일본을 공부했으니까 우리와 일본이 다른 것은 무엇이라고 하겠는가?"

"그것은 너무 많습니다. 일본은 이미 제가 5세 되던 1854년에 미국과 화친조약을 체결하고 본격적으로 서양문물을 받아들여 30년이 가깝습니다. 그래서 제가 죽천 대감의 사가로 가기 1년 전 1866년에는 해외로 무역을 위해 떠나는 내국인을 허가해주기 시작했습니다. 좋은 것은 받고 나쁜 것은 버리자는 것이 명치유신이었습니다. 바로 이 시기의 이야기입니다. 1867년, 제가 죽천의 사가로 가던 18세 때 일본은 요코하마에 영어와 프랑스어를 가르치는 학습소를 설치했어요. 서양을 일찍 알려고 노력했던 것이지요. 2년 후 미국은 대륙을 횡단하는 1만 리(4천km) 거리에 철도를 개설했습니다. 한양에서 부산 가는 거리의 10배가 넘은 거리를 단 2~3일에 갖은 물산을 싣고 달리고 사람들이 오고가는 것입니다. 우리는 우물 안에서 개구리헤엄만 치고 있을 때, 미국이나 일본은 무한한 발전을 거듭해왔습니다. 그러자 2년 후(1869년) 일본도 도쿄와 요코하마 간 철도를 개통시켰습니다. 물론 이것도 영국이나 인도보다 69년 늦은 얘기지요. 한데 우리나라는 아직도 철도의 철(鐵) 자도 모르지요."

"맞아 먼 데서 한양 한번 가려면 보름이나 한 달은 가야 되니 오다가다 다 허비하고 마는 것이지."

"특히 우리 조선은 연통이 안 됩니다. 일본은 우정이라는 제도를 정부가 대행해서 한양에서 제가 아버지께 서찰을 쓰면 이를 편지라는 이름으로 우정국에 보내면 우편배달부가 집에까지 갖다 주어 소통이 잘 되는 거지요. 일본은 1871년에 이미 우편업무를 개시했습니다. 우리는 수십 년 후에나 할 수 있는 일입니다."

"일본 인구는 얼마고 우리 인구는 지금 얼마나 되지?"

혜산이 넋을 잃고 듣고 있다.

"우선 일본은 우리 땅보다 3배가 되는 면적을 가지고 있습니다. 네 개의 큰 섬으로 된 일본은 에도(도쿄)가 있는 땅을 본주(本州)라고 해서 그들은 혼슈라고 부르고, 북으로는 북해도(北海島)을 홋카이도, 사국(四國)이라는 시코쿠, 남부에 구주(九州)라고 하는 규슈로 되어 있는데 인구는 지금 3,300만 명 정도 됩니다."

"그걸 언제 누가 조사를 했는가?"

"우리나라로 치면 조정에서 하는 호구조사지요. 제 나이 23세 때던가, 1872년에 조사했는데 3천3백 11만 명이라고 했습니다."

"우리나라는?"

"우리나라는 일본에 대하여 5분당 하나(5분의 1) 정도로 약 600만 명입니다. 그것도 인구가 자꾸 줄고 있습니다. 병으로 죽고, 못 먹어 죽고, 없어서 잘 못 키워 영유아 사망이 많고 또 장수를 못하고 일찍 죽습니다. 먹는 것 시원찮지, 치료하는 의술은 떨어지지, 홍역이다 마마다 해서 자꾸 죽어요. 충주사람 지석영이 이제야 일본에 가서 종두시술법을 배워왔지만 아직 보급이 멀었습니다."

"얼마나 줄고 있는가?"

"정확한 숫자는 봐야 알고 대충 보면 1869년 161만 가구에 676만 명이었습니다. 6년 후 1875년에는 163만여 호로 호구는 늘고 인구는 669만으로 7만여 명이 줄었습니다. 3년 전 1877년에 다시 조사해 보니까 158만 가구에 660만 명으로 또 9만 명이 줄었습니다."

"이게 무엇을 말하는 것인가?"

"살기가 어렵다는 단적인 증거입니다. 인구가 준다고 하는 것은 나라가 약해지고 이대로 나가다가는 나라백성이 전부 없어질지도 모른다고 하는 가장 중차대한 문제입니다. 태어나자 죽고 어려서 크다가 죽고 어른이 되어서도 장수하지 못합니다. 그러니 식물로 치면 싹이 나오다 말라 버리는 것이고 제대로 못 크고 앉은뱅이가 씨를 맺으니 씨가 시원찮아 잘 죽는 것입니다."

"자네가 과거의 상재가 맞는가? 난 어리하네…."

혜산 스승의 권면

"피곤하지 않으세요?"

"아니야, 시원해. 정말 체증이 내려가는 것 같아. 자네가 이렇게 변하다니 모든 것이 아우 희택의 정성이라고 보이네. 아버지가 좋아하시는가?"

"아버지하고는 아직 말씀을 나누지 못했습니다. 게다가 아버지를 뵈오면 목이 탁 막혀서 별 말씀을 드리지도 못할 것 같습니다. 고생을 하시는 게 전부 제 탓이라는 생각에 가슴 아프니까요."

"그러나 누구보다 아버지가 기뻐하실 일일세. 내가 건강하고 일정과 현만도 살아 있고 하다면 돼지라도 한 마리 잡아놓고 보름이든 한 달이든 세상이야기와 자네의 학문이야기를 듣고 싶은 심정이네. 물론 희택 아우님도 같이 말이야."

"그러기에는 제가 아직 싹도 틔우지 못했습니다. 언 땅에 묻힌 씨앗처럼 봄을 기다리지만 봄이 오지 않아요. 언제 봄이 올지 모르겠습니다."

"그래 알았고, 모든 공덕은 부처님이 아니라 죽천과 경암 대감에게 돌려야 할 것일세. 그렇다고 치고, 그래서 일본은 뭐가 또 다르다는 건가?"

"미국이 발명한 전화를 들여오고 있고 아까 말씀드린 우편업무뿐만 아니라, 신문이라는 것을 만들었습니다. 신문이라는 것은 세상 돌아가는 모든 지식을 종이에 찍어 가가호호마다 직접 배달해 주는 건데 거기에는 정치·문화·과학·의술·농업은 물론 무기를 만들고 대포를 만드는 모든 기술개발의 자료까지 알게 하는 엄청난 학문이

들어 있지요. 요코하마에서 일본의 첫 매일신문이 창간된 것이 1870년입니다. 이것도 영국이나 미국에서 배워온 것이고요. 이어서 4년 후에는 요미우리라고 해서 독매신문(讀賣新聞)이라 합니다. 읽을거리를 판다는 뜻인데 이게 1874년, 즉 강화도 조약을 체결하기 2년 전입니다. 5년 후 1879년에는 아사히신문이라고 해서 조일신문(朝日新聞)이 창간되었습니다. 이런 신문들을 엄청 많이 찍어 배달하고 있습니다. 그러니 우리같이 책도 없고 스승님도 없는 백성이 어찌 일본을 따라 가겠습니까."

"오호라 신문이라는 것이 있구먼, 새로 듣는다? 참 신문이라는 것이 좋은 것일세."

"이제는 미국에서 발명된 전기라는 것을 받아들이고 있습니다. 밤을 대낮처럼 밝히는 전기는 그저 밝히는 것만 하는 것이 아니라 발동기를 움직이게 하기도 하지요. 조선은 문을 닫고 에헴 털털 공자 왈 맹자 왈 하고 있을 때 일본은 방 안에서 책을 만드는 타자기라는 것도 들여오고 있습니다. 따라가려면 꼴타리가 벗겨져도 어려울 정도입니다. 죽천은 바로 이런 문제를 가지고 걱정합니다. 결론은 외세의 힘에 밀려 우리 조선은 그들의 종이 된다는 것이지요. 이걸 막자는 것이 저와 죽천 대감이 하는 공부입니다."

"허, 그것 참. 일본이라는 나라는 우리가 왜놈이라고 얕봤는데…. 임진왜란 때만 해도 어디 숫자만 많지, 우리 상대였었던가?"

"그들은 원래 동남아 민족과 북방민족으로 미개했습니다. 뭐든 조선에서 건너가야 문명의 혜택을 누렸고 왕조도 백제 이민 왕족이었지요."

"그런 그들의 성공비결이 뭐라고 보는가?"

"못된 것이지만 칼의 문화, 즉 사무라이 니혼도(日本刀) 문화성입니다. 그네들은 칼을 만드는 것과 칼질하고 죽이는 것에 능란하여 우리와 다릅니다. 우리는 점잖은 양반 선비문화를 귀중히 여길 적에 순 상놈들처럼 칼로 베고 찌르고 죽이는 역사만 지켜왔습니다. 우리도 일찍 서양들과 문을 열었다면(미일수호조약 1754년) 그들은 역시나 우리보다 뒤떨어질 것을 이제는 우리가 그들의 성장발전을 본떠야 할 주객이 전도된 실정입니다."

"아, 이 모든 것이 왕실책임 아닌가?"

"세자책봉이 어려운 왕실의 자식이 귀했던 문제하고, 그러니까 그로 인한 당파싸움하고 권력 뺏고 빼앗기에 몰두한 세도가들의 잘못이라 하겠지만 탓해 무엇 하겠습니까?"

"그래 맞아."

"저들은 에도(江戶)성(현 황궁)으로 천도하면서 성 둘레를 전부 더 깊숙하게 파서 호수를 만들었습니다. 경복궁이나 창덕궁은 자유자재 무사통과지만 에도성은 바다를 건널 정도로 물이 깊고 사방이 모두 강입니다. 왕권을 철통같이 지키고 아생연후 살타의 철저한 병법을 지켜온 것이지요."

"그러니 자네가 일본을 다녀오면 좋겠구먼."

"만일을 몰라 일본말을 배워는 놨습니다만, 저는 턱도 없는 일이고 만약에 죽천 대감이 가시게 되는 날이 오기만 기다립니다마는 이 또한 꿈은 꿈으로 끝나는 모양입니다."

"또 뭐가 있는가?"

"예, 스승님. 작년(1879년) 5월 18일부터는 우리나라 돈과 똑같이 일본화폐 통용이 허가되었습니다. 일본이 요구한 관세(국가 간 거래

할 때의 무역세)도 없앴습니다. 일본은 우리의 열악한 문물을 잘 알고 있습니다. 저들은 우리나라를 먹을거리로 보고 있습니다. 꿩도 먹고 알도 먹고 닥치는 대로 먹으려 하는 것입니다. 무조건 측량 허가를 내 달라고 떼를 쓰고 무단 측량으로 조선 천지를 손바닥처럼 들여다보려고 하는 이유는 간단합니다."

"그게 뭔가?"

"말로 다 할 수가 없습니다. 측량을 해야 어디가 어디라는 것을 알 뿐더러 조선의 자원을 분석하고 노릴 수 있는 것이지요. 이미 8년 전부터(1872년) 저들은 음력을 버리고 양력이라고 하는 태양력을 쓰고 있고, 날짜마다 요일이라는 말을 붙여 일주일이라고 하는 서양 종교의 방식 계수를 채택하였습니다. 우리는 말, 되, 홉이라 하고, 정, 결, 동이라 하는 도량형도 다릅니다. 1결은 10동이라 할 때 우리의 동이란 구불구불한 논두렁을 눈으로 대충 때려잡고 열 개를 모아 1결이라 하지만 저들은 이미 양력이라고 하는 것을 써서 윤달이 없어졌고, 평(坪)이라는 단위의 말로 아주 상세한 계측을 하고 있습니다."

"세상이 딴판으로 다른가 보네."

"다른 정도가 아니라 우리는 창칼 들고 싸우고 쇠스랑, 곡괭이 들고 싸우는데 저들은 총을 들고 우리는 구식 대포를 들고 저들은 거대한 군함에 증기를 달고 장거리포를 들고 우리 땅에 쳐들어 왔으므로 할 수 없이 강화도 조약으로 일단 위기를 넘긴 것 아니겠습니까?"

"나라를 걱정하는 똑똑하고 현명한 학문이 필요한 때가 아니겠는가?"

"성균관이나 과거 정도 가지고는 안 됩니다. 신문화를 배우지 않으면 힘이 없습니다. 1분 1초를 따지는데 우리는 지금도 새벽에, 점심 때, 해거름에, 저녁때, 아니면 오시, 술시, 유시… 이러고 있으니 이것이 여간 긴 여분입니까? 정확도가 떨어지지요."

"죽천이 참 훌륭한 선비로구먼. 그런 분이 많아야 될 것 같으이."

"결국 저들은 우리나라를 놓고 우리나라가 우리 재산으로 운영해서 우리의 소득으로 쌓아 우리가 써야 할 철도건설 부설권도 자기네가 따내고 자기네 돈을 놓고 소유권을 자기네가 가진 상태에서 나라의 알곡을 다 빼앗아가는 길을 만들고는 이용하는 승객에게 비싼 요금을 받을 것이며, 철도 부설권을 따내면 우리 조선인은 하루 1원 품값 줄 것을 10전만 준다고 해서 혹사할 것입니다. 이런 경우는 무궁무진입니다. 뭐든 저들은 이득이요, 우리는 피를 파는 것이라거나 노예가 되는 것이지요. 재주는 곰이 부리고 돈은 되놈이 먹는다고, 우리 조선은 정말 큰 걱정입니다. 일본 돈은 이미 부산과 인천에서 통용되어 가치가 10배라 하니 제 놈들 1원과 우리 돈 10원이 같다는 괴상한 논리가 환비(환율)라는 이름으로…. 제가 집과 부모님을 잊고 공부에 몰두한 이유가 여기에 있어 불효자가 된 것입니다."

"아니야, 아니야. 듣고 보니 이거 급한 일일세. 조정의 신료들이 이런 것을 알고 임금에게 고해서 명을 받아야 하는데 알기나 하는가?"

"제가 볼 때는 모릅니다. 오히려 조정 밖의 낮은 관리나 선비들이 좀 더 잘 압니다. 감투에만 눈이 빨개지면 이런 것은 보이는 것이 아니거든요."

갑자기 혜산이 말을 받지 않고 깊은 생각에 잠긴다. 월남도 말을 끊었다.

'무슨 생각을 저리도 깊이 하실까?'

한참 후 혜산이 입을 연다.

"불효자라…? 불효자라…?"

혼잣말로 하더니마는,

"자네는 불효자가 되시게. 그것이 진정한 효자가 되는 길일세. 희택 아우 힘든 거야 내 족히 알지만 큰 고기는 바다로 가야 한다지? 자네는 큰 인물로 임금의 총애를 받고 나라를 살려야 할 사람이야. 어찌하던지 죽천을 존경하고 경암 대감을 아버지같이 모시며 정말 이 어려운 때에 진정한 충신이 되어야 하네. 그게 어려서부터의 자네 꿈이고 아버지의 소원이기도 하였으니 나중에는 아버지도 잘했다 하실 걸세."

"참 어렵습니다. 심사가 복잡하고요."

"아니야. 죽천 같은 사람이 필요하고 자네 같은 사람이 있어야 백성을 살리네. 그러기 위해 겸손하시게. 꼭 내가 벼슬을 해야 한다는 탐관(貪官)자가 되어서는 안 되네. 나라가 일어서는 길이라면 자네는 낮은 자리라도 나라를 생각하게. 몸통을 살려야지 기생충이 아무리 살이 쪄봤자 소가 죽으면 기생충도 죽는 것 아니겠는가?"

역시나 혜산 스승님도 죽천이나 경암 대감 못잖게 큰 스승님이시다.

혜산 스승 별세

아무래도 무리가 되는 모양이다. 사흘 밤을 자고 집에 갔다 다시 오겠다 할 생각인데 사흘째를 맞는 오늘 밤은 돌아가실지도 모른다는 생각이 든다. 어제만 해도 말씀을 하시고 잘 들으시던 혜산 스승이 오늘은 낮부터 말수가 줄어들었다.

밤이 되자 호흡이 거칠어지기 시작한다. 이제는 말을 잘하지도 못한다. 혀가 굳어간다. 말이 잘 안 된다.

"스승님! 많이 힘드시죠? 미음을 좀 올릴까요?"

"에 떼에… 떼에…."

말을 알아듣지 못하겠다.

"여보 뭐라고요?"

"에 떼…."

월남도 알 수가 없다. 게다가 손을 들어 무엇을 가리키기도 한다.

"영문을 모르겠다."

"홍시 감을 좀 드실까요?"

실은 엊그제부터 사흘을 제대로 먹지 못했다. 그래도 말을 주고받으시더니 이제는 영영 말을 못하실 모양이다.

"제가 집에 가서 말을 몰고 오겠습니다."

부인에게 말하고 가서 말을 몰고 와야 나주를 가든 영암을 갈게 아니겠는가.

"보낼 사람은 있어요. 저번에도 세 사람이 가서 자식들을 오라고 했으니까 월남은 걱정하지 말아요. 스승님 눈빛이나 지켜주세요. 눈기운까지 빠지시면 위험하세요."

"그 사람들이 말을 탑니까?"

"말은 없고 걸어가야지요 뭐."

"아닙니다, 빨리 가서 자제분들을 오시게 해야 되겠습니다."

어느덧 날이 밝아온다. 월남이 떠나려 하는데 혜산이 손을 내민다. 잡고 놓지를 않는다.

"가지 말라고 하시는 것 같은데요."

혜산의 손에 힘이 들어간다. 힘이 빠진다. 그러기를 몇 번 하더니 몸부림을 치며 숨을 멈춘다. 혜산이 세상을 떠난 것이다.

생(生)과 사(死)에 대한 명상

혜산 이희진 스승이 운명하였다. 통곡을 해야 마땅한데 머리가 초롱초롱하니 눈물도 나지 않는다.

'이렇게 떠나시지 말고 나 없을 때 떠나시지 않고 이 어인 일인가?'

그래도 어쩌면 마지막 선물로 임종까지 하도록 허락하여 스승님이 고맙기는 하다.

사람은 누구나 죽는다. 월남은 일찍이 나이 13세에 스승 현만의 임종을 맞았던 경험이 있다. 그 이전에도 할아버지 경만 공의 죽음도 보았다. 그때는 잘 몰랐으나 현만 스승의 죽음은 생생하다. 도대체 죽음이란 무엇인가? 사라지는 것이다.

부부, 부모, 자식, 동지.

벼슬, 재산, 지식, 육신.

이 모든 것을 다 버리고 홀연히 떠나 땅에 묻히면 썩을 것이고 썩으면 물이 빠지고 남은 뼈는 삭아 흙이 되어 사라질 것이다.

현만 스승이 세상을 떠나던 그날 밤, 월남은 지금도 그렇지만 죽음의 이치를 알지 못했다.

안다고 하는 것이란 이제 영영 만나지 못하게 된다는 것이었고 그것이 죽음이라는 것, 게다가 현만 스승은 장작더미에 얹어 불에 태워 한 줌 재로 마곡사에 봉안하고 끝이다.

그 후로도 죽는 사람을 많이 보았다.

죽천이 대신 찾아뵙고 문안하라 하여 갔다가 문상이 된 경우가 여러 번이었다. 갔더니 염을 하고 있기도 했고, 갔더니 들어오라 하여 들어갔더니 운명하셔서 뜻밖에도 그만 엉뚱하게 임종을 하게 된 경우도 있었다.

그럴 땐 황급히 방을 뛰쳐나오기도 했는데 한번은 나가려 하니 붙잡았다. 운명하시는 참에 방에 들어온 이가 운명 전에는 방 밖으로 나가지 않는 것이 망인에 대한 예의라는 말을 듣고 고스란히 운명하시는 것을 보아야 했던 적도 있다.

사람이 죽을 때 보면 죽는 표정이 제각각 다르다는 것도 안다. 몸을 일으켰다 누웠다 벌벌 기다가 운명하는 사람이 있는가 하면, 고요히 숨이 멎는 사람도 보았다.

용트림을 하며 얼굴을 찡그리는 사람도 있고, 어찌된 영문인지 스르르 잠이 드는 줄 알았는데 미소를 지으며 그 길로 운명하는 사람도 있다.

일단 운명하면 순식간에 사지가 뒤틀린 채 굳어 버리는 사람이 있는가 하면, 어떤 이는 몇 식경이 지나도 사지가 부드럽게 움직이는 사람도 있다. 가장 눈에 잘 뜨이는 것은 얼굴표정에서도 눈이다. 눈을 무섭게 뜨고 죽은 사람이 있어 감겨도 안 감기는 사람이 있는데 정을 떼고 가느라고 저러신다고 하는 말도 들어 보았으나, 눈을 떴어도 산 사람처럼 다정하게 뜬 채 운명하는 사람도 있다.

배내똥이라 해서 죽느라고 몸부림쳐 새까만 똥을 싸고 죽는 사람도 있다. 돌덩이처럼 딱딱한 사람에 설사처럼 묽은 똥을 싸고 게다가 오줌도 같이 싸고 죽는 사람도 있다. 틀림없는 것은 죽음을 맞는 자리에 동석하는 임종은 당시에는 몰라도 나중에야 무서운 일이라는 생각이 든다. 인간은 누구나 다 그렇게 저렇게 세상을 떠나는 것이다.

혜산 스승님도 그렇게 운명하셨다. 몇 번 내장이 끌려나오는 것 같은 기침을 하시다가 덜컥 숨이 멎은 혜산스승이었다.

장례를 마쳤다.

장지에서 내려와 곧장 마곡사로 가려니까 길이 바쁘다. 월남도 오랜만에 마곡사에 왔다. 위패를 봉안하는 스님은 일정이 아니다. 친구가 왔다고 호탕하게 반기실 일정 스님이 금세 보이실 것 같은데 역시 한 줌의 재가 되어 돌아가시고 해권(海權) 스님이 봉안발원불사(천도제)를 담당하신다.

"이게 뉘신가? 아니 이상재 유생이 아니시오?"

봉안에 앞서 월남을 보더니 깜짝 반갑게 맞는다.

"예, 스님. 제가 이상재 맞습니다."

그렇다고 나를 어찌 아시느냐 하면 안 될 일이다. 상대는 알아보는데 나이도 어린 사람이 누구냐고 할 수는 없다.

"일정 스님이 저의 큰스님이십니다. 전에 큰스님 계실 때 여러 번 뵈었는데 아마 소승은 알아도 선비님은 생각이 안 나실 것입니다. 아, 벌써 그게 15년? 아니 한 13년 전에 마지막 뵌 것 같습니다."

그랬던 모양이다. 또 어렴풋이 그때 스쳐가듯 몇 분의 스님들을 본 기억은 있다. 다만 삭발을 하여 누가 누군지 비슷하게 본 것 같기도 하고, 마곡사에 올 때마다 매번 걱정거리만 지고 온 탓에 다른 신경을 거의 안 쓴 것도 같다.

"월남 선비께서 이번 아버님 가시는 길을 극진히 배웅해주신 것은 평생 잊지 않겠습니다. 고맙습니다."

스승님의 아들 둘이서 큰절을 하듯 한다.

"아니 이 어인 말씀이십니까? 미천한 사람에게 이러시면 안 되십니다."

월남은 이런 경험이 없다. 둘 다 지방 관리이며 벼슬도 높아 종4품과 종5품이나 되고 나이도 연상이고 촌수로는 형님뻘이 되는데 아우뻘 되는 사람으로서 이런 과분한 대접을 받는 것은 말이 안 된다.

"아닙니다. 어머님께 다 들어서 알아요. 아버님이 월남 선비님 말씀을 못 듣고 가셨더라면 얼마나 애석해하셨겠어요. 그런저런 말씀을 듣고 하시고 싶어 때를 기다려오셨던 것 같아요."

"그렇게 해석하시니까 그렇지, 그렇지 않습니다. 제가 무슨…"

그러나 온 가족이 월남 이야기를 많이 했단다. 세상을 떠나시는 70 평생의 마지막 말동무가 되어 끝까지 배웅을 한 사람이 월남이라고….

듣고 보니 그 말도 참 맞는 말이구나 싶다. 세상을 떠나면서 외롭게 혼자 숨을 거둔다면 가슴 아픈 일이겠다. 누구 하나 곁에서 말벗이 되어 주는 사람도 없어 유언 한마디를 못하고 죽는다면 70평생이 다 허무할 것만 같다.

"아, 예. 그렇게 말씀해주시니 과분한 채 인사만이라도 그대로 받겠습니다."

월남은 생각했다. 부친 희택과 모친이 돌아가실 때는 어떤 일이 있더라도 며칠 전에 와서 온갖 세상이야기를 다 들려 드리고 하시고 싶은 말이 뭐냐고 꼬치꼬치 물어 다 들어 드리고 가시게 해야 하겠다는 생각이다.

사람이 60년을 살든 80년을 살든 한평생 아무리 잘났다 떠들고 지껄여대도 허사가 아닌가 싶다. 인생에도 결론이 있다면 말에도 결말이 있다. 평생 해도 결국 결론을 짓지 못하는 말은 천만 마디 말을 하고 살았어도 아무것도 남긴 게 없다는 생각이 났다.

'그래서 임종자식이 진짜 자식이라고 하는구나.'

월남은 갑자기 삶과 죽음과 임종과 임종 전에 누가 말벗이 되어 주느냐에 대한 가치와 의미를 되새기는 중이다.

"상재야, 그만 돌아가자."

누가 상재라고 하나 하여 보니 희택 아버지시다.

"저희 아버님이 월남 선비님에게 기대하신 뜻을 이루어 주세요. 아버님도 지하에서 기뻐해주실 것입니다."

작별인사를 받고 한산 집으로 돌아왔다.

불효자가 되어 버린 월남

희택의 노여움
우는 월예 가슴 아픈 희택
단장 박정양, 수원 이상재
불효를 용서하세요

희택의 노여움

"답답하다, 답답하다. 답답해, 답답해! 정말!"

희택의 음성이 찌렁찌렁 울린다.

"아버지께서 가라고 하셨지 않습니까?"

"그래, 가라고 했다 했어, 그래!"

"그래서 간 것이고 가서 아버지가 원하신 대로 원없이 공부하다 보니 12년이 흘러간 것을 제가 어떻게 했어야 되는 겁니까?"

"뭐? 어떡해야 되느냐고? 그걸 왜 나한테 묻는 거냐? 응?"

약주를 하신 것 같지도 않은데 희택의 노여움이 불같이 타오르고 있다.

"며느리는 그렇다 치자. 응? 네 장인장모도 그렇다 치고, 아비 노릇을 못했으니 나도 그렇다 치자. 그런데 승륜이, 승인이, 승간이 응? 저 애들을 보면서 네가 지금 뭐? 나보고 어떻게 하라는 거냐고?"

무슨 뜻인지 알기는 안다.

"며느리 속 아플까봐 말을 제대로 할 수가 있느냐? 애들한테 아비 탓을 할 수가 있느냐? 도대체 이거야 원 사람이 답답해서 숨통이 뚫려야 숨을 쉬고 살지."

뭐가 그렇게 답답하시냐고 물을 이유도 없다. 그저 죽고 싶은 심정이지만 '저도 죽고 싶은 심정입니다.'라고 할 수는 더욱 없는 일이다.

"아버지, 그게요…."

"그래, 그게 뭐 어떻다는 말이냐?"

"그게 공부라고 하는 것이 그렇지 않습니다."

"그렇지 않으면? 응? 아비가 벼슬이 있느냐? 땅이 많으냐? 퇴직한 지가 벌써 2년이다. 봐라. 아비 뼈다귀가 성한 뼈다귀로 그냥 있느냐?"

할 말이 탁 막혀 버린다.

"무슨 생각을 하는 건지 어디 네 말 좀 들어 보자."

역시나 할 말이 없다. 무슨 말을 하겠는가.

"가라고 한 내가 잘못이냐? 그래 그게 잘못이라 치자. 그럼 잘못하였으니 이게 내 탓이고 내가 책임을 져야 맞지? 그런데 내가 책임을 지려야 질 재간이 없다 왜? 어쩔래? 아비를 패 죽일래? 내가 죽어서 될 일이라면 열 번이라도 죽어 주겠다. 네가 말을 해봐라. 가라고 했으니 너는 무죄냐? 내가 유죄고?"

아이들 3형제는 기가 폭 죽어 웅크리고 앉아 있다. 다행히도 월예는 몸이 아파 건너오지 않았지만 하나도 빠짐없이 다 듣기는 할 것이다.

"야, 야! 너희들은 건너가거라."

3형제가 눈치를 보며 승인이가 눈물을 흘리자 희택이 또 소리를 친다.

"승인이, 넌 왜 우는 거냐? 빨리 건너가라니까 어서!"

화를 내니 승륜이, 승간이도 울음보를 터뜨린다.

"아, 빨리 못 건너가!"

마른 장작에 불이 붙어 활활 타오르는 격이다.

"여보오!"

말없이 돌아 앉아 벽만 보던 박씨가 몸을 돌린다.

"애들한테 당최 이러시지 않더니 왜 소리를 쳐 애들까지 울리고 그러세요?"

3형제의 몸이 굳어 버렸다.

"애들아, 할머니하고 같이 건너갈래?"

하자 일어나 저들끼리 방을 나선다.

"아버지가 저러시는 것 오랜만에 와서 고깝게 듣지 마라."

"예, 압니다."

겨우 한마디하고는 입이 닫힌다.

"죽천 대감이 고맙기는 하다. 해마다 쌀보리 두 가마니씩이면 네가 머슴을 살아도 그 반밖에 못 받아. 게다가 네가 와서 주는 돈, 그것도 며느리가 그대로 내게 주더라. 한 해 평균 대여섯 가마가 족하기는 한데 우리 식구가 네 가마니 가지면 넉 달 먹는다. 먹고만 사니? 굶어도 좋다. 단, 애들을 가르쳐야 부모지. 너 잊었니? 내가 너 몇 살 때부터 공부를 시키더냐? 애들이 전부 반편이 돼가는 꼴을 보면서 능력은 없고 속은 터지고…. 너 여기 왔어도 나흘 자고 열나흘 만에 얼굴 보지? 얼굴을 봐야 뭔 얘기라도 할 게 아니냐?"

월남은 줄줄 꾀고 있는 사실이다. 문득 앞이 캄캄해진다. 어떻게 할 방도가 없으니 드릴 말씀이 없어 월남도 답답하다.

"이래서는 안 된다. 내가 어떻게 할 거라는 생각은 아예 말아라. 내

나이가 내년이면 육순이고 후년이면 환갑인데 그것도 좋아. 내가 아무런 대책이 없다는 말만 한다. 속이 속이 아니다. 너도 건너가라!"

그렇다고 선뜻 일어나지지도 않는다. 한숨이 나오려 하지만 어디라고 한숨을 쉬랴.

방 안에 고요가 깔린다.

"휴…."

월남을 대신하여 박씨가 긴 한숨을 쉰다.

"며느리가 딱해. 초하루 보름이면 밤마다 정한수 떠놓고 치성을 올렸으면 뭔 징조가 보이기라도 했어야지…."

넋두리에 한숨이 배어 있다.

'아직도?'

겉으로 놀랄 수도 없다.

얼마가 지났을까.

"아, 건너가라니까. 속 터져 죽겠다, 나."

'편히 주무세요.'

나오지 않는 인사를 묻고 건너왔다.

월예가 아픈 몸을 일으켜 세운다.

"그냥 누워 계시오."

"너희들은 자거라."

월예의 말에는 기운이 하나도 없다.

얼마가 지났을까. 아이들이 숨을 고르고 잠이 들고 부부는 말이 없다.

또 얼마가 지났을까. 월예가 몸을 일으켜 나가려 한다.

"어딜 가오? 측간 가는 거요?"

"아녜요. 앉아 계세요."

더 이상 물을 기운도 없다. 나가더니 어디를 갔기에 월남이 혼자 앉아 있다. 시간이 지나 문을 여니 월예는 치성을 올리고 있다.

순간 월남의 가슴이 미어터질 것처럼 복받쳐 오른다.

자리를 털고 일어나 밖으로 나왔다.

"어디 가시려고요?"

안방에는 아직도 불이 꺼지지 않아 음성을 낮추지만 아마 말발굽 소리는 들릴지도 모를 일이다.

말을 몰고 나오자 월예가 바라본다.

"한양으로 가렵니다. 아버지께는 내일 말씀드려요."

"아니 한밤중에 어이 길을 떠나십니까? 위험하세요."

"아니요. 갈 수 있어요."

밤길은 위험하지만 왠지 무섭지도 않다.

월남은 그 길로 칠흑 같은 밤길을 떠난다.

우는 월예와 가슴 아픈 희택

월남이 밤길을 떠나자 월예는 방 안으로 들어섰다.

그렇게 아프고 열이 나는데 아픈 줄도 모르겠고 열나는 것도 잊었다.

이 얼마 만이었던가? 3년이다.

모처럼 집이라고 왔댔자 하룻밤 정도 나누지 못하고 밤길을 떠난 남편을 생각하면 가슴이 아리고 저릴 뿐이다. 잠이 오지 않는다.

"여보!"

언제 만나 전해 줄지도 모를 기약 없는 편지를 써내려간다.

"몇 년 만에 오셨는데 마침 몸이 안 좋아 이렇게 허망하게 올라가시니 아프던 몸도 잊고 편지를 씁니다."

할 말이 너무 많아 어디서부터 말을 할지 모를 지경이다.

"승륜이, 승인이는 제가 가르친다고는 하고 있습니다. 소학은 둘 다 떼었습니다. 애들하고 얘기도 못해 보시고 가셨으니 한번 물어나 보고 좀 가르쳐주고 가셨으면 얼마나 좋았겠습니까마는 당신의 마음 다 몰라도 저는 압니다.

아버님의 마음도 너무 잘 압니다.

먼저 아버님께서는 제 얼굴만 보면 속이 상하시다가도 백번 웃어주셨습니다. 그런 아버님의 마음, 제가 헤아리지 못할 까닭이 없습니다.

'애들 공부시키느라고 네가 힘들고 어렵지?'

표정으로 물으시면 저도 웃어야 했습니다.

'저도 배우니까 좋아요. 아버님.'

그러나 실력이 모자라 대학이나 논어를 가르칠 때는 당신 생각이 자주 납니다. 그래서 '아버지가 계시면 술술 줄줄 풀어 주실 건데 어머니는 이렇게 막히는구나.' 하면서 밤새 옥편을 뒤져 보지만 옥편의 해석이 틀리는 것이 많아요. 글자 하나가 열 개 스무 개의 해석이 돼야 하는데 두세 개밖에 없으면 말을 알아듣고 풀어 가르칠 재간이 없습니다. 다행한 일은 애들이 공부는 참 잘합니다. 전부 당신을 닮아 그렇다고 하고 있습니다. 그러면 애들은 '엄마 머리가 더 좋은 거 같은데요.' 이렇게 아부를 하기도 합니다. 재미도 있어요. 그러나 언제 과거를 보게 할지 사서(四書)는 어느 정도 가르쳤는데 아직 오경에는 근접을 못하고 있으니까요."

월예는 편지를 쓰고 안방의 희택 내외는 불은 껐지만 잠은 오지 않는다.

"아무래도 얘가 한양으로 간 모양이에요. 내가 며느리한테 물어 볼까요?"

"아, 됐어요. 내일 물어 보면 되는 거지. 며느리라고 속이 편하겠습니까? 지금?"

그리고 말을 삭이는 중이다.

"내가 심했습니까?"

"심했지요. 상재가 어디 아무 생각도 없는 사람입니까? 당신보다 상재가 더 예민하다는 건 당신도 잘 아시면서…"

"알지 내가 왜 모르겠나…"

희택도 한숨을 내려 쏟는다.

"난 며느리가 불쌍해서 그래요. 말수가 있나 얼굴을 찌푸리기를 하나, 가끔 장에 가다 사돈양반을 만나면 쥐구멍이 어딘가 거기라도 숨고 싶다니까요. 요즘은 사돈 내외가 날 위로하세요. 좋은 날이 오지 않겠습니까? 사돈어른께서 이렇게 참고 기다려 주시니 제가 어찌 감사할지 존경스럽습니다."

존경? 그럴수록 어쩔 바를 몰라서

"저야 뭐 자식이니까 그렇다 친다지만 며늘아기가 고생이 너무 많아 뵐 면목이 없습니다."

"됐습니다, 사돈 어르신. 아, 제 몸으로 난 자식새끼, 잘났으나 못났으나 열심히 공부시키는 거 보람된 것 아니겠습니까? 그게 누가 시켜서 되는 것도 아니고, 어려서부터 사임당 신 씨같이 산다고 제 입으로 말했으나 반 푼도 안 되니까 면목은 제가 없습니다."

바깥사돈은 말의 길목을 탁탁 막아 버려 희택은 그게 기쁨이 아닌 고통이 되어 쌓이고 있었다.

희택은

"우리 며느리 같은 사람은 천하에 없어요. 그런데 왜 남편 복이 저런지. 이깟 시아비 시어미 복이 백 개면 뭐할 겁니까? 그렇다고 뭐 도와주는 것도 없고. 손자 공부는 원래 할아비 몫인데 난 이제 글공부는 못 시키겠더라고요. 그러니 집안의 짐을 독판 혼자 지고서는…. 참말이 안 나옵니다."

한다.

"자식을 낳거든 아주 잘난 자식을 낳던지, 아니면 아예 무식쟁이를 낳던지, 상재같이 얼칭이를 낳지 말아야 하는 건데 내 죄가 많네요."

박씨가 말하자 희택이 벌떡 일어나 앉는다.

"아니 그게 무슨 소리요? 얼치기 자식이라니? 상재가 얼마나 총명하고 영명한지 당신 상재를 몰라 그래요?"

갑자기 월남의 편을 들고 나선다.

"알아요, 알아. 해본 소리랍니다, 한번…."

"하고 버리더라도 그런 소릴랑 하지 말아요. 부모가 돼 가지고 부모가 무시하는 자식을 세상에 누가 인정하고 따르겠습니까?"

"안다니까요. 그 다음 말씀도 내가 외이고 있습니다."

"뭐요?"

"예기에 보면, 맹자에 보면, 공자님께서 가라사대… 이러시려고 그러시죠? 왜 모르겠습니까?"

"내가 이제 늙었는지 전 같지 않고 자꾸 불안합니다. 그러면 안 되는데 이렇게 가슴이 막히고 답답합니다."

"왜 모르겠습니까?"

"그래도 자식이라는 것이 뭔지, 밉다고 악을 써도 그 속에 진정한

미움은 없습니다. 누가 들을까 겁도 나고요. 아비가 내쳐 박고 인정하지 않는 자식은 세상도 따라서 버리니까요."

부부는 막힌 가슴이 풀리지 않는데 월예는 글이 마감이 되지를 않는다. 한 소리 또 하고 또 해도 속이 뚫리지 않는다.

"제 정성이 부족한가 봐요. 여기까지 오셨는데 마침 아플 게 뭡니까? 따뜻한 밥 한 그릇도 올리지 못하고 마음이 무겁기 천근입니다."

눈물이 흘러내린다. 아프던 몸이 열도 도망간 모양이다.

"얼마나 외로우셨습니까? 그 외로움을 저도 압니다. 외로움의 처방약은 둘이 따뜻한 가슴을 맞대는 것이라고 잘 알고 있으면서도…. 제가 무슨 말씀드리는지 알아들으시겠습니까?"

"그래서 빨리 일어나자고 악을 쓰던 중이었습니다. 일어나야 당신이 좋아하는 시래기를 무쳐 드린다고 마음만 벼르다가 반찬 한 가지 국 한 그릇을 끓여 드리지 못하고 가시게 되다니 지금 이 순간 처음으로 아버님이 밉습니다. 미워하지 말라고 하시렵니까?"

"동짓달 긴긴 밤. 천둥번개 치고 소나기가 내리는 밤. 추우면 추워서 더우면 더워서 서방님을 생각했는데, 지금처럼 서늘한 가을 울긋불긋 단풍이 고우면 단풍이 제 눈으로 보이지도 않는 것 아시는지요? 그때 수줍은 신부로 마곡사 가던 그날의 단풍이 떠오르면서 서방님이 나타나 웃으십니다."

"그만 쓸랍니다. 드리지도 못할 글 넋두리가 되고 마는 글, 그러나 누구네처럼 신세한탄을 하자는 것은 아닌 줄 아시지요. 그러나 택호 씨 아시지요? 택호 씨는 투전에 미쳐 몇 날 며칠이고 집에 오질 않는 답니다. 저는 압니다. 서방님은 투전이 아니라 공부에 미쳤고 나랏일에 미쳤고, 저는 애들에게 미쳐 사니 좋은 날이 올 것이라는 사실을…. 그런데 언제 오시렵니까? 아, 누가 이 편지를 전해줄 사람이 있으면 좋겠지만 한양이 어딘지 짐작도 안 가니 오직 이것이 답답합니다. 저도….”

단장 박정양, 단장 수원 이상재

“이보시게 점묵이 날세….”

대답 없이 조용하다. 생각해 보니 월남의 말에 기가 빠져 소리가 적은 것이다. 목청을 높인다.

“여보게 점묵이! 월남이야. 문 열라고.”

대문을 두드릴 힘도 없이 지친 월남이 다음날 밤 자시(새벽 1시)나 되어 죽천의 사가에 온 것이다.

“아이고 늦으셨습니다. 그런데 아직 보름은 더 있어야 오실 거라 하시던데 일찍 오셨습니다.”

“그렇게 됐네. 주무시오.”

풀 죽은 월남이 사랑채로 가자 등불을 들고 점묵이 따라온다.

“호롱불 붙여 드려야지요?”

“그러시게.”

지쳐 초죽음이다.

불을 켜자 방 안이 어지러이 널려 있다. 일본지도, 부산지도, 부산항구…. 탁상 위에 반듯하게 쓴 문서가 얹혀 있다. 죽천의 글씨다.

“도쿄(東京)·오사카(大阪) 그리고 때로는 이와 인접한 지방에까지…. 나아가 문교·내무·농상·외무·대장(大藏)·군부 등 각 성

(省)의 시설과 세관・조폐 등의 각 분야 및 제사(製絲)・잠업 등…"

'이게 무엇일까?'

또 명단이 나온다.

"박정양(朴定陽)・민종묵(閔種默)・심상학(沈相學)・어윤중(魚允中)・홍영식(洪英植)・이원회(李元會)・김용원(金鏞元)…"

역시나 이게 무엇인지 알지 못하겠다.

다시 본다.

"문교・내무・농상・외무・대장(大藏)・군부 등 각 성(省)의 시설과 세관・조폐 등의 각 분야 및 제사(製絲)・잠업 등…"

아무리 들쳐 봐도 무슨 일인지 알지 못할 글귀들뿐이다.

맨 아래 장.

"비서(秘書, 비밀문서)."

"'조선선비일본시찰단'이라 하지 않고, '신사유람단'이라 함."

"단장(團長) 박정양(朴定陽), 단장 수원(隨員) 이상재(李商在)."

월남은 눈이 휘둥그레 놀란다.

'왜 고향에 가라 하셨을까?'

월남의 눈동자가 구른다.

비서(秘書)? 맞다. 죽천이 비밀 된 계획을 꾸미고 있었고, 월남은 모르게 하기 위해 한 달을 내려가 있으라고 한 모양이다.

'그렇다면 이것이 죽천의 생각일 뿐일까?'

아무래도 혼자 마시는 김칫국은 아닌 것 같은 묵직한 느낌이 가슴을 누른다. 건드리면 안 될 것 같아 윗목에 자리를 펴고 누워 곤히 잠에 빠졌다.

아침이 되자 죽천이 내려와 놀란다.

"하하하, 역시 자네 모르게 뭘 한다고 덤빈 내가 잘못이지. 하하하, 잘 왔네. 그리고 잘 봤어. 뭔지 짐작이 가는가?"

"예, 짐작은 뒷전이고 이게 맘대로 혼자 그리는 그림이십니까?"

"에끼, 이 친구야. 혼자 그려서 어디다 쓴다고, 아닐세."

죽천이 자세히 설명해준다.

처음 말머리에, 말 중간중간에, 말 말미에. 거의 골백번을 눌러 준 말이 있었다.

"자네하고 나만 알아야 하는 것이야."

"주상전하께서 내리신 특명인데 밀명일세."

"자네가 아는 것을 전하께서 아시면 말짱 허사가 되고 만다네."

"나는 자네를 믿는데 믿어도 되겠지?"

"우리가 12년을 공부한 열매가 될 일일세."

"이게 누설되면 우리 둘의 12년 공부가 말짱 공염불이라는 것 알겠는가?"

"나라의 명운이 달린 일일세."

"우리의 장래가 달렸고 우리의 목숨이 여기 달렸네."

"비밀이라는 것, 알지?"

"자네와 나의 인생이 담긴 그릇이라는 것 알지?"

"깨지면 허사라는 것 알지?"

월남은 하도 못을 박아대서 어쩌다 보니 말대꾸를 하고 말았다.

"대감마님! 아니 저를 어떻게 보고 이러십니까?"

하다가

"예 예 예 예, 압니다. 예 예… 예…."

하다하다 듣자 하니 그럴 필요가 없이, 너무 잘 알겠는데도, 죽천이 자기를 이 정도로 우려하는 것은 12년 내 없던 일이다.

"알고도 남습니다. 제 목을 걸어 드린다고 할까요? 어찌 아뢰면 믿으시겠습니까?"

"그래그래, 미안하게 됐네만 이해하시게."

"여부가 있겠습니다. 짐작이 가니까요."

"에…. 그러면…."

"제가 할 일이 무엇입니까?"

"할 일? 나의 수원이라고 썼지 않은가?"

"아니 그것 말고요, 우선 제가 할 일이 무엇이냐고 여쭙습니다."

"암, 있지. 우선…. 바쁘기 한이 없네. 우선 자네가 여기 명단에 있는 단원들을 만나야 하네."

"아니 비밀이라시면서? 저분들은 알고 계십니까?"

"큰일 날 소리. 모른다니까. 우리 둘 빼고는 주상전하만 아시는 일이야."

"그럼 제가 만나 뭘 어쩌란 말씀이신지요?"

고기를 사들고 가란다. 가서 죽천이 보내면서 꼭 절을 하고 안부만 여쭙고 오라는 것이다. 면을 익혀두기 위해서란다. 또 그래야 생각을 한번 정도 해보게 된단다. 모두 동래부 암행어사로 어명이 내려질 것이란다. 실제로 미리 암행어사가 할 일을 해야 한단다. 그랬다가 모월 모일 모시에 동래부로 모이라고 할 것이고, 거기서 모이게 되면 그날로 일본을 향해 떠나게 될 것이란다. 왜 가느냐? 배를 타기 전까지는 동래부사도 모르게 단순히 일본에 유람(관광)차 떠나는 것이라고 말할 것이라 한단다. 물론 어명이니까 가기 싫어도 다 가야 되는데, 그 말은 죽천이 할 말이니 알고나 있으란다.

"그러니까 모두 만날 사람들이 아니겠나?"

"그럼 전부 몇 명이 가는 것입니까?"

"12개 분야로 나누어 수원 2명과 통사(통역원) 1명, 종인(종인, 업무직) 1명, 5명씩 60명하고 나 하고 월남이 가는 길이라 모두 62명일세."

"아, 대단하네요. 그런데 그 많은 사람을 어찌 제가 미리 다 만나야 하는 것입니까?"

"그건 아니고 12개 분야의 위원(대표자)만 말일세?"

"예, 알겠습니다. 그런데 어윤중이나 홍영식 교리는 제가 이미 아는 사이 아닙니까?"

"알지, 말고도 아는 사람이 더 있다네. 그게 중요한 게 아니라 준비할 게 참 많아. 잘 정리해서 주상전하께 유람계획서를 올려 드려 재가를 받아야 되는 일이랑 자네 일이 많아."

"일이라면 많을수록 저는 좋습니다. 일 못해서 이젠 좀이 쑤시니까요."

"그래 알고 있다네. 어때? 기가 돋으시는가?"

"기가 펄펄 솟습니다. 잘해 보겠습니다, 대감마님."

"그래, 잘 해서 꼭 성공해야 할 일일세. 우리가 이런 날을 맞기 위해 그동안 공부한 것 아니겠는가? 자네 배운 것을 한껏 펼쳐보게나. 일본말도 신나게 해보고. 준비할 게 있으면 미리미리 되짚어도 보고."

"예예, 신중하면서도 잘할 자신도 있습니다. 대감마님만 모시고 간다면야 기가 나고 말고요."

"지난번 두 번이나 암행어사로 나갈 때는 녹봉이랄 것도 없었으나 이번에는 만만찮을 건데 그건 궁금하지 않은가?"

녹봉? 분명 녹봉이라 했다.

"누가 주는 녹봉입니까?"

"그땐 내가 줘야 했으니 돈이 옹색했지만 이번에는 전하께서 주시는 것이니 만만찮을걸. 아마 종5품이나 종6품이 받는 정도로 특별대우를 받을지도 몰라. 그게 얼마인지나 아는가? 한 달에 10원이나 15원대란 말이지. 한 달에 쌀이 3~4가마니나 되는 돈이야. 어때? 맘에 드나?"

월남의 가슴이 뭉클하고 무너지려 한다. 한 달에 3~4가마니?

"그것도 내년 정초부터 여덟 달이나 아홉 달, 나도 자네가 자네의 힘으로 녹봉을 받게 되는 것이 너무 좋아."

순간 고향에 부친 희택이 떠오른다.

"답답하다, 답답하다. 답답해, 답답해! 정말!"

"아버지께서 가라고 하셨지 않습니까?"

"그래, 가라고 했다 했어, 그래!"

"그래서 간 것이고 가서 아버지가 원하신 대로 원없이 공부하다 보니 12년이 흘러간 것을 제가 어떻게 했어야 되는 겁니까?"

"뭐? 어떡해야 되느냐고? 그걸 왜 나한테 묻는 거냐? 응?"

"며느리는 그렇다 치자. 응? 네 장인장모도 그렇다 치고, 아비 노릇을 못했으니 나도 그렇다 치자. 그런데 승륜이, 승인이, 승간이 응? 저 애들을 보면서 네가 지금 뭐? 나보고 어떻게 하라는 거냐고?"

월예의 얼굴도 떠오른다.

승륜이, 승인이, 승간이….

월남은 기뻐 뛸 것 같다. 그 순간.

'아니지 아니야, 덤벙댈 일도 아니고 그러면 만사를 그르칠 수도 있는 일이야.'

목청을 가라앉혀 죽천에게 말한다.

"제가 고향에를 빨리 좀 한 번 더 갔다 와야 하겠습니다."

"아니야, 지금 무슨 소린가? 시간이 없어."

"아닙니다. 자세한 말씀까지는 드릴 게 아니겠고 일단은 고향에를 다녀와야 하겠습니다. 두 밤만 자고 올게요."

"허, 이 사람 참. 정이나 가겠다면 다녀는 오는데 절대 두 밤을 넘기면 안 되네."

불효를 용서하세요

이제 언제 다시 만날 것인가. 월예는 잠이 오지 않는다. 월남이 왔던 그때 하필이면 신열이 심했던 것이 원망스럽다. 이틀 만에 미열로 돌아서자 가슴이 더욱 아프다. 가는 날이 장날이라더니 오는 날이 장날이었다.

'잊자. 이제 그날이 언제가 될지 잊고 있어야 한다.'

월예가 몸을 추스르며 승륜이와 승간이를 가르치고 있다.

희택과 박씨 부인도 심사가 편치 못해 이틀째 밤을 지새우고 있다.

"잊어버리세요. 그렇게 가버렸으니 이제 3년일지 2년일지 상재가 언제 올지…. 당신 환갑 때나 돼야 오지 않겠습니까?"

"승륜이도 향시를 보게 해야 하고, 저러다가는 장가갈 때나 올지도 모르니 그래 잊읍시다."

바로 그때 월예의 귀에 말발굽 소리가 들려 혹시나 싶은데, 이어서 월남의 목소리가 들린다.

"아버지!"

"이게 누굽니까?"

박씨가 놀라자,

"아버지 상재가 왔습니다."

"여보!"

월예도 바로 알아듣고 화들짝 문을 연다.

"예, 나요."

월예에게 대답한 월남은 안방으로 들어간다.

"승륜아, 말 마구간으로 들여라."

월남이 희택과 박씨에게 큰절을 올리고 월예가 따라 들어선다.

"아버지!"

승륜이와 승간이도 따라 들어선다.

"그래, 너희는 건너가 있어라. 내 곧 건너가마."

월남이 앉으며 말했다.

"갑자기 무슨 일이냐? 한양에 가지 않은 것이냐?"

"아닙니다. 갔다가 급히 내려왔습니다."

"오, 그래."

절을 받고 훑어보던 희택도 입을 연다.

"그래, 무슨 일이 있기라도 하더냐?"

"아버지 어머니께 불효를 지고 올라가니 마음이 무거워 용서를 빌고 가려고 도로 내려왔습니다."

"용서라니, 용서를 안 하면 그게 대수가 되겠느냐. 내가 심한 줄 알지만 너니까 알아들을 줄 믿었더니 그게 그렇지가 않았었구나."

"아버지! 차분하게 말씀도 올리고 말씀을 듣지도 못하고 갔으니 이 얼마나 불효한지…."

"그래 몇 년 만에 만났으면서 부모가 돼 가지고 어떻게 먹고 살고 무엇을 배웠는지 묻지도 못했으니 이번엔 안 오느니만 못해 잠도 오지 않던 중이다."

박씨의 말에

"흠…."

희택의 가슴에도 못 다한 사연이 너무 많이 쌓인 것 같다.

"아버지!"

"그래 무슨 할 말이 있느냐? 피곤할 텐데… 그래 언제 올라갈 건데?"

"모레는 올라가야 합니다. 그런데 드릴 말씀이 있습니다."

"말해 보아라."

"제가 이제 두 달 후부터는 나라에서 주는 녹봉을 받게 되었습니다."

"무슨 소리냐? 무슨 일로? 관직에 나가게 된 것이냐?"

'아차….'

월남의 가슴이 덜컹 내려앉는다. 일본에 간다는 것은 비밀, 사실대로 말씀을 올리면 안 되는 일이기 때문이다.

"예, 그렇게 되었습니다. 임시이기는 합니다마는, 1년은 좀 안 걸리고 반년은 넘게 걸리게 되는데 녹봉이 제대로 나오게 되어 알려 드리려고 급히 내려왔습니다."

희택의 눈에 눈물이 어른거린다.

"그것도 한 달에 10원 많으면 15원입니다. 쌀이 3가마니나 4가마니가 됩니다."

"아니, 무슨 일을 하기에 그렇게도 많은 녹봉이 나온다는 것이냐?"

박씨 부인이 놀란다.

"예, 저도 정확한 것은 아직 모르는데, 그러나 틀림은 없어요. 그건 나중에 말씀드리겠습니다. 그러나 그 안에 집에 올 수가 없어요. 죽천 대감께서 내려갈 시간이 없다고 하시는데도 지금 안 오면 알려 드릴 수가 없어서 급히 왔어요.”

“무슨 일인지는 몰라도 잘된 모양이니 좋다. 다만 잘해야 한다. 그만한 녹봉을 준다면 말직이 아닌 모양인데 아직은 말할 때가 아닐 것도 같다.”

“예, 아버지 말씀이 맞습니다. 걱정하지 마세요. 잘할 수 있는 일이라고 믿고요, 저도 아직은 잘 모르지만 죽천 대감의 말씀이니 달라질 일은 없습니다. 하지만 항존직이 아니라 임시직인 모양인데 특별한 일을 하게 되는 것은 틀림없는 모양입니다. 그러니 녹봉이 그렇게 많겠지요?”

“그래, 엊그제 내 말이 심했더라도 서운해하지는 말아라. 말이 그렇게 나온 것뿐이지 마음은 내가 너를 믿고 있고 너는 누구보다 잘할 것도 안다. 하여간 참 고맙다.”

“모든 것이 다 아버지 어머니의 은덕입니다. 소자가 어디라고 녹봉을 받겠습니까?”

“그래 며느리의 정성이기도 할 것이고….”

듣고만 있던 월예가 고개를 든다.

“아버님! 어찌 그런 말씀을…. 저는 너무 부족할 뿐입니다.”

“그래, 그럼 내일… 내일 얘기하자, 바람도 쐬고 할아버지 산소에도 같이 가자. 시간이 되면 저기 곰개나루도 가보고…. 원래는 마곡사에도 가서 예를 올려야 하는데 거기까지 갈 새는 없겠구나.”

“그럴 여가는 없습니다.”

“여보, 그럼 내일 얘기하시고 피곤할 텐데 건너가 쉬게 하시지요?”

밤.

희택과 박씨 부부, 월남과 월예가 잠이 들었다.

다음 날이 오자 월남은 아버지 희택과 함께 집을 나서 수확을 마쳐 횅한 콩밭으로 왔다.

"이 밭 한 뙈기가 우리 땅의 전부다."

또 경만 조부님의 산소에도 들러 절을 올리고 한산 장터에서 국밥으로 배를 채운 후에 곰개나루에도 왔다. 오랜만에 둘이 걸으며 그간 쌓인 이야기꽃을 피운다.

"공부가 힘든 것이다. 책을 읽는다는 것도 기운이 있어야 하지. 고생 참 많았다."

"불효자가 되고 말았습니다. 언제까지 이런 불효자로 살지 걱정이 많습니다. 그러나 공부를 하다 보니 그만 무심해져 불효막심하게도 집을 잊었습니다. 그것이 제 불효였습니다."

"아니다. 공부를 하려면 불효시기도 있게 마련, 효도가 첫째라고 집으로 내려왔다면 얼마나 효도를 했을지는 모르겠다. 그러나 그것은 짧다. 길게 멀리 효도하려면 지금의 불효는 앞날의 효도를 위한 과정이라 할 것이다. 뭐니 뭐니 해도 잘돼서 내게 불효가 될망정 큰 인물이 된다면 그것이 이색 할아버지께 효도이며 모든 조상님들께 효도일 것이고 후대에 남기는 아비다움이 되지 않겠니? 참 어려운 얘기다. 오늘 먹기 좋은 곶감이 결국은 나중에 독이 되기도 하는 것이니."

마침내 부자는 곰개나루 한산 쪽 신성마을 강가에 앉았다.

넓은 강, 그리고 강둑.

"갈대 푸른 잎사귀가 노랗게 말랐군요."

"그래, 여기 좀 앉아 쉬었다 가자."

잠시 후 희택이 입을 연다.

"네가 간 후에 아비도 마음이 편치 않아 많은 생각을 해보았다."

"아닙니다. 마음 편히 가지세요."

"사실 이제 너도 아비가 되었지만 아비 입장이 되면 여러 가지가 다르다."

이렇게 말문을 열고,

"자식도 어려 품안에 자식이지 나이 스무 살 서른 살이 넘으면 아비도 실은 자식을 따라야 한다. 여자의 일생에서 이르는 말에, 삼종지도(三從之道, 세 가지는 순종하라)가 있어 알 것이다. 어려서는 아비를 따르고, 출가해서는 지아비를 따르고, 늙어서는 자식에게 순종한다는 말인데 이게 여자만 그런 게 아니라…"

"아비라고 하는 남자도 똑같은 얘기다. 늙고 자식이 장성했으면 아비라도 자식에게 순종하는 것이 옳다. 임금도 자식이 친정을 선포하면 섭정을 거두고 자식 뜻대로 하도록 맡겨야 하는데 대원군은 마음이 놓이지 않아 아직도 못 믿어 하지? 물론 그 심정은 아비도 안다만 그래서는 안 된다. 고종이 벌써 스물여덟이면 이제는 간섭하지 말아야 옳고, 나도 네가 서른 살이나 되었으니 죽이 되든 밥이 되든 굿이나 보아야 마땅한 줄은 안다."

"아버지 무슨 말씀이십니까. 제가 앞가림을 못하니까 그러시는 거지요."

"그건 아니다. 너를 보내 놓고 내가 그걸 후회했다. 아비와 자식관계라고 하는 것, 부자간에도 권력은 나누지 못한다는 것과는 달라, 내가 머리를 숙이고 조용히 물어나 봤어야 옳았다. 다그친다고 될 일도 아니고 그럴수록 아비가 작아지게 돼 있어. 아비도 그릇이 큰 아비가 있고 속아지가 작은 아비가 있어서, 아비가 옹졸하면 자식이 공경치를 못하는 것이다. 세상에는 아비가 자식을 인정하지 않는 이가

많다. 거꾸로 가더라도 나이가 들었으면 내 자식의 생각대로 따라만
가야 하는데 미안하게 됐다."

"아닙니다, 아버지, 당치 않습니다."

"아니야, 가정이나 나라나 아비가 잘난 척하고 똑똑한 줄 알면 거
기서부터 깨져. 네게 모든 것을 맡겼어야 마땅한 것을 그때 아비가
왜 그랬는지 모르겠다. 잘 될까는 나도 모르겠으나, 기본은 이제 네가
전권을 가지고 친정을 선포했다고 봐야 한다."

이렇게 하루를 보내고 월예와도 이틀 밤을 보내고 다시 한양으로
왔다.

일본에 가는 월남

관복 차림의 월남 이상재

밀봉서(密封書)

한겨울로 달려오고 있다.

드디어 1881년 2월 8일(음력 신사(辛巳)년 정월 초열흘)이다.

고종 임금은 12명의 개화파 젊은이들에게 비밀 밀봉서(勅書)와 각
각 암행어사 마패 1면씩을 내렸다.

밀봉서(密封書, 봉함 서찰) 표지에는 이렇게 썼다.

"外封書以到崇禮門外開坼踏啓字(외봉서 이도 숭례문 외 개탁, 답계 자)."

내용인즉,

"이 봉서를 받거든 남대문 밖에 나가서 뜯어 보아라. 답계(임금이
내린다)."

받은 사람은 죽천을 위시하여 참판 조준형 외 승지(承旨) 7인과 교
리 1인, 전 수사(水使, 수군절도사) 2인, 합이 12인이었고, 모두 동래부
(부산) 암행어사로 내려가라는 고종 임금의 특명이었다. 단, 누구와
누구누구가 이런 밀명을 받았는지는 서로 아무도 모른다. 아는 사람

은 죽천과 고종일 뿐이다. 이 12명들은 각각 죽천을 만나는 장소가 다르다. 죽천을 만나면 수원(수행원)과 통사(통역원), 유학이나 하인을 만나게 하려는 것이다.

이름은 조선선비시찰단 그러나 그저 선비들의 일본 여행일 뿐이라는 뜻에서 '신사유람단'이라 하되, 아직은 신사유람단도 아니고 동래부 암행어사일 뿐, 임금의 특명 암행어사로 죽천 박정양 참판을 모두 외지에서 만나 죽천의 지시를 받도록 하여 비밀 작전을 펼치려 하는 것이다.

왜 이렇게 쉬쉬하여야 했는가?

이는 이미 위에서 써서 익히 알았을 것이다.

이처럼 당시에는 민심이 흉흉하되 권력 분파에 따라 정파의 대립이 심하여 일본에 선비를, 그것도 임금이 보낸다고 하는 것은 반대에 부딪혀 안 될 일이고, 그렇다고 이대로 흘러가게 둘 수도 없는 개방의 때가 다가왔으나 딱히 마땅한 대안이 없는 까닭이다.

양력 2월 22일(정월 스무나흗날), 죽천은 집을 떠났다. 이제 가면 금년 8월이나 되어야 돌아올 먼 길이다.

"부인, 임금의 특명으로 동래부 암행어사로 가오. 여덟 달은 족히 걸릴 길이오."

정부인 양주 조씨(죽천의 처)에게 말하고,

"월남은 뒤따라 떠나 만날 것이니 그리 알고 잘 있으시오. 내 잘 다녀오리다."

가면 어찌 소식을 전할 방도도 없는 길이다. 편지도 안 되고 전화도 없는 세월, 나라의 부름을 받고 일본으로 가지만 사실대로 말도 못하고 가는 길이다.

하기야 전에도 자주 떠났고, 떠나면 두 달, 석 달, 넉 달이었다. 태백산 조선왕조실록 서고와 무주 식장산 실록 서고에 갔을 때도 가면 몇 달이고 소식을 전하지 못하거나, 어쩌다 전한다 하여도 거의 드문 일이었다. 그나마 이번에는 도저히 연통이 막힌 길을 떠나는 것이다.

온 가족의 배웅을 받으며 죽천이 길을 떠난다.

월남은 3월 2일(음력 2월 3일), 전주에서 만나기로 약속이 되었다.

강화판관으로 있던 죽천의 부친 경암 대감이 지금은 전주부 목사로 재직하고 있는 곳 인근에서 만나기로 한 것이다.

죽천은 입을 열지 못하고 떠나야 하고, 월남은 알아도 입을 열지 못하고 열흘 후에나 떠나 죽천을 만나야 한다.

죽천은 숭례문 밖에서 최준식, 왕제응, 이수길, 김학묵, 김홍엽 5인을 만나 동반하여 길을 떠난다.

목적지는 부산 동래부지만 바로 가지 않고 석 달간 고을 고을을 다니며 암행어사의 직무를 수행하며 5월 6일(음력 4월 9일)이 되어야만 일본으로 가는 배를 탈 것이다.

당일 2월 22일(정월 스무나흘날, 24일) 첫 도착지는 과천 운만리 죽천의 선영(先塋, 조상님의 산소)이다.

다음 날 2월 23일(1월 25일)은 광주(경기도) 갈산 선영이다.

이렇게 먼저 조상님께 예를 올리고 길을 떠나 수원의 일가 박종항 댁에서 잠을 자는 등, 매일 자는 곳이 다르고 가는 곳이 다른 길을 떠나는 것이다.

음력 정월 27일 직산 성환, 28일 공주 광정, 29일 공주 경천, 많으면 하루에 1백 리 길이며 짧으면 50리 길이요, 오늘은 70리 길이었다.

2월 1일 여산 양재, 2월 2일 전주부 성내에 이르러 선달 김기윤 댁에 여장을 풀고 3월 2일 김기윤 사가에서 약속한 월남 이상재를 만난다.

김기윤 사가에서 나흘을 묵고 3월 7일 도착한 곳은 전주 여구암[8] 이다.

이어서 남원 오수 무거리, 함양 사근, 산청 구 향교, 단성 신안, 진주 서천, 차원, 김해 양산 범어사에 오니 3월 16일(음력 2월 17일)이었고, 여기서 사흘 밤을 보내고 나흘째 되는 날에 일본 외무성을 맡을 위원 승지 엄상학을 만나니 3월 20일(음력 2월 21일)이다.

다음 날 같은 범어사에서 일본 문부성을 맡은 위원 참판 조준영을 만나고, 다음 날 역시 범어사에서 일본 공부성 시찰의 명을 받은 승지 강문형을 만난다. 3월 24일(음력 2월 25일)이 되어서야 엄, 조, 강, 심, 4인과 더불어 동래부에서 정해준 각자의 정처(집)에서 묵게 되었다.

3월 25일(음력 2월 26일)에는 동래부에서 이원회(참획관)와 이동인 (참모관)을 만나 일본으로 갈 문제를 놓고 상의하게 된다.

문제가 생겼다. 오늘(양력 3월 26일, 음력 2월 27일) 여기서 만나기로 한 승지 홍영식과 교리 어윤중이 오지 않는다. 계획을 연기해야 한다.

며칠이 지나 음력 3월 초하루가 되매 동래읍 박시석 사가로 거처를 옮겨 만나기로 한 승지 조병묵을 기다리니 4월 13일(음력 3월 15일)에 차질 없이 승지 이헌영, 조병묵, 민종묵이 도착하였다.

---

8) 당시의 지명이라 현재는 부정확하여 주석을 달지 못함.

죽천의 부산 동래부 여정

월남은 벌써 한 달이 넘게 죽천과 동행 중이다.

조병묵과 이헌영은 일본의 관사(세무서) 업무를 맡기로 하였다.

4월 18일(음력 3월 20)이 되자 동래부를 거쳐 길을 물어 두 사람이 도착하였다.

육군성을 맡은 승지 홍영식과 대장성을 맡은 교리 어윤중이 이제 야 온 것이다. 민종묵은 일본 해관사(해군+해양)를 맡기로 하였다.

고종 임금이 보내기로 한 전 수사(수군절도사) 이원회가 또 오지 않아 다시 승선을 미룬다.

4월 22일(음력 3월 24일)이 되자 이원회가 도착하여 하루를 쉬게 하고 일본 해군조련사를 맡도록 하였다.

죽천이 집을 떠난 지도 석 달이 되었다. 이렇게 오랜 날을 보내며 음력 4월을 맞아 드디어 뱃삯(선박료)을 지불하고 일본 화륜선 안녕 환(安寧丸)호에 승선하게 되었다.

선가(船價, 뱃삯)는 4개 등급으로 나누어 상등인·중등인·하등인 화물로 구별하여 지불하게 된다.

상등인(위원 12명) 1인당 16원, 중등인 2인당 25원, 하등인 2명당 18원이며, 화물은 14원 83전으로 계산되었다.

떠나는 사람은 모두 62명이다. 죽천의 수(행)원은 참봉 왕제응, 유학 이상재, 하인 이수길, 통사 김낙준이며 위원 죽천 외 11명은 각자 맡은 일본국 부서를 정했고 휘하 수원과 유학과 통사를 두었으며, 아라사(러시아)어에 능통한 자와 일본인 함장이 안녕환(安寧丸)호를 운

전하고 있다. 5월 6일(음력 4월 9일)이었다.

순항하지 못하여 큰 파도가 일어나 항해를 멈추면서 다음 날 대마도 엄원현을 거쳐 5월 8일(음력 4월 11일) 나가사키(長崎)에 도착하여 사범학교를 견학하고 차와 다과를 대접받으며 오사카를 향해 가는 것이다.

과거 이보다 더 큰 돛단배는 전부 꽃으로 휘감고 갔던 조선통신사로 장엄한 행렬은 하늘의 상제를 모시고 천상의 선녀들이 떠나는 배와 같았다(조선통신사 행렬도 참조).

통신사의 호화로운 행장이 끊어진 지 100여 년의 세월. 세상은 뒤집어져 우리 조선은 일본에게 뒤처지고 말았다. 하는 수 없이 작년(1880년), 재작년(1799년) 잇따라 수신사(修信使)라는 격을 내린 사절단이 김기수와 김홍집을 단장으로 다녀온 후 이번에는 더 한층 격을 내려 유람단이라고 해서 그저 놀러가는 것처럼 보이는 길이다. 왕실이나 선진국이 아닌 후진국 같은 초라한 모습으로, 그것도 야반도주하듯 소리 소문 없이 일본으로 가는 길이다.

하다못해 작은 광포막에 몇 글자 써서 붙이지도 않았다. 누가 타고 가는지도 모르게 숨어서 가는 꼴이라니 어디라고 배에 꽃 장식을 할 것인가. 초라한 행장을 하고 암행어사로 출발했던 일행들이 지금 일본을 향해 가는 것이다.

대마도를 지나 나가사키를 거쳐 오사카(大板)와 도쿄까지는 주로 뱃길이다. 뱃길은 파도가 잔잔해야 사흘, 아니면 일주일도 열흘도 넘을 수 있어 가다가 파도가 험하면 어디서라도 묵고 가야 할 길이다.

때는 양력 5월 6일(음력 4월 초아흐레), 연중 바닷길이 비교적 조용한 때를 택한 것이며. 어느덧 석 달이 지나서다.

배 안에 들어서자, 이제는 목청을 높여도 된다.9)

떠들고 웃어도 된다.

숨죽였던 비밀에서 해방이다.

이제는 일본에 간다고 말해도 된다.

누가 들을까 하여 귓속말로, 스파이 비밀 회동하듯 작전을 편 의기소침이 사라져 이제는 웃고 떠들고 마음 놓고 일본이니 조선이니 유람단이니 왜 어디로 가느냐느니….

또 고종 임금께서 어째서 지금 밀사 파견하듯 이 많은 인원을 보내시는지 마음 놓고 얘기해도 괜찮다. 그러니 자연 단장 죽천 박정양 참판에게 시선이 집중되고 있다.

바닷바람이 부드럽다.

체온에 닿을수록 포근하여 덥지도 차지도 않다.

처음으로 배를 타는 월남도 뱃머리에 기대 가마득한 수평선도 나는 갈매기도 철썩이는 파도도 본다.

곰개나루에 노를 저어 건너다니며 혜산 스승님 댁 판포를 오가던 배는 종이배와 다를 게 없다.

그러나 이렇게 큰 배도 바다에 나오니 나뭇잎처럼 떠다니는데, 바다가 얼마나 큰지 강화도에서 보았던 바다와 또 다르다.

허나 이 배는 배라고 할 것도 없어 태평양을 건너온 미국 군함이나 상선은 도대체 얼마나 크고 힘이 세기에….

월남의 머리가 복잡하고도 넓게 뚫린다.

---

9) (獨船 ; 전세를 낸 배라고 보임)

안녕환(安寧丸)호에 승선하여

"바람들 쏘였으면 다들 모여 보라 하시오."

죽천이 월남에게 모두의 성화에 못 견뎌 단원들을 내려와 다 모이라 했다.

"뭐가 어떻게 된 것입니까?"

이미 12명의 위원들은 죽천과 밀담이 있어 거지반 아는 터이나, 수원이나 위원 아래 종인들은 뭐가 뭔지 제대로 들어 보지 못했다.

출항 직전에야 귓속말이 오고갔지만 말끝마다 손가락을 입에 대고 조용히 말조심하라 하니 제대로 묻지도 못하고 더 물을 필요도 없던 일이었다.

다들 암행어사 수하로 오면서 몇 달일지 기약 없이 나온 몸이니 가자면 가고 오라면 올 뿐이다.

그러나 몽땅 배에 태워 일본으로 보내다니 이 어인 횡재인가? 벼락인가?

아이들처럼 좋아하는 티가 역력한 선비들이 태반이다.

"에…."

죽천의 입이 열리자 선내가 찬물을 끼얹은 듯 조용하다.

뱃전에 부딪치는 파도소리가 새삼 이렇게 큰 줄도 몰랐다.

"다들 어디를 가는지는 잘 아실 것입니다. 그러나 모두 한자리에 모여 자세히 말할 입장이 아니어서 그간 궁금했을 것입니다. 갑자기 짝을 지어 이 배에 오르라 했으나 그 점은 아시다시피 내놓고 가지 못하는 길이기 때문인 줄 아실 것입니다."

죽천의 설명이 이어졌다.

숨을 죽인 단원들이 질문을 한다.

"가면 숙식은 모두 다 같이 하나요?"

봇물이 터지게 생겼다.

"그건 소속 위원님께 여쭤 보시면 됩니다. 우리는 같은 배를 타고 가고 오지만 가면 숙소도 다르고 가서 다니며 보는 곳도 다릅니다."

죽천의 대답도 줄을 잇는다.

"걸리는 날짜는 일본에서만 두 달 정도가 될 것으로 예상됩니다. 빠를 수도 있고 좀 늦을 수도 있습니다. 100일이 걸릴지도 모르고 가 봐야 알겠습니다."10)

"우리의 신분은 무엇입니까?"

"암행어사의 신분에는 변동이 없습니다. 그러나 일본에 가면 여러 경로를 통해 일정도 잡아 놓았으니 숙식은 물론 박대를 당하지는 않을 것입니다."

"박대를 겨우 면합니까?"

"하하, 말이 그렇다는 것이고 환대를 받을 것이라고 미리 말할 수는 없으니 하는 소립니다."

"암행어사는 한양에 가야 마치는 것이지요?"

"오시면서 모두들 관아와 백성들의 실태를 조사했을 것입니다. 이 모든 것이 암행어사 행장보고로 올려질 것입니다."

"돌아와서도 역시 내려올 때와 같이 암행어사 행장은 계속됩니까?"

"물론이지요. 내려오면서 이미 많은 행적에 대한 기록들을 해 놓으셨듯이 일본에서도 자세하게 기록해야 하는 것은 같습니다."

"죽천 대감님이 단장이시고 저희들이 모시고 온 나리들은 단장이

---

10) 74일간 체류함.

아니지요?"

"누가 단장이고 누가 하인이고 그런 것은 이제 의미가 없습니다. 일본에 가면 모두가 단장이라는 마음으로 모든 문물을 자세히 보고 열심히 기록하며 많은 것을 얻어 가야 합니다. 물론 참판이나 승지 교리 수사님들이 소속 위원을 인솔하고 윗분의 명을 따라 일사불란하여야 합니다. 모두 잘 하실 것으로 믿습니다."

"어떤 과정을 거쳐 이 일이 준비됐는지요?"

"이 일이 어떻게 추진되고 실천에 옮겨 여기까지 왔는가는 차츰 아시게 될 것입니다."

"한마디로 일본에 가는 목적은 무엇이라고 하겠습니까?"

"목적을 한마디로 말하면 선진 정치·문화·경제·사회·교육 등등 모든 분야에 우리 조선이 받아들일 만한 것이 무엇인가를 보고 찾자는 것이라 할 수 있습니다."

"경비는 누가 대고 쓰는 것이지요?"

"그야 물으나 마나 대궐에서 대주는 경비로 가고 있습니다. 누가 쓰든 배곯을 일은 없으니 걱정하지 마시오."

"벌써 집 나온 지 석 달이 넘었는데 두고 온 처자식 걱정은 안 해도 되지요?"

"각각 사가에는 조정에서 매달 녹봉이 내려갈 것이니 식구들 밥 굶는 일은 없을 것입니다."

"얼마나 내려지나요? 암행어사 수하 그대로겠지요?"

"얼마나 내려질지는 왕실에서 알아서 보낼 것이니 저도 잘 모릅니다마는, 먹을 만치는 보내지 않겠습니까? 좀 낫게 보내실 것으로 보입니다."

"기왕이면 얼마나 보내는지도…. 마음 편하게 말입니다."

웃고 왁자지껄이다.

"염불이나 잘해!"

누군가가 하는 말에

"잿밥부터 챙기면 안 되지."

하자 박장대소다.

"글쎄요 한 달에 두 가마니 정도면 먹지 않겠습니까? 나도 자세한 것은 모르지만 그 걱정은 안 해도 될 것입니다."

"잠은 그냥 이 바닥에 누워 자면 되는 거지요?"

"싱거운 사람 같으니…. 바다에 나가서 잘래? 하하하."

"아시다시피 숙식에는 제한이 많습니다. 마실 물도 아껴야 하고 소세물도 아껴야 합니다. 가져온 식량도 아끼고 우리는 모두 공동운명체입니다. 다행히 상감마마께서 배려해주셨습니다마는 우리는 정말 놀러 가지 않습니다."

"예, 잘 알아듣습니다."

"특히 꼭 알아둘 것은 단단한 각오로 무엇이든 배워 와야 합니다. 눈을 똑바로 뜨고 각자의 책무에 전력해주시기 바랍니다."

"예, 알겠습니다."

"그럼, 또 좀 쉬고 나서 아직 면도 설 테니까 개별적으로 인사도 나누시고요. 우선 자유 시간을 드리겠습니다."

월남 대중연설 차 회중 앞에 서다

다시 모였다.

이렇게 모이기를 여러 차례 반복하였다.

죽천의 소개로 자기의 상전이 아닌 11분의 위원들, 즉 참판, 승지, 교리, 수사의 인사와 훈시가 이어졌다.

뱃길은 아직도 멀다.

마침내 중등인과 하등인으로 구별된 수원과 통사와 유학들도 회중 앞에 서서 자기소개 겸 먼 길을 떠나는 각오랄지 모두 한마디씩 하라고 하였다.

의무적으로 배당된 시간을 더도 덜도 아니고 맞게 써야 한다.

마침내 월남 차례가 되었다.

"한산인 유학(幼學) 월남 이상재라 하옵니다. 감히 이 자리에 동석하여 참판대감마님 두 분 그리고 승지나리 여덟 분과 교리나리 한 분, 그 밖에 여러분과 동행하게 되어 불초한 유생의 사부(스승) 되시는 죽천 참판대감님께 누가 되지 않도록 언행심사를 가리려 한다는 말씀부터 드리면서, 동행하시는 단원 여러분께도 같은 말씀을 올립니다.

유학에게는 인사만 올리라고 하셔야 마땅할 텐데, 어디라고 감히 한마디하라고 시간까지 허하시다니 어찌 가벼이 말문이 열리겠습니까. 그저 순종하는 마음으로, 그러나 일본에서 쓰는 시간 기준으로 10분을 채우라 하시니 조리 없을 것임을 꾸짖어 주시기 바랍니다."

이렇게 시작한 월남의 말이 계속된다.

"이번 일본 유람단으로 가면서 유학신분에는 너무 벅찬 줄 알기에 이런저런 각오니 결심이니 하는 어떤 의지를 말씀드리는 것은 격에서도 먼 줄 압니다.

그래도 한 말씀 하라 하신다면 무엇이든 하명하시는 대로 최선을 다해 모시겠다는 말씀만 드리겠습니다. 알아서 하는 것은 분수에 넘치고, 우려되는 것은 명하시는 일만이라도 제대로 잘해야 한다는 다짐입니다.

사실 미려하여 무슨 말씀을 하셔도 잘 알아듣지 못하여 잘못하는 일이 많습니다. 일을 그르치기도 합니다. 이것은 유학이라는 신분의 저로서 넘어야 할 문턱이라고 생각합니다.

그러니 한 번에 못 알아들으면 두 번 세 번 깨우쳐주셔서 명하시는 본뜻을 착오 없이 받들게 살펴주시기 바랍니다.

이번 장도에 보니 유학(幼學, 벼슬이 없어 학문이 낮은 사람을 일컬음)이 저 말고도 여덟 분이 더 계십니다. 특히 어윤중 교리님은 유정수, 유길준, 윤치호, 황천직, 이렇게 네 분이나 되는 유학을 같은 위원회에 동행하고 계십니다. 조병직 승지나리가 위원으로 계시는 부서에도 김종수, 김기환 두 분의 유학이 계시어 모두 열두 분의 위원 가운데 다섯 분의 위원 아래 저와 같은 유학 9명이 동승하고 있습니다. 하여 재삼 부족함이 많을 것임에 혜량을 청원드립니다.

꼭 이 고귀하고 특별한 기회에 윗분 어른들을 모시고 가서 많은 것을 배우고 깨우쳐 저희들 유학신분에 넘치는 결실이 맺혀지도록 알뜰히 챙겨 주시기 바랍니다.

한편 이런 생각도 해보았습니다. 과거급제 등 학문이 높은 분들이 계신데 왜 저와 같은 유학을 불러 많은 나랏돈을 들여 다녀오라 하셨는가의 문제입니다.

어찌 그 뜻을 알까마는 '가서 잘 보고 배우라.'가 첫째라 하겠고, 다음은 저와 같이 작고 어린 유학에게도 기대를 걸고 계시다는 것이라 하겠고, 오히려 신진 유학을 길러 나라에 새로운 힘을 더하시고자 하는 상감마마의 성심과 대감마님의 지엄한 명령이라고 생각하는 바입니다.

경거망동하지 않을 것입니다.

침착 겸손하되 기가 약하지도 않겠습니다.

현실 우리 조선과 다른 것이 무엇이며, 그것이 과연 유용한가, 무용한가. 더불어 이대로 받을 본인가, 고쳐 받을 본인가. 실용성은 무엇이며 상감마마와 백성에게 분배되는 가치는 무엇인가에 대해 예지를 모아 살피며 웃전 어른들의 쓸모 있는 수하가 되어야 하겠다고 하는 것입니다.

다만 이 점은 알고 있습니다.

지금 우리 조선은 앞서 대감마님과 승지 나리님들께서 말씀하셨듯이 원치 않는 외세의 물결이 밀려와 이를 어쩌면 좋을지 판단이 잘 안 서는 상황입니다.

이로써 확실하게 알 수 있음은 그간 우리는 안목이 너무 좁고 낮았다고 하는 것이라는 점입니다. 여타 나라라고 해서 우리와 다를 게 없는데 그들은 타고 오는 군함부터가 우리와 다릅니다.

우리는 화륜선도 제대로 만들지 못하는데 증기선을 타고 옵니다. 배도 크고 힘도 세고 포격에도 강한 배여서 우리 조선의 배나 화승포로는 상대가 안 되는 것이 실상입니다.

이것이 어찌 군함이나 화력에만 국한된다 하겠습니까? 우리가 알지도 못하는 그들의 새로운 문명이 얼마나 쌓였고 앞서 있는지도 짐작하기 어렵습니다.

그러나 우리 조선은 수십 년 빗장을 걸고 막는 일에만 국력을 소모하는가 하면, 주제 넘는 말이겠으나 고려시대 말기 역성혁명이나 온건개혁파로 나누어진 뿌리가 아직도 다 빠지지 않고 노론·소론·벽파·시파, 정조 대왕 이후 이런 말은 줄어들었으나 여전히 당파와 더불어 권력나누기와 침탈로 아까운 세월을 보내고 있다는 점입니다.

상감마마께서 이번에 우리를 보내시는 이유도 새 가닥을 잡으시기 위해 견문을 넓혀 다방면에서 어떻게 하여야 우리가 쫓기고 피하고 막기에만 급급하면서 막지도 못할 것 같은 외세에 대응할지를 찾으시기 위함인 것이라고 보는 바입니다.

하지만 이에 우리 유학, 특히 저 월남은 막막할 뿐 지혜도 능력도 없습니다. 그러나 공교롭게도 마침 우리 조선 620만 백성 중 10만 명에서 한 명씩이 뽑혀 62명이 타고 가고 있습니다.

막중지사임은 신분이 유학이거나 하인이거나 통사 수원이 다를 바가 없다고 생각합니다.

그저 눈을 크게 뜨고 귀를 크게 벌려 지도하시는 대로 수족처럼 움직여 보겠다는 마음뿐입니다.

마지막으로 이번 유람 시찰 길에 모두가 건강하시기 바랍니다. 다시 한번 죽천 참판대감님과 조준영 참판 두 분 대감님께 감사드리면서 일곱 분의 승지나리님, 그리고 한 분의 교리님을 비롯한 두 분의 수사님께 감사와 지도편달을 빌어 마지않습니다."

월남이 인사말을 마치고 머리를 깊이 숙여 예를 마치고 자리에 앉았다.

월남은 누구 다중 들 앞에 서서 말을 해본 일이 없어 처음이다.

말을 하는 사이에 월예의 얼굴이 스치고 자주 부친 희택이 앉아 듣는 것 같은 착각이 들었다.

"상재야! 알지? 아버지는 너를 안다. 이 세상에 너보다 똑똑하고 잘난 아들 둔 사람은 나밖에 없어. 내 말 맞지?"

언젠가 그날 똥장군을 깼을 그때 술이 취해 말씀하시던 음성과도 다르다. 그때처럼 몸을 잘 가누지 못하시는 것도 아니다. 꼿꼿하게 앉아 불안하지 않다. 그리고 미소를 띠고 단원들 가운데 앉아 들어주시고 흡족하신 듯 웃어주시는 희택 아버지가 어른거렸다.

단원들 모두가 넋이 나간 듯 월남의 말을 경청해주었다.

그들은 말없는 말로 월남에게 말했다.

고개를 연신 끄덕이며 웃고 있는 부친 희택과는 달리 무성으로 월남에게 하는 말이 있었다.

"맞네, 자네 말이 맞아. 아무렴 참 말을 잘하네."

그러면 월남은 말 속에 기를 넣어 입 밖으로 새어 나가지 않도록 강하게 말했다.

'교만이나 오만방자하다면 말은 일고의 가치도 없는 것이다.'

어려서 현만 스승과 일정 스님에게서 귀가 닳도록 듣고 배운 것이 말은 느려도 안 되고 빨라도 안 되고 고성도 저성도 안 되고 편안하여 듣는 사람이 듣기에 불편하지 않아야 한다는 것이다.

'내 언제 뉘 앞에 서서 이렇게 말해본 적이 없는데도 이상하게도 말이 잘되네.'

자주 월남 자신도 의아하였다. 그러나 지금 이 자리는 무슨 연설대회장도 아니고 일하러 가는 일꾼의 수하로 유학이란 신분에서 따라

가는 것뿐, 장거리 여행이니 그저 멀거니 경치구경이나 할 게 아니라 서로가 인사도 나누고 나라의 부름을 받은 마음가짐을 확인하는 자리인지라 말재주와는 상관도 없다.

그러다 보니 시간 10분은 넘지도 모자라지도 않게 쓴 것이다.

"와, 월남이라고? 오늘 만나서 반갑네. 박수 쳐줍시다."

모두가 생전 듣지도 보도 못한 일장 박수를 받았다.

죽천이 다시 일어섰다.

"예, 제 수하 월남 어떻습니까? 영명하게 보셨습니까?"

"예, 대감마님의 수하가 아주 훌륭합니다."

누군가 큰소리로 말하자 여기저기서 이구동성이 터진다.

"10분간 더 하라 하십시오!"

"예, 더 들어 봅시다."

복창이 나오기 시작하자 일제히 아우성을 친다.

"어이, 월남 더해 봐요. 더 들어 봅시다."

"거참, 들을 만하네 그려. 월남 어서 일어나라고."

배 안이 요란해졌다.

"허허, 이런이런…. 내 말은 왜 더하라고 않고 이게 무슨 일입니까? 정말이에요?"

"예, 더하라고 하세요, 월남 일어나 빨리."

"예, 하하하. 그 뭐 할 말 다 한 것 같은데, 이보시게 더해 보겠는가?"

월남이 일어섰다.

"나오시게, 이리와 더해 보시게."

"말 참 잘하네, 잘해"

월남이 다시 섰다.

"저는 회중 앞에서 말해 보는 것은 이번이 처음입니다. 그러니 무에 들을 것이 있으시겠습니까? 그러나 순종이 첫째라 여기고 역시나 조리 없을지라도 한 말씀을 더 올리겠습니다."

월남의 말이 이어진다.

"허나 실은 딱히 못다 한 말도 없습니다. 굳이 한 말씀 더하라 하시면 종이 되겠다는 말씀입니다. 원래 제 신분은 죽천 참판대감님의 종이오니 구태여 말할 이유도 없는 말인데 다시 한번 분수를 알아야 한다는 생각이 들어 드리는 말씀입니다.

하늘에는 태양이 있고 달과 별이 있습니다. 대궐에는 상감마마가 계시오며 사가로 돌아가면 죽천 참판대감이 계시고, 안으로는 정부인 마님께서 계십니다.

위로는 또 부모님이 계시고 조상님이 계시며 아래로는 처자가 있습니다. 산은 산이요, 들은 들이며, 강은 강이라고 할 때 각기 자리가 있어 이를 정처(定處, 정해진 자리)라 하옵고 신분이라 하오며 정체성이라 하거나 분수와 주제라 하겠습니다.

군군신신(君君臣臣)이라 함은 임금은 임금답고 신하는 신하다워야 한다는 말로 소인 예가 어느 안전이라고 중국의 고전이 어디에 어떠하고 저떠하다 할 수는 없는 일이라 하겠기에 다만 제가 본 서양학에서 소크라테스는 '너 자신을 알라.'라는 말을 본 것이 생각납니다.

저는 유학입니다. 더불어 죽천 대감마님의 종복(從僕, 따르는 종)일 뿐입니다. 하여 종복된 제 신분을 잘 헤아려 반듯한 수하가 될 것임을 말씀드립니다.

그러나 이제 이번 유람단 일본여행길은 사정이 달라 열두 분의 대표위원님의 공복(公僕, 모두의 종)이 되고자 한다는 말씀 분명하게 올립니다.

하지만 죽천 대감마님께서 '월남아 너는 내 수하일 뿐이노라. 안 돼.' 하신다면 그럴 수는 없습니다. 그러나 허락하신다면 그리하겠다는 말씀입니다. 모두가 임금님의 신하라 하겠으나 신하에도 위아래와 상하가 있다고 한다면 제 위치를 잘 가리겠다는 말씀입니다.

이미 타계하신 저의 혜산 스승님께서는 이렇게 말씀하셨습니다.

'세상에는 너보다 못한 사람이 없다. 100에 99가 험이라 하여도 100에 1은 쓸모가 있으니 너는 그 하나를 찾아 그(쓸모)와 만나야 한다.'라고 말입니다.

소인을 동행자와 공복으로 받아주신다면 소인은 종이 되겠습니다. 순종하며 어깨를 받치고 등을 구부려 등마(登馬, 말 등에 오름)로 디디시는 등허리가 되겠다는 말씀입니다. 소인은 등마용 등허리밖에는 가진 실력도 분수도 미흡합니다. 그러나 저는 알고 있습니다.

등허리는 무식한 소인이기에 당연하다 하겠으나, 설령 저보다 더 어려 유생이 아닌 치생(稚生, 알에서 갓 깨어나 유생이 되기 전 작은 자)이라 하여도 역시나 그의 등허리 감이 되겠다고 하는 것입니다.

학덕이 낮으면 낮아서 당연지사일 것이요, 만약에 학덕이 매우 높으면 높으면서도 등허리가 된다면 그 고귀함은 더할 나위 없다 하겠습니다.

한 그루의 나무나 개울에 뒹구는 돌덩이 하나라도 무용지물은 없습니다.

우리 조선 620만 백성은 어느 누구도 하잘 것도 쓸모도 없는 백성은 없습니다.

그렇다면 이 배에 동승한 10만 명 중의 한 분 한 분은 더 말해 무엇 하겠습니까.

하지만 사람은 조변석개(朝變夕改, 아침저녁 변하고 바뀜)한다 하였습니다. 오늘의 생각과 내일의 생각이 다르고, 부부간도 아침저녁의 마음이 바뀌고 변한다는 뜻으로 알고 있습니다. 그러나 변치 않아야 합니다.

일생이 일여(一如, 같아)하여 한결같이 일생 동안 마음이 변치 않고 정절이 굽지 않는다면 불사이군(不事二君)이요, 어찌 간신모리배가 되겠습니까.

우리 조선이 이런 이치의 잣대로 재어 살폈다면 어제의 의리가 오늘의 배신이 되어 조정이 분란하고 왕실이 불안하지 않았을 일입니다.

변치 말아야 합니다.

그러려면 윗물이 맑기를 죽천 참판대감과 같아야 하겠다 하여 대감마님께 주야로 경의를 올리는 바입니다.

그러나 대개는 윗물보다 아랫물이 먼저 흐려집니다. 윗물은 맑은데 아랫물이 더러워진다는 것은 역린(逆鱗, 거꾸로 선 비늘, 반역과 거역)입니다. 여기에 충신과 간신의 분기점이 있습니다. 왜 역린이 되느냐의 문제는 욕심과 옹졸한 심성입니다.

달면 삼키고 쓰면 뱉는 인격을 가지고서는 가정 하나도 편할 수가 없는 것, 하물며 나랏일이야 말해 무엇 하겠습니까?

종으로 받아 주시기 바랍니다. 등이 부러지는 순간까지 월남은 이제 동승하신 모든 분들의 등마용 등허리가 되되 일생이 일여하겠다는 말씀을 드리겠습니다.

다시 불러내 주셔서 감사합니다."

머리 숙여 인사하자 이번에도 탄성이 나온다.

"말 참 잘하네, 잘해."

"말속에 진심이 꽉 찼어."

여기저기서 월남을 치하하는 말이 들려 온다.

다시 죽천이 앞에 섰다.

"자랑이라도 좋습니다만, 월남은 제게 벗입니다. 참판의 벗이 유학이라면 여러분은 어찌 들으실지 모르겠으나 학문에는 반드시 글벗이 있다고 알고 있습니다. 그래서 주상전하께도 제 수하에 월남이란 청년이 있다는 말씀까지 올렸습니다."

"맞아요, 좋은 벗을 잘 두셨습니다."

하자,

"그뿐만 아니라, 월남은…."

"말씀해 보세요."

"차츰 아시게 되겠지만 세계사에 밝습니다. 특히 일본에 대해 많이 압니다. 말과 문화와 지리에도 밝습니다. 언젠가 이런 날이 올 줄 몰랐으나 늘 찾아서 공부를 하는 학구력이 뛰어나 제가 늘 배워오고 있습니다. 이런 월남과 동행함에 모두가 반겨주시니 좋은 벗이라 믿어주시고 나랏일에 어깨를 맞대시는 기회가 되었으면 합니다."

"아니 그럼, 일본 얘기 좀 들어 보게 한 번 더 나오라 하면 안 됩니까?"

월남이 손을 저었다.

일본과 조선의 차이

"아닙니다. 다음에 기회가 있으면 몰라도…. 그리고 저보다 잘하실 분이 어찌 없겠습니까, 말 그대로 유학입니다. 유학…"

사양한다.

"아닙니다. 아무 얘기라도 좋으니 일본에 대해 아는 대로 얘기를 해보라 하시지요?"

"그래요? 그럼 월남 한 번 더 나오시게. 허 이것 참…. 하하하."

"아닙니다. 과분해서 몸 둘 바를 모르겠습니다."

"아니야, 아니야. 그냥 가면 더 좋을 게 있겠는가? 그리고 일본에 당도하면 우리는 거의 떨어져 살아야 한다고, 일어나 보시게, 이리 나오라고."

월남이 거역지 못하고 앞에 나와 또 입을 연다.

"이미 순종하겠다고 하였기로 또 일어섰습니다."

이렇게 시작해 월남의 말이 이어지고 있다.

"일본에 대하여는 여기 통사로 가시는 선비님들이 계시오나 저는 일본말부터 더 배워야 합니다. 그저 인사 정도 하고 띄엄띄엄 하는 말로서야 일본을 안다고 하지는 못할 것입니다.

다만 일본의 역사와 문화, 과거와 현재는 물론, 일본이라는 나라가 어떻게 생겨먹은 나라인지에 대해서는 죽천 참판대감마님과, 현재 전주 목사로 계시는 참판대감님의 부친 경암 대감님의 은덕으로 겨우 새우 눈을 떴을 정도입니다. 누구나 소인 정도의 지식은 가질 만한데 그저 제가 일보 반보 앞서 발걸음을 띄었을 뿐입니다.

그러나 그래도 듣자 하신다면 먼저 일본은 우리 조선과 달리 인구가 3배나 많습니다. 땅도 3배는 큽니다.

그런데 명치유신으로 완전히 통일된 것 같지만 저들은 왕위에 왕을 두고 이를 천황이라 부르고 있습니다.

그래서 몇 년 전 부산에 왔던 일본군대는 서계(書啓, 조정에 올리는 글)에서 우리 상감마마를 천황 아래의 자기네 방식대로 왕이라 칭하여 우리가 그 서계를 거부한 적이 있는데 이것은 대단한 자존심이며 우월주의가 아닌가 생각합니다.

우리도 상감마마를 하늘같이 우러르지만 일본의 우러름은 우리의 충신이 내미는 목숨에 지지 않아 앞선다고 할 정도로 배울 게 있습니다.

이 말은 반역자가 현저히 적다는 뜻입니다. 대동일치 단합된 민족이라는 것입니다. 과거 일제의 분란한 분열주의 시대가 막을 내려 이제는 일심동체로 아키히토(裕仁) 천황 앞에 목숨을 바치려는 신하들만이 포진하고 있다는 점입니다.

네 파 내 파, 좌파·우파, 벽파·시파, 남인·북인·서인, 이런 파당이 일소됐다고 하는 것입니다. 이것이 그들의 힘이 되어 우리 조선을 넘보는 저력이 되고 있습니다. 그들은 '일체'와 '강화'라는 말을 좋아합니다. 특히 황권강화와 절대 복종주의 사상을 가지고 황권이 그들의 정체 이유라고 하고 있습니다. 우리로 말하면 왕권강화요, 왕실의 안정입니다.

그러나 우리는 왕권에 도전하기를 자주하여 나라가 자주 어려움에 처해 왔으나, 일본은 황제 아래 정부를 두고 정부는 황권강화 전담부서의 역할을 하고 있습니다. 가면 우리는 그들이 영국식 왕실 아래 운영하는 정부의 형태를 살펴볼 이유가 있다고 생각합니다.

이런 일본의 변화에는 중심축이 황권이며, 황권이란 하늘과 동격일 정도입니다. 이런 것에 관심을 가지고 유학에서 보다 성장하고자 하는 마음으로 참판대감님의 수하 종복된 자세로 가는 바입니다.

마지막으로 일본은 돈이 많습니다. 소출은 부족하여도 돈을 사용하는 방식이 우리와 다릅니다. 아시다시피 부산에 세운 왜관과 상관은 그들의 상술이 얼마나 선진화되었는가를 알게 합니다. 비싸게 주고라도 삽니다. 은행이라는 제도를 만들고…. 뭐 이 정도는 다 아시지요? 아무튼 돈벌이에는 찰거머리보다 더 악착같이 달라붙은 동물적 기질을 가지고 있다는 뜻입니다.

우리는 자주 양보합니다. 그래서 뺏기고 손해 보고 그럴 줄 몰랐다면서 인간성이 나쁘다고 타박합니다.

일본은 인간성이 나쁘다고 타박하는 전후를 바꿔 산다는 것을 배웠습니다."

"뭘로 배웠나요?"

"예, 죽천 참판대감님과 부친 대감님께서 많은 책을 대주셨고, 그들에 대해 오래 생각하다 보니 일본은 늑대의 이빨보다 더 강인하다 못해 잔인하다는 것을 알았습니다.

나중에 울고 인간성 타박할 게 아니라, 아예 처음에 잡아 뜯어 삼키고 보는 경제동물이 일본이라고 알고 있습니다.

그러니까 조선은 조심해야 합니다. 착하기만 해서는 안 됩니다. 강해야 하고 우리도 약아져야 합니다. 우리는 숙맥스럽게도 너무 점잔을 빼고 있습니다. 일본은 일단 상대가 약하다 판단되면 맹수의 이빨로 물어뜯습니다. 어째서 이런 민족성이 굳었을까요? 지리적 여건이 그랬고 그들의 사무라이 문화가 그랬습니다. 약육강식은 악이 아니라 정의이며 그것이 그들의 인격이고 찬양거리입니다.

이런 일본이니까 강화도 조약을 그렇게 맺을 수 있었고, 이런 일본이니까 조약 10조에 그 이상한 문구를 넣은 것입니다. 우리가 개항지 일본에서 위법하겠습니까? 우리 민족은 착합니다. 그러나 일본은 독합니다. 잔인합니다. 그냥 내려칩니다. 그래도 자국법으로 다스린다고 하자는 것은 이제 일본의 잔인한 일본도가 번뜩여도 막지 못할 근거를 제시한 것입니다.

또 이들은 잘 웃습니다. '하이 하이' 상냥하고 밝습니다. 가뿐가뿐 인사도 잘하고 사교술도 참 좋습니다. 사람을 녹이는 재주가 뛰어납니다. 허나 일단 사정권에 들어온 사슴이라면 절대 놓치지 않습니다. 하여 등 뒤에 비수를 꽂습니다. 그것도 야밤에, 한순간에 웃다가 변합니다.

그래서 부부간에도 아내가 남편의 등에 칼을 꽂을 수도 있어 우리와 같은 예의 민족은 후순위이고 선순위는 냉정한 현실주의이며 물질주의이며 이기주의입니다. 우리는 나쁘게 말하면 등신입니다. 역설하면 착하지 말아야 합니다. 강하고 독해야 합니다."

제9부

유람단의 일본 행적

　오사카에는 5월 12일(음력 4월 15)일에 도착하여 일본 외무성관리의 영접을 받은 후에 여러 날 머물며 조직소, 포병공창, 박물관, 여학교와 여성들이 일하는 공장, 맹아학교, 주동기소, 수륜기 제작소 등을 돌기 시작하여 약 3개월 동안 일본에 체재하면서 도쿄(東京)·오사카(大阪) 그리고 때로는 이와 인접한 지방에까지 나가 문교·내무·농상·외무·대장(大藏)·군부 등 각 성(省)의 시설과 세관·조폐 등의 각 분야 및 제사(製絲)·잠업 등에 이르기까지 시찰하였다.

　일본의 정부 수뇌들과 접촉하고 각기 분담하여 정부 각 부처의 실무를 자세히 조사했는데, 죽천은 내무성 및 농상무성, 민종묵은 외무성, 어윤중은 대장성, 조준영은 문부성, 엄세영은 사법성, 강문형은 공부성, 홍영식은 육군, 이헌영은 세관 등 각기 담당분야에 대하여 책임지고 시찰하여 자세한 보고서를 작성하도록 한 것이다.

5월 25일(음력 4월 28일) 일본 도쿄(東京)에 도착하여 총 74일간 체류하면서 일본 정부의 각 분야를 시찰했다.

도쿄는 보이느니 전부 들판과도 같다.

천황이 산다는 황거(皇居)는 알고 있던 대로 에도시대의 성으로서 사방을 깊이 파 호수 안에 섬과도 같다.

도쿄만의 바다는 거센 파도가 휘몰아쳐 자주 침수되고 거리는 모두 조선처럼 흙집이 아니라 나무판자로 지은 집이다.

단원들은 자주 융숭한 대접을 받았다.

일본 고위관리들이 줄을 이어 영접에 최선을 다했다.

5월 25일(음력 4월 28)일 도쿄에 도착하여 8월 29일(음력 윤7월 5일)날 부산 금정산성 김한기와 초량 거민들을 만나기까지 귀국선 뱃길 소요 날짜까지 합쳐 90여 일을 넘기는 사이, 각 위원들의 활동은 활발하여 영일(寧日, 편히 쉬는 날)이 없었다. 있었다면 있어야 할 이유가 있어 주선해준 일본인들 개인집에 머물렀을 뿐이다.

또 하나는 누구도 아픈 사람이 없었다.

마침 우기(雨期)가 겹치고 태풍이 와서 집에 갇혔을 뿐인데 몸이 아픈 일은 없었다.[11]

나가나 들어가나 일본인 관리들이 찾아오고 앞장서서 갈 길을 안내하고 거처의 불편이 없도록 극진히 주선해주었고, 오반(점심)은 일일이 명가를 찾아 극진하게 대접했다.

가장 측근에서 가장 오랜 기간 동안 내내 죽천과 월남 일행을 수발든 사람은 외무성 대서기관(차관급이나 국장급) 미야모토(宮本)다. 미야모토는 70일이 넘는 날의 거의 절반이라고 할까, 최하 20일 이상은

11) 죽천은 귀국하여 4개월을 병상에 누웠음.

죽천일행을 보살피는 데 전력을 다했다. 내무성 대서기관 이시무라 (西村)도 많은 시간을 할애하고 농상무성을 비롯한 일본 관리들의 영접은 극진의 도를 넘길 정도였다. 거의 전념한 외무성의 미야모토는 유람단을 위해 전권특명을 받았다고 보일 정도다.

역시나 사근사근하다. 참 자상하고 예의바르고도 겸손하다. 게다가 어디로 보나 지식인이다.

사무라이가 아니라 완전 조선의 선비와도 같은 심성을 가져 의젓하고 믿음직스럽기도 하다.

월남은 문득 배 안에서 했던 일본인의 잔인함이 실언이 아닌가 싶은 생각도 들었다. 일본인 문관 전형인 미야모토를 통하여 죽천과 월남은 도쿄를 꿰어 보게도 된다.

그러나 무관(武官, 사무라이 후대)은 얼마나 다른가를 역사는 보여 줄 것이다.

유람단의 일본 시찰과 귀국

월남의 한산 집에는 관아에서 매달 그믐이면 두 가마니의 쌀이 운반되어 온다. 가을에 쌀 두 가마니하고 봄에 보리 두 가마니가 오다 별안간 한 달에 두 가마니씩의 쌀이 오다니 여간 많아진 것이 아니다.

아내 월예는 아이들에게 전심으로 공부를 가르치고 있다. 때로는 회초리를 옆에 두고 호리면서까지 가르친다. 월남이 힘들게 벌어오는 이때 공부에 게으르면 고생하는 것이 허사가 된다는 생각에 어떻게든지 가르쳐야 아내 된 도리이며 어머니가 할 일이라는 생각에서다.

월남은 31세, 월예는 34세, 승륜이와 승인이 승간이는 14세, 10세, 8세가 되어 셋이나 먹이고 가르치는 일은 만만치 않다.

월남이 죽천을 따라 도쿄에 온 지는 석 달이 넘어섰다.

외무성이라고 하고 내무성이라 하고, 대장성이니 농상무성이라 부르는 일본의 정부 조직은, 영의정·우의정이나 이조·예조·형조·병조·공조라 부르는 조선과는 다르다.

미야모토나 이시무라 등 체제와 순방 안내역을 맡은 일본 관리의 직분도 달라 버슬자리에 앉아 수염을 쓰다듬는 느낌이 아니라 열심히 일하는 느낌이 들어, 조선과 모든 것이 다르다.

이를 자랑이라도 하는 듯이…. 아니다, 어디로 보나 진심을 담아 열심히 보여 준다. 어디를 그렇게도 많이 다니고 무엇을 그렇게 많이 보았고 조선과 다른 것이 무엇인가를 꼼꼼하게 적어 가고 있다. 어디서 잠을 자고 누구를 만나 무엇을 먹고 등등…. 일본에서의 여정은 놀고 구경만 하는 것이 아니라 매우 바쁜 나날들의 연속이었다.

이를 간략히 요약해 날짜별로 적어가니 점점 두툼하게 쌓여지고 있다. 죽천만이 아니라 각 11명의 위원들도 모두 열심히 다니고 보고 적고 있어 각각 자기들만이 아는 기록을 한양에 가서 모두 모아 고종 임금께 올릴 기초자료의 초고를 만들 것들이다.

각 위원별 숙소가 다르지만 전원이 만날 때도 있고 일부만 만날 때도 있고…. 각 위원 간의 소통문제도 미야무라 외무성 대서기관이 일일이 알려 준다.

머물렀던 약 두 달 보름간의 일정을 요약하면, 4월 28일(이하 음력) 도쿄 천곡사에서 유숙하다. 5월 1일 원로원과 외무성에서 영접 나오다. 5월 3일 미야모토의 안내로 박람회장을 가다. 5월 4일 미야모토의 안내로 신타(神田)의 루원(樓園)을 가다. 5월 5일 내무성 농상무성 관리와 만나고 청국공서(공사관)에 가다.

5월 6일 인친왕 참의 이토 히로부미(伊藤博文)를 만나기로 하였으나 어긋나 만나지 못하다. 5월 12일 내무성 이시무라, 구로다 등 3인의 영접을 받고 종육장(종자돼지사육장)에 다녀오다.

5월 13일 공부성의 안내로 기계제작소를 방문하고 구로다와 전신국에 가서 권소지장(일본인)을 만나 오찬을 하다. 5월 14일 박람회 대회 회장을 만나다. 5월 16일 원로원대서기관 모리야마를 만나다. 5월 18일 이토 히로부미를 그의 집에 가서 만나다. 5월 19일 히비야에 가서 육군군제를 배우고, 다른 기계제작소에 가고, 다른 종육장에 가고, 20일에는 해군 경조정 제작법칙을 소네(曾根)에게서 설명받다.

5월 21일 문부성 사범학교와 여자사범학교, 신차사범학교도 가다. 5월 22일 경시청에 가고, 『조선책략』을 쓴 중국인 황준헌(저자)을 청국공사관(公署)에서 만나다. 5월 25일 천주제사소(실 공장)에 가다. 5월 28일 무관 나가노(長野)의 안내로 내무성 농상무성에 들러 양잠소(누에치는 곳)에 가다.

5월 29일 미다(三田)에 있는 종육장에 가고 경마회에 가고, 미쓰이(三井) 은행에 가다.

6월 2일 문부성교장 우찌무라(內村)와 오찬하다. 6월 3일 학습원 원장의 영접을 받다. 6월 4일 감옥서(감옥, 교도소)를 방문하다. 6월 5일 외무성 미야모토의 안내로 밤에 우에노(上野) 박람회에 가다. 6월 9일 농업학교에 가다. 6월 10일 하나부사(花房義質, 주한일본공사)를 만나 해군성 배(군함) 제작소를 가다.

6월 11일 우두(牛痘, 마마)균 연구소에 가다. 6월 13일 왕자촌 제사소와 수목시험장에 가다. 6월 14일 우에노 공원 정양원에서 오찬하다. 6월 16일 하나부사와 만나다. 6월 20일 일본 제일은행에 가다. 6월 21~29일까지 외무성, 내무성, 농상무성 대서기관과 국장들의 안내를 받으며 우기(雨氣, 장마철)를 보내다.

7월 1일 구 대마도 도주의 사가(집)를 방문한 후, 도쿄부지사를 만나러 갔으나 만나지 못하다. 7월 3일 시나가와(品川) 소재 유리조작소(琉璃工場)를 방문하다. 7월 4일 외무성의 초청으로 우에노 공원 이궁에서 오찬하다. 7월 5~13일까지 연일 외무성·내무성·농상무성 관리들과 만나다.

7월 14일 수원들과 일본 통역관들과 헤어져 화륜차와 화륜선을 타고 도쿄 최동방 요코스카(橫濱賀)에 오다. 7월 15일 요코스카 해군조선소에 가고 관세관(세관사무소)에도 들르다.

7월 17일 바람이 불고 비가 많이(風雨大作) 오다. 7월 19일 효고(兵庫)로 오다. 7월 21일 효고 현령(縣令, 지방관장)의 방문을 받다. 7월 24일 조승묵·홍영식 등 타 위원들이 효고로 도착하여 속속 만나다. 7월 28일 미쓰비시(三菱) 회사의 화륜선 천세환(千歲丸)호에 올라 귀국길에 접어든다. 윤7월 1일 혼슈(本州) 동남부 나가사키(長崎) 인근 990리 지점 배에서 자다.12)

---

12) 이상 음력.

이 바다(현해탄)는 손바닥이다

본국으로 돌아오는 뱃길(還船).

부산에 도착하면 다시 암행어사가 되어 각자 갈 길이 다르고 가는 곳도 다르다.

배 안에서는 끼리끼리 삼삼오오 모여 일본에서 보고 들은 수많은 이야기를 주고받는다.

"친절하기는 해. 왜 그렇게 친절이 몸에 배었지?"

"아니면 일순간에 칼이 번뜩이고 죽이거든. 그들의 상냥함은 언제 찌를지 모를 사무라이 문화가 그렇게 만든 것이지."

"배추, 무가 야채의 모양은 같은데도 뭐든 맛이 다르더라고. 오찬이고 연회라고 말만 그럴 듯해봤자 나오는 음식은 한 가지 아니야? 큰 그릇에 담아 가운데 놓고 덜어 먹는데 스푼이 없이 젓가락만으로 먹으면서도 대단한 연회라고 하다니 음식 같지도 않고 모두가 병아리 물 마시듯 소식을 하니 먹을 게 있어야지."

"그래도 말끝마다 오이씨(맛있어), 오이씨(맛있어) 하는 것을 보면 음식은 조선이 최고 아니야?"

"집이 작지? 사람도 작지만 정말 오밀조밀하고 온돌이 없어도 겨울에 춥지는 않은가? 조선보다 남쪽이라 그렇겠지?"

"그래도 우리처럼 수수깡 집은 없더라고."

"비가 온다온다 해도 어쩌면 그렇게 많이 오는지. 그래도 별 홍수는 안 나는 게 이상해. 조선에 그 정도의 비가 오면 난리 날 거라."

"난 지진 때문에 힘들더라고. 지난번 하루는 하룻밤에 몇 번을 몸이 댕구래질을 치는데, 아 그거 참 힘들더구먼."

모두들 일본에서 하지 못한 이야기꽃을 피운다.

월남도 이 사람 저 사람과 많은 이야기를 한다.

특히 아직 스무 살도 안 돼 월남보다 16년이나 연하의 아주 어린 유학 윤치호(금년 16세)와 많은 이야기를 한다. 어윤중과도, 교리 홍영식 나리님과도 많은 이야기를 나눈다.

망망한 바다를 오랜 시간 혼자서 바라다보기도 한다.

'바다는 어디에서 얼마나 큰 물 샘이 있어 마르지 않는 것일까?'

이 생각 저 생각에 잠기는 사이 어린 상재가 튀어나와 곁에 앉는다.

"월남 형님! 엉뚱한 생각은 그만두시고 저하고 얘기 좀 해요."

"그래 좋다. 무슨 얘기가 하고 싶으냐?"

"돌아가 임금님께 무엇을 어쩌면 좋겠다고 하시렵니까?"

"그건 내 몫이 아니다."

"누구 몫입니까, 그게?"

"그게 내 몫이라면 내가 왜 무슨 걱정을 하겠느냐."

"만약 내 몫이라면 말입니다. 무엇을 말씀드리겠습니까?"

"원 참, 쓰잘 데 없다. 되지도 않을 생각을 해서 무엇 하겠느냐."

"그럼 죽천 참판대감님께서 물어 보시면 무슨 말씀을 해 드릴 것이며 일본에서 본 것 중에 가장 인상에 남는 것은 무엇입니까?"

"나한테 물어 보실 일이 따로 있지 이번에는 물으실 게 아니다."

"아 참내, 그럼 하고 버릴 말이라 해도 저한테라도 말해봐 주세요."

"하고 버릴 생각을 왜 하라고 성화냐."

"그래도… 그래도…"

"쓸데없는 소리니 그만두자."

어린 상재가 떼를 쓰는데 월남은 생각이 없다.

그러다가 문득 혼자서 그게 무엇인가 하는 생각에 접어들었다.

첫째는 정부조직을 일본처럼 해야 되겠다는 것이다.

우리 조선의 정부 조직에는 외무성이라는 전부 개혁외교 개화분야가 없어 여기서부터 잘못되었고, 농상무성이나 공무성이 있어야 하고, 모든 부서를 성(省)이라고 하거나 부(部)라고 바꿔 아예 편제를 다시 짜야 한다는 생각이다.

둘째는 외무성이 있으면서 교육성이 있어야 하고, 문호를 열어 외국에서 빠르게 앞서가는 신문화와 교육을 배우게 해야 한다는 것이다.

일본에서 본 것에서 기억에 남는 것은 이번 도쿄 체재 기간 내내 거의 동행하다시피 한 미야모토(宮本)다.

'미야모토는 왜 우리 뒤를 놓치지 않고 열과 성을 다하였는가?'

그것은 오라는(배우러) 뜻이다. 오면 가르쳐줄 테니 돈을 내라는 것이다. 가르쳐주는 것도 백성에게 받는 세금과 같은데 외국인이 와서 배운다면 수입금의 가치가 달라 그대로 부수입이 된다. 그뿐인가? 배우는 사람은 가르치는 사람의 수하가 된다. 제자는 스승을 닮기에 제자가 많으면 스승은 강해진다. 구태여 이래라 저래라 하지 않아도 제자는 스승을 받들게 마련이다.

가르치고 배우는 사이가 되면 마음이 일치해져 말이 통하고 마음이 통하고 결국 친하게 된다.

이때 젊은 윤치호는 일본에 다시 가서 공부를 해야 되겠는데 방법이 없는지 고민이라는 말도 했다.

귀환선

나라가 힘이 있어야 한다면 이번 일본에서 본 것은 나라의 힘이다. 우리 조선은 오지도 못하게 하고 내보내지도 않는다.

배우는 것이란 글방과 향교가 아니면 개인 스승을 만나야 하는데 소년 100명이라면 배우는 소년이 10명도 안 되는데 배우는 것이 전부 글공부뿐이라 농, 상, 공에 대해 가르쳐주지도 배우지도 않고 있다. 이럴 게 아니라 소년이 100명이면 100명 모두가 다, 한 사람도 빠짐 없이 전부 배울 수 있도록 나라가 돈을 주어 선생을 세우고 학교를 세워 돈 없는 백성도 공짜로 공부를 할 틀을 짜야 하겠다는 생각이 간절하다.

이런 생각에 잠기는 사이 죽천 대감께서 다가오셨다.

"이보시게 월남! 무슨 생각을 그렇게 깊이 하시나? 아까부터 하도 넋이 나가 있어 내가 보고만 있었네."

"아, 아닙니다, 대감마님!"

"왜 무슨 고민이 많은가? 또 고향에 부모와 처자 걱정 하는가?"

"아닌데요."

"그래? 아니면 됐고, 해봐야 별수가 없으나 이제야 돌아가면 무슨 수가 생기지 전같이 답답하기야 하겠는가?"

"저도 이번 일본 유람에서 견문도 넓혔지만 제 앞길도 넓어질 것 같은 느낌이 참 좋습니다."

"그렇지, 이제 계속 녹을 받을 길을 찾아보겠으니 너무 걱정 말게."

"예, 대감마님. 그런데 그게 걱정이 아니라 이게 걱정입니다."

"말해 보게."

"나라가 튼튼해서 외침에 넘어지지 말아야 한다는 것이 걱정입니다. 나라만 튼튼하고 강력해진다면 설마하니 이제 대감마님도 계시고, 특히 이번에 나라를 대표해서 일본까지 갔다 왔는데 일자리가 없겠습니까?"

"거참, 엉뚱한 걱정을 하고 있었구먼."

"예, 엉뚱하지요? 저야 원래 좀 엉뚱하지 않습니까?"

"맞아, 엉뚱하고말고. 그러니까 공부를 그렇게 해댄 것이고. 그런데 나라가 영 불안하고 걱정되는가?"

"대감마님은 불안하고 걱정되지 않으십니까? 그럼 저도 걱정하지 않을게요."

"허허, 내가 하지 말라면 안 해."

"예, 하지 말라면 않고 딴생각이나 하겠습니다."

"그래 왜 걱정을 하는데, 이유가 뭔가? 갑자기."

"일본에 와보니까 충격이 너무 큽니다. 우리는 힘이 약하고 일본은 너무 강하다는 것을 느꼈습니다."

"그래? 그래서 어쩌면 좋다는 결론이라도 나는가?"

"백성들의 어린 자식들 전부를 가르칠 방법을 찾아야 한다는 생각을 하던 중이었습니다. 주먹이 강하지 못하면 무기가 강하던지, 무기가 강하지 못하면 머리에 든 지식이라도 강해야 하지 않겠습니까? 우리는 모두 약골입니다. 일본은 강골이라는 생각이 많이 들었습니다. 일본이 저 힘과 조직으로 우리 조선을 삼키려고 든다면 우리는 그냥 무너지지 않을까…. 저는 그 걱정을 하던 중이었습니다."

"허허, 자네 또 시작이로구먼. 그런 얘기는 다음에 하세."

"예, 송구합니다, 대감마님."

"송구할 건 없어. 문제는 그게 우리 둘이나, 여기 온 62명의 힘으로도 어렵다는 것이 문제지. 우선은 재원일세. 돈이 있어야 우리의 의식도 달라지게 할 수 있지. 내리면 다 흩어져야 하고, 흩어지면 만나기 어렵고, 만나면 피차 살길이 다르니 넉넉해야 모여 토론도 하고 서로가 가르치고 배우는 것인데 수백만 백성을 가르치는 일이라면 다른 문제라서 나도 머리가 안 풀려 그러네. 나까지 머리 아프기를 바라는가? 그러면 돌아가 집에서 아파야지 지금은 아니야."

"예, 지당하신 말씀입니다."

"바다 구경이나 하세. 서해바다하고는 빛깔부터가 다르고 너르기도 다르고 웅장하기도 다르지 않은가?"

"그러니 이 바다의 백배도 넘는 태평양 넘어 미국이라는 나라는 어떻겠습니까? 미국에 가면 이번에 본 것에 아마 백배는 더 충격이 클 것입니다."

"자네는 과연 나하고 똑같은 생각을 하는구먼. 내가 속으로 이미 했던 생각이 그것이었네."

"그러세요? 그럼 미국을 가봐야 한다는 생각도 하셨습니까?"

"옳거니. 내가 일일이 자네한테 속내를 말하지 않아도 다 아는가?"

"예, 미국입니다. 제가 볼 땐 미국이에요."

"맞아, 미국을 가자고. 난 이미 미국에 갈 결심을 하고 있네. 허나 주상전하께 섣뻑 미국이라고 말씀을 올릴 계제는 아닌 것이 우려일세."

"대감마님. 미국에 가시자고요. 조건은 저도 데리고 가주시는 거죠?"

"이 바다 이 파도 이 배… 아시겠지? 그리고 일본의 문화적 발전…. 우리가 건넜고 건너가는 이 바다는 손바닥이야. 그런데 이런 것에도 우리는 기가 넘어가 버렸네. 그러나 미국에 갈 배도 없고 돈도 없고, 첫째는 갈 머리가 없네. 미국 가자 하면 당장에 역적으로 몰리지 않겠는가?"

"나라만 탄탄해진다면 저는 이제 공부하고 녹봉 받고 처자식 걱정 안 해도 될 자신이 있습니다. 그런데 왕실에 대감마님 같은 머리가 없으니 사실은 그게 걱정입니다."

"자네가 걱정을 한다면 방법은 나올 걸세. 예로부터 조선은 청국에 의지하고 존재했는데 지금 청국도 미국의 문물을 받아들이지 않는가? 미국이야 미국."

"어찌 미국뿐이겠습니까? 힘은 없으나 땅은 큰 나라들도 다 오고 가야 나라가 커질 것입니다."

"그것도 나하고 생각이 같네."

이러는 사이에 부산 초량항에 도착한 것이다.

음력 윤7월 2일 초량항에 도착한 일행은 가기 전에 만났던 정부 각 관리들과 만나며 이제는 경상좌도를 거쳐 한양으로 간다.

절영도(영도), 금정, 양산을 거쳐 김해, 밀양, 경산, 대구읍에 오니 초열흘(10일)이다.

11일부터 대구읍 파계사에 머물며 수정문부(修正文簿, 일본에서 기록해 온 문서정리)에 들어가 28일이 되어 인동 장천에 도착하였다.

상주 낙동과 문경, 죽산 죽해대에서 또 하루를 묵고, 용인 봉동에 도착하여 선영에 절하고 경성(한양) 남문(남대문)에 가까웠으나 성안으로 들어가지 않고 홍제원 이춘식 사가에서 이틀을 보내고 로호(露湖) 화장사(절, 구지명)에 머물며 다시 문서정리로 머물다 보니 윤7월도 지나 8월(음력) 12일이다.

8월 13일 홍인지문(동대문) 밖 안정사 부근에 머물며 11일간 문서 정리하는 일을 하여 여러 권의 문서책을 만들었다.

음력 9월 1일이 되자 홍영식 승지와 민종묵 승지가 돌아와 합류하고 9월 10일에는 건원릉, 숭릉, 원릉, 경릉을 순배한 후 창덕궁 고종 임금 앞에 진전한 날이 9월 12일(양력 11월 3일)이었다.[13]

죽천은 여행기인 문견기록과 함께 시찰보고서를 작성하여 고종에게 제출했다. 이들 기록은 100여 책에 달하는데, 시찰기류(視察記類)와 견문사건류(見聞事件類)로 크게 구별된다. 중앙정부의 각 관서를 비롯하여 포병공창, 도서관·박물관 등 문화시설도 골고루 조사한 방대한 문건이 책으로 묶여진 것이다.

"이 많은 자료를 가져오시다니 내 아무리 바빠도 하나도 빼지 않고 잘 보리다. 죽천이 고생이 참 많았소이다. 그리고 승지와 교리 수사 모두 한번 같이 들어오세요."

고종은 만족한 눈으로 만면에 웃음을 띠우고 죽천을 맞으니 죽천의 어깨가 이제야 스르르 내려온다. 장장 아홉 달(9개월) 가까운 날들… 그간의 긴장이 풀려 내리는 것이다.[14]

사흘 후 9월 15일은 중전마마의 탄신일이 지나고 열흘이 못 지나 죽천은 그만 자리에 눕고 말았다.[15]

---

13) 출발 양력 2월 22일
14) 1882년 1월에 통리기무아문 각 사(司)의 개편에 따라 조사 12명은 각기 그 해당 부서의 요직에 배치된 뒤 개화정책을 주도하게 되었다.
15) 기록에는 병상(病狀). 이렇게 자리에 누운 죽천은 한 달이나 고생을 한다. 월남이 애가 타는데, 문제는 월남도 몸이 아파 누웠다. 두 사람이 다 편치 않으니 집안이 어수선하다. 요는 월남보다 죽천이 더 심히 앓는다. 그러나 죽천은 아픈 몸을 이끌고 자주 대궐에 나가야 한다. 그렇다고 임금 앞에 아프다고 제대로 말을 할 수도 없다. 고종은 이 사실을 알고 약재를 보내고 중전도 약재를 보내 월남도 달여 먹이지만 둘의 몸은 그 후 몇 달이나 편치 않았다.

명성황후 피난처 국망산(충주시 노은면 가신동 피난관련 유적지가 있음)[16]

군사들 월급 13달이 밀려 임오군란으로 비화되다

임금이 궁을 떠나 몽진(蒙塵, 피난)을 간 일은 있었던 일이다. 그러나 어엿한 중전이 있고 임금과 궁에 있는데 혼자 궁을 떠나는 유례가 없는 일이 발생했다. 명성왕후 민씨(민자영)가 궁녀의 옷으로 갈아입고 군사들 틈을 빠져나와 충주로 피란을 떠나는 일이 발생한 것이다.

친척 충주목사 민응식은 민자영을 노은면 금병산(770m, 현재의 국망산) 아랫마을에 숨겼다. 금병산은 누구도 찾기 어려워 충주에서도 외진 산골마을 노은면 기슭, 민씨는 여기 민가에 숨어 매일 험한 금병산에 올라 앙성 뜰 멀리 여주벌판을 바라다본다. 금병산에 오르면

---

16) 저자는 국망산 우측 하단 연하리 가마골에서 출생하여 유년기부터 명성황후 관련 이야기를 듣고 자라 근대사에 각별한 관심을 갖게 되었음.

한양까지 까마득하지만 막힌 산이 없어 대궐에서 혹 연기라도 나지 않나 한양이 궁금하여 올라가는 것이다.[17]

민자영의 피란은 군란이 일어난 까닭에서다. 민씨 외척들이 정권을 잡자 최측근 병조판서 민겸호가 군사들에 의해 사살되고 무기고가 탈취당하는 사건의 모든 원인이 민자영의 개화정책 때문이라고 크게 분노한 군사들이 폭동을 일으킨 사건이 터졌다. 이것이 임오군란이다.

임오군란은 살아 있는 명성왕후를 죽은 사람으로 만들어 장사까지 지내는 어이없는 일로 비화되었다. 1873년 고종의 친정선포로 10년을 은거하던 대원군이 군란을 진화하여 가라앉기는 했으나 수구파 진화차 참여한 청국군대는 대원군마저 청국으로 납치해간다. 3년 만에 돌아오기까지, 불과 한 달 사이에 민자영의 장례까지 치른 것. 당대 권력의 양축이 둘 다 무너진 역사에 없는 큰 사건이 터진 것이다.

민자영은 민란이 가라앉은 줄 모르고 금병산 아래 노은면 거주가 오래 갈 것으로 여겨 민응식의 비밀지원으로 새집을 짓는다. 커다란 주춧돌을 깎아 기초를 놓고 은거할 작은 오두막이나 좋은 집을 지어 상량식을 하고 곧 새집으로 이사하려 할 때 대원군이 납치되고 군란이 잦아들어 50일 만에 환궁하였다.

나라가 부서질 대로 부서진 것이다. 임금이 심히 나약해진 것이다. 민씨 외척의 정치 참여로 민심과 군심까지 등을 돌린 결과다. 개화파와 수구파의 대립의 결과이며, 급진개혁을 추진하는 과정에서 신구파의 충돌이 발생한 것이다. 나라가 혼미상태에 빠진 것이다. 월남의 나이 33세가 되는 해 6월의 일이다.

나라가 무엇이냐. 국토와 백성이라면 백성이 먼저라 할 때 백성의

---

17) 그 후 금병산은 '나라를 바라본다.' 하여 나라 국(國), 바랄 망(望), 국망산(國望山)이라 부름, 770m.

생명과 재산을 지키는 사람은 군사들이다.

그러나 만약에 군사들 월급(당시 '軍料'라 함)을 못 준다고 하면 나라가 온전할까. 1882년 고종 20년 나라에서 군사들에게 월급을 못 주는 국가재정 부족현상이 발생했다.

왜 월급을 못 주느냐. 이 문제는 간단치 않지만 첫째는 줄 돈이 없고 둘째는 없다는 것이 말이 되나? 이것은 명성왕후 민씨 일가(척족)들이 나라 곳간을 거머쥐고 사복을 채우는 탓이라고 보는 것이 군사들의 눈이다.

하여 월남이 일본 유람단으로 가서 돌아오기도 전 1882년 6월 9일. 무위영 군병들이 폭동을 일으킨 것이다. 군(軍)과 함께 민(民, 백성)들까지 합세하여 경기감영, 포도청, 의정부는 물론 개화파(민씨 세력) 관리의 집, 일본 공사관, 새로 창설된 별기군(別技軍, 신식무기로 무장한 일본식 군대 80명, 일본인 호리모토가 통솔함)까지 습격하고 민씨 일파에 협력한다는 이유로 일본 공사를 죽이기까지 했다.

벌써 언제부터였지? 민란에 민란이 꼬리를 물었으나 이번처럼 군란이 발생하여 이렇게 큰 폭동이 터진 일은 거의 없었는데 군대가 들고 일어난 것이다.

나라를 지켜야 할 군인들이 나라를 허무는 일에 총동원된 이 사건은 당시 조정이 얼마나 허약한가를 보여 주는 단적인 예라 할 것이다.

강화도 조약 체결로 대원군의 통상수교거부정책은 점차 붕괴되고 대신 국내 정세는 문호 개방을 지향하여 개국과 개화 쪽 방향으로 가고 있었다. 정권은 대원군을 중심으로 하는 수구파(守舊派)와 고종 임금과 명성황후 측의 척족(戚族)을 중심으로 하는 개화파(開化派)로 양분 대립하고 있으며, 통상 외교노선은 민씨 측 정권이 추진한 문호개방정책에 따라 일본을 비롯한 구미제국(歐美諸國)과의 통상관계가 이루어지게 되었다.

때마침 5군영제를 2군영제로 바꾸게 된다.

5군영이란, 훈련도감·용호영(龍虎營)·금위영(禁衛營)·어영(御營)·총융영(摠戎營)의 5영(營)으로 된 군사 편제를 말하고, 이를 무위영(武衛營)·장어영(壯禦營) 이렇게 2개의 편제로 바꾸는 것이 2영이다.

2영이 반포되자 1881년 일본의 후원으로 신식군대 별기군을 창설하고 이렇게 바꾸면서 구 5영문의 군병들은 자기들보다 월등히 좋은 대우를 받는 신설 별기군을 왜별기(倭別技)라 하여 증오하게 되었다.

구 5군영 소속 군인들에게는 군량이 풍부하였던 대원군 집정 시대와는 달리 13개월 동안 군료가 밀려 불만은 고조되었고 불온한 기운이 감돌아, 군사들은 민씨 정권 이후 빈번하게 일어나는 군료 미불 사태의 원인이 궁중비용의 남용과 척신들의 탐오(貪汚)에 있다고 생각하였으며, 특히, 군료관리의 책임자인 선혜청당상(宣惠廳堂上)이며 중전의 측근인 병조판서 민겸호(閔謙鎬)와 경기도관찰사 김보현(金輔鉉)에 대해 원한을 가지고 있어 왔던 터에 분노가 터지게 된다.

1882년 6월 초 전라도조미(全羅道漕米)가 도착되자 6월 5일 선혜청 도봉소(都捧所, 군료를 지불하는 장소)에서는 우선 무위영 소속의 구(舊)훈련도감 군병들에게 1개월분의 급료를 지불하게 되었다. 그러나 선혜청 고직이(창고담당자)의 농간으로 겨와 모래가 섞였을 뿐 아니라 두량(斗量)도 절반 정도밖에 되지 않아 군료의 수령을 거부하고 시비를 따지게 되었다.

게다가 군료의 지급 담당자가 민겸호의 하인이며 그의 언동이 불손하여 군병들의 격노를 유발시킴으로써 군료의 수령을 거부한 구

훈련도감 포수(砲手) 김춘영(金春永) 등을 선두로 하여 선혜청 고직과 무위영 영관(營官)을 구타하고 투석하여 도봉소(都捧所, 군료를 지불하는 장소)는 순식간에 수라장이 되었다.

유복만·김춘영 등이 억울하게 죽자, 결국 김영춘의 아비 김장손을 비롯한 군민들에 의해 민겸호가 타살되고 6월 10일 어명으로 대원군이 재집권한다. 그러나 7월 13일, 대원군은 군란 진압 차 어윤중 등이 요청하여 진압군으로 온 4,500명의 청국군대(오장섭 제독)에 의해 권력 한 달 만에 청나라 톈진(天津)으로 납치되는 신세로, 겨우 한 달 권력으로 막이 내린다.

7월은 성난 민중이 친일세력은 닥치는 대로 죽이고 불을 질러 도성 안은 피가 튀고 불길이 치솟기를 계속하였다, 이때 날벼락을 맞은 사람 중에는 송병준이 들어 있다.

송병준은 6년 전(1876년) 조일수호(강화도)조약이 체결되자 재빠르게 일본과 손을 잡았다. 당시 부산에 당도한 일본군 접견사의 수행원이었던 송병준은 이제 곧 일본 세상이 온다는 것을 감지하고 일본과 손잡고 오쿠라의 도움을 받아 부산의 상관(商館)을 차린다.

이에 민중들은 송병준에게 분노하였다. 더욱이 침략자본의 도움을 받았으므로 침략자본 침투의 앞잡이로서 돈을 긁어모으기 시작한 것이다.

이것이 임오군란에 참여한 민중들의 분노가 되어 상관을 불 지르고 성난 민중은 "송병준을 죽이라." 외치며 무려 10차례나 피습을 당하기도 하였으나 용케도 목숨만은 잃지 않고 살아남는다. 송병준의 집은 불타고 군중이 쫓아다니자 남대문 밖 한 농가 뒤주(쌀독) 안에 숨어 살아나기도 하였다. 송병준은 친일거세 봉기가 일어날 때마다 수없이 공격·피습의 대상이 되기도 하나 번번이 살아남아 이후 조선이 일본에 강제 합병되는 데 있어 돈으로 사람을 매수하여 일본에 크게 기여하게 되는 사람이다.

대원군이 납치되고 송병준이 수모를 당하는 가운데 중전 명성왕후는 8월에 환궁하였다. 이 결과 제물포 조약이라 불리는 조일수호조약이 체결된다.

삼일천하로 끝난 갑신정변

1884년. 월남은 경복궁 동쪽 건춘문 바로 앞, 멀지 않은 사가에서 신설된 우정총국 협판(協辦, 장관급) 홍영식이 만나자 하여 홍영식의 추천으로 한국 최초의 우체국인 우정총국 인천분국 주사(主事, 분국장, 인천우체국장)가 되어 작년(1883년)부터 인천에서 우체국 설립을 위한 초창기 건축부터 참여하게 되어 우정국에서 근무하고 있었다.

일본에서 보았던 우정업무는 모든 백성들이 서찰(편지)을 써 자기 거주지 우정국에 갖다 주면 일일이 도착시킬(수신자) 지방별로 가려 분리한 후 큰 행랑가방에 담아 일시에 가져가서 이를 도착지 우정국에서 배달부를 통해 각 수신자에게 전달해 주는 일을 나라가 대신하는 정부의 새 편제다.18)

한국 최초의 우정총국이 개국되자 인천과 한양 간의 우정사무가 가장 많은 곳으로 선정된 것이다. 지금까지 부자는 자기 하인을 시켜 먼 데까지 서찰을 가져가 전달해주었고, 조정은 관리들이 서찰을 가지고 말을 타고(파발을 띄워) 각 지방 관아에 전달해주던 중이었으므

---

18) 조계사 옆 우정총국(당시건물) 열람실 탐방요망.

로 부자가 아니면 서찰을 전달하는 일은 상상도 못할 일이라 월남의 경우만 해도 고향 한산의 월예에게 편지 한번 보내려 해도 방법이 없어 답답하던 세월이었다.

일본에 가보니 이 일을 정부가 대신하고 있다. 한 번에 많은 사람들의 편지를 모아가지고 가니 값이 싸다. 우표라고 하는 것을 붙이면 먼 데까지 갖다 주고 관리의 녹봉도 거기서 염출되니 참 별반 어려운 것도 아닌데 조선은 상상도 못하고 있었으나 이제 경복궁 남쪽 도화서 인근에 있는 조계사(당시에는 覺皇寺) 옆에 우정총국이 설치된 것이다.

인천은 자주 와본 곳이다. 강화판관으로 계셨던 경암 대감을 뵈오러, 심부름 차 자주 지나간 곳이다. 인천은 세계 문물이 가장 빈번하게 고개를 내미는 곳이다. 인천은 한양의 관문이며 한양 어느 성, 4대문보다 나라의 중요 요충지이다. 인구는 3만이 안 돼 한양에 대면 7분의 1 이하지만 교류의 필요성은 부산보다 높고 무엇보다 우정사무가 가장 절실한 곳이다. 월남은 인천에 마련된 숙소로 온 지 1년여 만에 서구식 우정분국 청사를 짓고 우정사무에 참여한 배달부를 거느리고 분국장이 되었다. 이것이 바로 죽천 대감의 배려이며 승지로 일본에 같이 갔던 당시의 교리 홍영식 대감의 추천 덕이다.

우정국은 한양에서 보내주는 집배원 복장을 하고 우표로 값을 받으며 활발하게 돌아가고 있다. 그런데 갑신정변이 터지고 만다. 개국(3월 27일)하던 그해 1884년 10월 17일에 터진 갑신정변은 우정국 총판 홍영식이 깊이 간여한 역모사건이다.

주모자는 공주 출신 김해 김씨 김옥균(金玉均, 1851~1894)이다. 그의 개화사상은 그가 6세 때 당대의 세도가 김병기(金炳基) 대감의 양아들이 되어 날개를 달았다.

김옥균은 1872년(고종 9년) 알성문과에 장원으로 급제하여, 교리
(校理)·정언(正言) 등을 역임하면서 관료로서 출세의 길이 열렸다.
환재 박규수(朴珪壽)·유대치(劉大致)·오경석(吳慶錫) 등의 영향으로
개화사상을 가지게 되었으며, 특히 1881년(고종 18년)에 일본을 시찰
하고(신사유람단과는 별도로), 다음 해 다시 수신사(修信使) 박영효
(朴泳孝) 일행의 고문으로 일본을 다녀온 후에는 일본의 힘을 빌려 국
가제도의 개혁을 꾀할 결심을 굳혔다. 서재필(徐載弼) 등 청년들을 일
본에 유학시키기도 하였다. 또 박영효·서광범(徐光範)·홍영식(洪英
植)과 함께 국가의 개혁방안을 토론하다가, 1884년(고종 21년) 다시
일본으로 건너가 일본 정부 측에 군인양성을 위한 300만 원의 차관을
교섭하였으나 실패하였다.

서광범과 홍영식 3인이 주동이 된 갑신정변은 박영효의 집에서 김
옥균 주도로 정변을 일으켜 권력을 잡자고 주장하였다. 여기서 권력
이라 함은 의정부나 통리기무아문이라 부르는 정부실권이다.

때에 김옥균 등은 홍영식이 총판(總辦)으로 있는 우정국 개설 피로
연을 이용하여 거사하기로 결정하고, 일본사관학교의 유학생, 종래의
신식군대 가운데 자신들의 영향 아래 있는 조선 군인을 동원하기로
하는 등 정변을 위한 준비를 서둘렀다.

이날(1884년 음력 10월 17일/양력 12월 4일) 오후 6시경, 급진개화
파들은 우정국 축하연을 이용하여 민씨 척족 세력을 제거하는 정변
을 일으켜 왕과 왕비를 창덕궁에서 경우궁(景祐宮)으로 옮겨 일본군
200명과 50여 명의 조선 군인으로 호위케 하여 마침내 정권을 장악하
였다. 혁명이다.

이튿날(10월 18일) 새 정부 조직과 구성원을 발표하였다. 새 정부
는 형식적으로는 왕실과 연합한 형태를 취했지만 실제로는 개화파가
개혁추진을 위한 중요한 자리를 장악한 급진개화파의 권력이었다. 최
고 권력기관인 의정부의 좌의정에는 홍영식이, 군사·사법·경찰·
외교·통상·인사·재정 등 정부 중추기관의 자리에는 김옥균(호조
참판)을 비롯하여 박영효(전후영사 겸 좌포장), 서광범(좌우영사·우
포장 겸 외무독판 대리), 서재필(병조참판 겸 정령관), 박영교(朴泳敎:
도승지) 등이 배치되었다. 문제는 모두가 월남과 가까운 사람들이다.

이어 10월 19일에는 새 정부가 앞으로 단행할 개혁정치의 내용을
담은 14개조로 된 '신정강'을 발표하였다. 그 내용은,

① 대원군을 조속히 귀국시키고 청에 대한 조공 허례를 폐지할 것
② 문벌을 폐지하고 백성의 평등권을 제정하여 재능에 따라 인재
　를 등용할 것
③ 전국의 지조법(地租法)을 개혁하고 간리(奸吏)를 근절하며 빈민
　을 구제하고 국가재정을 충실히 할 것
④ 내시부를 폐지하고 재능 있는 자만을 등용할 것
⑤ 전후 간리와 탐관오리 가운데 현저한 자를 처벌할 것
⑥ 각 도의 환상미(還上米)는 영구히 면제할 것
⑦ 규장각을 폐지할 것
⑧ 시급히 순사를 설치하여 도적을 방지할 것
⑨ 혜상공국(惠商公局)을 폐지할 것
⑩ 전후의 시기에 유배 또는 금고된 죄인을 다시 조사하여 석방시
　킬 것
⑪ 4영을 합하여 1영으로 하고, 그 영 가운데서 장정을 뽑아 근위

대를 급히 설치할 것, 육군 대장은 왕세자로 할 것

⑫ 일체의 국가재정은 호조에서 관할하고 그 밖의 재정 관청은 금지할 것

⑬ 대신과 참찬은 날을 정하여 의정부에서 회의하고 정령을 의정·집행할 것

⑭ 정부 6조 외에 불필요한 관청을 폐지하고 대신과 참찬으로 하여금 이것을 심의 처리하도록 할 것

등이었다. 이러한 내용을 갖는 정강은 김옥균을 비롯한 급진개화파가 그동안 조선의 개혁을 위해서 발전시켜온 개화사상과 그에 따른 정치적 개혁활동의 총체적 표현이었다. 그러나 딱 '삼일천하'로 끝나고 말았다.

경우궁(경운궁이 아님)에서 창덕궁으로 거처를 옮긴 명성왕후가 청(淸)의 위안스카이[袁世凱]에게 원병을 요청하였던 것이다. 위안스카이는 서울에 남아 있던 1,500여 명의 군사를 이끌고 10월 19일 오후 3시경 정변을 일으킨 개화파를 공격하였다. 이때 전세가 불리하다고 판단한 일본은 개화파와의 약속을 저버리고 일본 군인을 철수시켰다. 결국 홍영식·박영교 등은 청군에게 사살되고 김옥균·박영효·서광범·서재필 등 9명은 일본으로 망명함으로써 갑신정변은 이른바 삼일천하로 막을 내렸다.

정변이 실패한 뒤 일본 측은 공사관이 불타고 공사관 직원과 거류민이 희생된 데 대한 책임을 조선정부에 물었고, 1885년 1월 9일 두 나라는 조선의 일본에 대한 사과표명, 배상금 10만 원 지불, 일본 공사관 수축비 부담 등을 내용으로 하는 한성조약(漢城條約)을 체결하였다.

갑신정변에 투영된 김옥균의 사상 속에는 문벌의 폐지, 인민평등 등 근대사상을 기초로 하여 낡은 왕정사(王政史) 그 자체에 어떤 궁극적 해답을 주려는 혁명적 의도가 들어 있었다.[19]

그 후 김옥균은 갑신정변이 삼일천하로 끝나자 일본으로 망명, 10년간 일본 각지를 방랑한 후 1894년(고종 31년) 상하이(上海)로 건너갔다가 자객 홍종우(洪鍾宇)에게 살해되었다.

죽천 박정양 친필 신사유람단과 초대주미공사 일기

---

19) 먼 훗날 1895년(고종 32년)에 법부대신 서광범(徐光範)과 총리대신 김홍집(金弘集)의 상소로 반역죄가 용서되고, 1910년(융희 4)에 규장각 대제학에 추증되었다.

격랑을 뚫고 미국을 향해

홍영식 사망과 월남

금석 홍영식이 죽었다. 갑신정변 진압 차 들어온 청국군 무리들에게 잡혀 처형되고 말았다.

암행어사 박정양의 수하로 녹을 받은 월남은, 신사유람단으로 등재된 국록을 받았으나 이도 오래지 못하다가, 우정국 인천분국장이 되었다. 이제는 수도 한양의 관문이며 조선의 주요 도시 우체국장으로서 임시직도 아니고 시한부도 아니어서 녹봉은 많지 않지만 안정된 정부의 관리로 정착되는 듯하다. 5년 연하이나 정치적, 인간적으로 친밀한 관계의 개화동지 홍영식이 추천하였는데 그 홍영식이 죽은 것이다.

월남은 큰 충격을 받았다. 홍영식이 누구인가? 홍영식은 분계 홍순목(洪淳穆, 1816~1884)의 아들이다. 홍순목은 누구인가? 얼마 전까지, 그러니까 고종 등극 후 대원군이 섭정하던 당시 이유원의 전임 영의정이었던 사람이다.

지금은 영돈영부사로 있으면서 고종 임금을 모시나 대원군의 사람이라고 보아야 한다. 1844년(헌종 10년) 문과에 급제, 지평·수찬을 거쳐, 1846년 초계문신(抄啓文臣)에 뽑혔다. 1849년 헌종이 죽자 빈전도감(殯殿都監) 도청(都廳)이 되었고 부사과(副司果)를 거쳐, 1858년 이조참의, 1863년 대사헌이 되고, 이 해 고종이 즉위하자 흥선대원군(興宣大院君)의 심복이 되었다.

이듬해 황해도관찰사로 나갔다가 이어서 이조판서·한성부판윤·예조판서 등을 역임, 1869년 우의정에 올랐다. 수구당(守舊黨) 강경파의 거두로 대원군의 통상수교거부정책을 지지하여 1871년 중국 주재 미국공사 로우와 로저스 제독이 군함 콜로라도호를 이끌고 광성진(廣城津)에 들어와 통상교섭을 요구하자 강경히 척화를 주장, 포문을 열어 대항케 하였다.

이듬해(1872년) 영의정에 올랐다가 대원군의 실각으로 사임, 돈령부영사·중추부판사 등 한직을 지내다가 1882년 임오군란으로 대원군이 다시 집권하자 영의정에 복귀하여 관제를 개혁, 김병국(金炳國)과 함께 총리군국사무가 되어 당오전(當五錢)을 주조케 하였다. 1884년 대원군이 실각하자 다시 사임, 중추부사로 있던 중 아들 영식(英植) 등 개화당이 일으킨 갑신정변이 실패하자 관작이 삭탈된 끝에 자살하였고, 갑오개혁으로 복관되었다.

여기서 보았듯이 홍영식은 영의정 홍순목의 아들이며, 홍순목은 수구파의 거두 대원군의 측근으로서 아들 홍영식의 개화사상에 반대적 입장에 선 사람이다. 대원군의 사람이 홍순목이라면 중전의 개화사상에 선 사람이 홍영식이다. 이런 홍순목의 아들 홍영식이 월남과 밀접한 정치적 동지이며 인간적인 우정의 관계이며 상하관계이기도 하다.

이렇게 가까운 사이가 홍영식이고 같이 일본 신사유람단으로 갔던 그 홍영식이 죽은 것이다. 그러자 아버지 홍순목은 아들의 죽음에 충격을 못 이기고 자살한 것이다. 받은 충격과 상처를 가누지 못해 월남은 인천을 떠나 낙향하고 만다.

'누구의 죄라고 하지 말아야 한다.'

'잘잘못도 따지지 말아야 한다.'

'시대의 불행이며 나라의 병환이다.'

'아들이 아비를 따르면 나라가 어렵겠고, 아비가 아들을 따르면 정치적 주군 대원군과 멀어지는 것은, 바로 현실 왕실과 너무 닮았구나.'

'대원군과 고종이 반목하니 죽기는 홍순목과 홍영식이 죽는구나.'

'정권이 분열하면 죽는 사람은 신하가 아니면 백성이로구나.'

월남은 장탄식을 끊지 못하여 낙향하고 만 것이다.

죽천의 편지 "이 사람아 빨리 올라오시게"

죽천이 장문의 편지를 써 내려 보냈다.

"이 사람아 빨리 올라오시게나."

이렇게 시작한 죽천의 편지에는 월남에 대한 애절한 우정이 담겨 있다.

하인이나 다름없는 월남인데 어디를 가나 벗이라고 소개하는 죽천은 하늘같은 월남의 스승이건만 죽천은 늘 친구처럼 대해주며 자기가 할 일을 대신 배워두라고 하면서 했던 말이 있었다.

"자네가 내 지식창고 노릇하면 안 되겠나?"

"자네가 배워두나 내가 배워두나 그게 모두 우리가 배워둔 것 아니겠는가? 공동소유 지식이지 안 그래?"

"저 책은 변해도 자네라고 하는 내 지식 창고에 쌓인 책은 변치 않을 것으로 나는 믿네만, 맞지?"

죽천은 늘 공부에 허기진 사람이었다.

죽천은 또 하는 일이 너무 많은 날을 산다.

대궐의 일거일동을 기록하던 승지습관이 있어 어느 하루도 기록을 놓치지 않는 사람이라 항상 시간에 쫓긴다.

자기 나름대로 배워야 할 것이 많고 만나야 할 사람이 많지만 늘 부르시면 고종 임금 앞에 자주 입시하지 않으면 안 되는 사람이기도 하다. 특히 이때 죽천은 주원(廚院) 일에 집중하기도 한다. 주원이란 사옹원(司饔院)이라고도 부르는 궁중주방인데, 불안한 고종은 죽천을 믿어 주원감선(監膳, 미리검사)을 하게 하는 것이다.

그러니까 어지간한 것은 참고서처럼 월남에게 배워놓으라고 한 사람이며 누구보다 월남을 신뢰하고 아끼는 사람이다.

그가 편지를 보내와 빨리 올라오란다.

놀더라도 올라와서 놀 것이며 왜 할 일(공부)이 태산인데 일을 안 하고 내려갔느냐는 말이다.

첫째는 월남을 위해서다. 그러나 자세히 보면 '자신을 위해서' 라고도 썼다.

그러나 사실은 나라를 위한 우국충정, 나라의 내일을 위해 무너지는 제방 둑을 두드려 다지고 쌓자는 얘기다.

물론 봄가을에는 월남 사가에 녹봉이 나오고 않고를 떠나서 무조건 식량을 보내주는 것은 어느덧 17년간 한결같은 죽천이다.

이런 죽천의 편지를 받고도 월남은 마음을 가누기 힘들어 두 번이나 답신도 않고 가지도 않았다.

내려온 차에 세 아이들 적어도 사서오경은 대충 가닥이라도 잡아주어야지 자식들 전부 바보 만들까 싶기도 하여 승륜이 또래 반과 승인의 또래 반, 승간이 또래 반까지 한 번에 셋에서 네 명까지 공부를 시키고 있었다.

그러는 사이 3년이 흘러 해가 세 번이나 바뀌었다.

죽천이 말을 타고 쫓아 내려올 것만 같아 한번 올라간다 하면서도 무엇엔가 정신이 없이 해가 바뀐 것이다.

정신이 없게도 됐다.

귀향 다음 해(1885년) 승륜이 장가를 보냈고(월남 36세), 이듬해(1886년)에는 승인이도 장가를 보냈으니 승륜이는 전라도 부잣집 풍양 조씨 조경하(趙競夏)의 딸이어서 신정왕후 조 대비의 조카 조영하와 같은 항렬이며, 승륜이가 17세가 되던 해였으므로 월남보다 2년이 늦어 장가를 보낸 것이다.

승인이는 능성 구씨 구의조(具義祖)의 여식을 맞았다. 승인이 나이 14세로서 월남은 37세가 되던 해다.

"승인이는 너무 빠르지 않아요?"

월예가 한 말에

"내가 어찌 될지 어디 마음이 놓여야지요. 이러다가 어디 가서 또 수삼 년 사오 년 있다 오게라도 된다면 애들 때 놓쳐서 되겠습니까? 안 그래도 죽천 대감께서 올라오라 성화신데 가면 붙잡히고 가면 언제 올지 몰라요. 아예 지금 보내야 합니다."

"예, 서방님의 깊은 뜻은 알아듣습니다."

"예로부터 수신제가 후에 치국이라 하였습니다. 가정부터 매듭지어 놓고 나서 나랏일이라 했습니다. 그러나 부인!"

"예, 서방님."

"하지만 이것만은 알아두시오. 내가 내 자식만 가르쳐서야 어찌 목은의 후손이라 하겠습니까? 나는 600만 조선인 누구를 가리지 말고 전부를 가르칠 기초를 놓고 싶은 욕심이 있습니다. 또 그래야 하고요. 자식만 가르친다면 필부요, 백성을 다 가르쳐야만 치국이고 애국입니다. 그런데 지금 누가 당신 자식은 머리도 못 올리고 가르치지도 못하면서 어찌 백성을 가르친다 하느냐고 하면 할 말이 없습니다. 그래서 장가도 보내고 자식도 모양이라도 내야 바른 백성의 스승의 길로 가는 게 아니겠소?"

월남은 고향에 있어도 마음은 콩밭에 있는 비둘기, 하루도 나라와 백성을 어찌 깨우쳐 잘살게 할까에만 골몰한다.

편치를 못하다. 양에 차지도 않는다. 어느새 3년이라니 초조하다. 홍영식 대감의 죽음이 여전히 가슴을 가르고 그로 인해 언제 홍영식의 수하인 줄 천하가 다 알기 때문에 누가 월남도 같은 패거리(수하)였다고 한다면 언제 잡으러 올지도 모를 일이다.

'사람이 꼭 죄 때문에 죽는 것은 아니라오.'

그러나 월예에게 속내를 다 말하지 못한다.

'나는 홍 대감의 수하로 1년 반 동안 우정국 청사를 짓고 같은 일을 했어요. 그런데 홍 대감이 갑신정변으로 화를 당했으니 나라고 어디 조신하겠습니까?'

이런 말까지 해주면 월예는 잠을 못 잘 일이라 입을 다물고 있다.

여차여차하여 아이들 혼사를 서두는 월남이다.

하지만 귀향하면서 분명히 말했다.

"나는 한산으로 가는 것이오. 만일 내게도 죄가 있다 하거든 피했다 하지 말고 잡으러 오면 바로 응하겠다 하더라고나 전해주시오."

내려오면서 우정국 동지들에게 해주고 온 말이었다.

그러나 월남은 갑신정변에는 참여하지 않았다. 그 내용도 모른다. 인천에서 오로지 우정업무에만 전념했을 뿐이다. 홍영식이 잠시 친러파와 가까운 정도는 알았지만 월남은 친러파도 아니고 친일파도 아니고 어느 쪽도 아닌 다만 국익파요, 고종 임금의 안위가 곧 백성의 안위라고 보았던 사람이다.

하지만 누가 꼭 죄가 있어서만 벌을 받는 것은 아닐뿐더러 홍영식의 죽음은 그렇게 타오르던 한양에서의 향학 열정마저 주춤하게 할 정도로 충격인 터라 겸사겸사 승륜이와 승인이 일로 3년을 고향에 머물며 죽천의 서찰을 받고도 올라가지 않은 것이다.

다행히 죽천이 데리러 직접 오지는 않았고, 그 후 갑신정변 문제로도 월남에게 별다른 연통이 없다.

"장가를 보내야 과거를 볼 게 아니겠소? 그러니 내가 나 자신의 올해를 모르고 내년을 모르겠으니 이참에 장가는 보내야지요. 마음 초조한 대로 말하면 승간이도 보내고 싶소이다. 올해 12세인가? 하여간 장가를 보내야 공부도 되고 그나마 아비라 하지 않겠소이까?"

월예는 월남의 말 한 마디 한 마디에 담긴 의미를 가늠한다.

'맞아 저 어른이 어째서 이렇게 올라가지 않는지 그 깊은 속내가 있구나.'

"그래야 내가 가도 당신이 애들을 가르쳐 빨리 과거를 보게 할 것이 아니겠소?"

오히려 59세가 된 월남의 모친 박씨는 물론, 어느새 64세가 된 부친 희택 공이 너털웃음이다.

"잘하는 일이다. 인생이란 자식을 키우는 것이 돈보다 중요하고 벼슬보다 그게 더 중요한 것이니까 월남이 생각을 잘하는 것이야. 제발 빨리 자식을 낳아라. 나도 증손자 좀 안아 보자. 응?"

월남은 모처럼 부모님께 어찌 보면 같잖지도 않은 것을 효도로 바치는 것만 같아 흐뭇하다.

하지만 죽천은 더 이상 견디지 못하게 재촉이다.

"어머니 한산 이씨가 세상을 떠난 지도 벌써 25년이 넘었소이다. 일편단심 내 마음은 여상하외다. 나라를 위한 큰 그림을 그리다가 말려고 하시오? 이보시게 월남! 어서 올라오시오."

미국에 갈 줄이야

이렇게 시작한 죽천의 서찰을 이번에는 행랑아범 점묵이에게 들려 빗발치듯 재촉하는 글귀로 가득 채웠다.

"이번 정부 개편에 따라 친군후영이 새로 개설되오. 별기군과는 또 다른 것이니 걱정은 하지 말고 그리로 가서 일단 나랏일에 세웠던 그림을 어서 그리잔 말입니다. 또 5년 전 일본에서 돌아올 때 했던 그대의 말을 잊었소이까? 그때 미국에 가야 한다고 했지요? 예 미국에도 가기는 가야 합니다."

그러면서

"지금은 문호가 개방되어 1876년 2월 2일 병자수호조약(조일수호조약) 이후, 그해 7월 6일 조일통상서정협약(조일수호조규부록11관과 무역장정)을 거쳐서, 1879년 원산개항 예약7개조의정조인(원산항개항)까지는 신사유람단 이전의 일이니 잘 알 것이요마는, 월남이 귀향하기 전(1882년)에 이미 조미(미국)통상수호조약과 조영(영국)수교조규조인도 마쳤고, 그해 7월 조독(독일)수호조약조인도 마친 것을 잘 알 것이오."

'왜 이렇게 아는 이야기도 자세하게 썼을까?'

월남이 죽천의 간절한 마음을 알아야만 한다고 해서 쓴 것이다.

"대원군을 천진(청국)으로 납치한 일본은 조일수호조규속약을 체결하였으며, 그해 8월 23일에는 조중(조선-중국)상민수륙무역조장도 조인하지 않았습니까? 나라가 대문을 열고 있습니다. 아무도 막지 못합니다. 막으려면 나라가 망할 지경이라 어쩔 도리가 없는 것입니다."

죽천의 절실한 마음이 배어 있다.

"월남이 귀향하던 그해(1884년 10월 17일 갑신정변 일어남) 조선과 이태리와 로서아와도 통상수호조약을 체결하였지요? 작년(1885년)에는 청국공사 위안스카이[袁世凱]가 조선주차통리통상교섭통상사(공사)로 부임한 이후 내정간섭이 얼마나 심한지는 아마도 잘 모를 겁니다. 청국은 우리의 어버이국이라도 되는 듯이 우리의 자주권을 침해하고 있어요. 이것은 통분할 일입니다. 일이 너무 많습니다. 우리는 지금 미국이나 영국을 비롯한 모든 나라에 우리나라 공사를 파견해야 할 입장입니다마는 그러지 못하고 있습니다. 특히 청국 위안스카이는 이를 막을 것이 분명합니다. 금년(1886년) 5월 조불(프랑스)통상수호조약도 맺었습니다."

죽천의 눈높이가 하늘을 찌른다.

세계를 내려다보는 큰 안목, 이를 위해 죽천이 얼마나 노심초사하였으며, 자신은 얼마나 머리를 동여매고 이를 악물었던가? 일본어와 중국어를 배우고 영어와 아라사 말까지 배웠지만 제대로 입을 열지도 못하여 아직 문턱이 너무 높기만 하기에 공부를 중단하면 안 될 일, 나라의 높은 벼슬아치들에게는 보이지도 않고 보려고도 않는 국가경영의 큰 틀이 맞다.

"어서 올라 오시게나. 나를 불안하고 초조하게 하지 말게나. 한쪽 날개가 부러진 새와 같아 누구한테 의지가 안 되네. 속히 올라올 줄 믿겠네."

"광서 14년(1887년) 丁亥 3월. 죽천."

월남은 더 이상 고향에 머물 수 없다 하고 그 길로 한양에 갈 결심을 굳혔다.

고종과 죽천의 만남 그리고 초대 주미공사 태동

죽천이 월남을 급하게 재촉한 것은 고종 임금과 나눈 독대담화 때문이었다.

"조미수호조약을 체결(1882년)하고 다음 해(1883년) 보빙사(報聘使, 수호조약체결 답례로 초청한 사신)[20]라고 보낸 적이 있으나 아직 수호조약이라고 할 성과가 없습니다."

"허나 보빙사는 보빙사일 뿐이지 갔다 왔어야 어디 미국과 통상이

---

20) '보빙사'란 조선이 서양으로 파견한 최초의 외교우호사절. 경기감사 민태호(세자의 장인)의 아들 민영익을 단장으로 하여 홍영식, 서광범, 현흥택, 유길준, 최경석, 고영철, 변수 등 조선인 8인, 미국인 1인, 일본인 1인으로 11명이었으며 대한민국 역사상 최초의 미국방문자임.

나 교류가 되지를 않는데 언제까지나 이렇게 둘 일이 아닙니다. 죽천이 미국을 가셔야 하겠습니다."

"전하! 늦었습니다. 국내와 해외의 무게를 달면 반대로 해외의 무게가 더 무겁고, 일본이나 서구와 미국을 달아도 미국이 더 무겁다고 생각합니다. 미국에 가야 합니다."

"어찌 보면 일본처럼 먼저 영국이나 프랑스로 갈까 싶기도 하지만 이미 서구 쪽은 일본이 앞섰어요. 이토 히로부미도 영국에서 배웠고 일본의 무기도 거지반 서구문물에서 비롯됐습니다. 그러니 우리는 미국으로 가야 합니다. 분명 서구로 가면 일본이 훼방을 놓기도 할 것이나 미국은 알렌(선교사, 고종의 주치의) 참판(우리가 벼슬을 주었음)이 우호적이어서 우리의 뜻을 잘 밀어줄 것이므로 미국으로 가는 것이 낫습니다."

"소신을 보내시오면 전하의 뜻을 받들어 차질 없이 조미교류 확대의 기반을 잘 닦도록 하겠습니다. 특히 미국에 유학 가서 우리 조선 교육의 새 지평을 열 돌다리를 놓고 거대한 교량을 만들어갈 터를 닦겠습니다."

"예, 고맙습니다. 내가 죽천을 보면 통이 커지고 세계가 눈 안에 들어옵니다. 그런데 영어가 어떻습니까? 죽천은 영어를 어느 정도 하십니까?"

"예, 소신 영어공부를 하고는 싶어 한다고는 했으나 소신의 영어로는 나랏일을 할 수준이 못 됩니다."

"그럼 누구를 데려가야 하겠습니까? 전에 유람단에 갈 때 칭찬하던 월남 이상재는 어때요?"

"월남은 꼭 데리고 갈 생각입니다. 그러나 일본말에 치중하라 하여 일본어는 좀 하지만 영어는 제가 맡다 보니 저만큼도 못합니다. 그러나 월남은 제 수족이며 날개입니다. 언제 뵈올 날이 오면 전하께서도 반겨주실 것입니다."

"그래요. 전번에 한번 볼까도 했었는데 한번 자리를 만들어 보십시오. 그런데 영어 문제가 그게 큰일 아닙니까? 물론 알렌이 있다지만 그 사람 말고 우리 조선인으로서 영어를 아는 사람도 꼭 필요할 건데요."

"소신도 그 걱정이 많습니다. 유길준이가 보빙사로 가서 아직도 미국에 있으니 유길준만이 그래도 영어를 할 건데…."

"아닙니다. 유길준이는 달리 써야지 죽천과 미국공사 일에는 참여케 할 게 아닙니다. 알렌이 뒤를 봐주면 안 되겠습니까?"

"알렌은 또 조선말이 서툴러서 외교상으로는 문제가 있습니다. 그래서 역사를 살펴보니 미국이라고 한다면 미국말은 모르니까 중국이나 일본에서 영어를 아는 사람을 통하고 우리 쪽에서는 중국말이나 일본말을 아는 사람으로 하여금 다시 한 다리를 건너 삼자번역이나 통역을 시키는 방식을 택했던 것으로 압니다."

"삼자 간 징검다리 통역이라면 중국이 앞서고 다음은 일본일 텐데 이 자들을 어떻게 믿느냐가 문제입니다. 알렌과 프레이저만 의지하고 갈 수도 없는 일이니 말입니다."

"그렇다고 미룰 수는 없고, 언젠가는 누가 넘어도 넘어야 할 벽일 것입니다. 말을 배우는 어린아이처럼 한 번은 겪되 그것은 빠를수록 좋을 것입니다."

"그때 보빙사로 갔던 홍영식은 죽었지만 서광범이가 영어를 좀 하지 않겠습니까?"

"유길준은 귀국하지 않았고, 서광범의 영어도 그만하다 하지 못합니다."

"허기는 서광범을 보내면서 죽천을 보낼 수는 없으니…. 가기는 꼭 죽천이 초대공사로 가야 합니다. 아무에게나 보낼 수도 없고 터놓고 내놓지도 못할 애깁니다. 지난 신사유람단처럼 죽천이 가면 미국은 무척 가까워질 것으로 믿어집니다. 빨리 가서 외세문제도 해결 지을 방안을 찾고 우리 청년들이 신문화와 교육을 받을 터도 닦아야 하는데 통역이 걱정입니다."

"제가 알아는 보겠으나 원만한 통역이 될지는 몰라도 이하영이와 이채연이를 알아보겠습니다."

"이채연이는 나도 믿겠는데 이하영이는 어떤 인물입니까? 광혜원 외아주사 말입니까?"

"예. 둘 다 영어라고 할 정도는 아니지만 그래도 현재 조선에서 키를 재라면 그중에는 도토리 중에서도 좀 키가 큰 도토리라고 보입니다. 이하영이는 일본에서 미국인의 하인으로 1년인가를 보내서 영어와 일본어를 통역이라고 흉내를 제법 낸 것으로 알고 있습니다. 알렌의 통역도 하는데 전하 앞에 입시는 안 했던가 보옵니다."

"아, 보았습니다. 그런데 이하영이는 죽천이 믿는 사람입니까?"

"예, 전하. 신분은 낮은 사람입니다. 그러나 이하영이는 제가 좋아하고 그도 저를 좋아합니다. 전하에 대한 충심도 믿을 만한 사람이오니 그 점은 전하께서도 저를 믿으시면 믿으신 대로 하겠습니다."

"그래요. 몇 명이나 데리고 가면 되겠습니까?"

"열 명 정도는 돼야 할 것으로 보입니다."

"그런데 청국에서 알면 아마 시비를 걸지도 몰라요."

"예, 전하. 청국은 무조건 시비를 걸 것입니다. 그들은 지금도 우리가 자기네 속국이라고 착각할 것이 분명합니다. 이를테면 자기네가 미국에 공사를 파견했으니까 그걸로 됐고, 조선은 우리가 알아서 할 테니 빠져라 할지도 모릅니다."

"고약한 자들입니다. 이게 우리 5백 년 굴욕의 찌꺼기라 이를 걷어 내기가 만만치 않을 것입니다."

"이홍장이나 위안스카이는 이미 조미수호조약에 대해 강하게 반발하지 않았습니까? 가장 중요한 것이 통역관이 아니라 이 문제를 어떻게 푸느냐가 될 것입니다. 하지만 소신에게 이를 이겨낼 각오가 있습니다."

"어떻게 이길 각오입니까?"

"설득이지요. 알아듣도록 말을 해야 합니다. 여기서 밀리면 다 밀립니다. 이제는 그 벽부터 허물어야 합니다. 어차피 이것은 제 몫이오니 전하께서는 지켜봐 주시기 바랍니다."

"허허, 말은 시원스럽습니다. 암만 그래야 하고말고요. 하하하. 그래 뭔 수가 있습니까?"

"예, 전하. 용기와 지혜라고 할 때 일단은 부딪치고 볼 일인데 그러면 지식과 기백과 논리가 다 동원돼야 합니다. 이런 것은 월남 이상재가 만만치 않습니다."

"월남은 지금 향거(고향에 머문다) 중이라 하지 않았습니까?"

"급히 오라고 하면 올 것입니다."

"그 사람은 겁이 많습니까? 갑신정변이 죽천이나 월남과 무관한데 홍영식 때문에 지레 겁을 먹고 숨은 겁니까?"

"아닙니다. 월남은 너무 겁이 없어 걱정일 정도로 대담한 사람입니다."

"그런데 왜 쥐죽은 듯 저러고 있답니까?"

"그것은 홍영식을 상관으로 모셨던 자의 도리라고 보는 모양입니다만, 저는 충분히 그의 성향을 간파하고 있습니다."

"그러세요. 너무 늦었습니다."

나라를 위해 울어라(어머니 박씨 세상을 뜨다)

한편 월남이 한양으로 가려 하는 한여름 찌는 더위 7월 30일(음력 6월 29일) 월남의 모친 박씨가 세상을 떠났다.

장례를 어떻게 모셨는지도 모를 충격에 월남은 더욱 멍한 사람이 될 만큼 넋을 잃었다.

장대비가 쏟아지거나 폭양이 쬐거나 매일 이른 아침밥을 먹고는 어머니 박씨를 모신 임천 양화 족교리로 가서는 하루 종일 묘소를 지키며 울었다.

시묘 3년은 고사하고 살아계실 때 불효자식을 면치 못해 불효막측이요, 막심이라 해야 마땅한 자신의 처지가 후회스럽고 어머니가 불쌍하고 딱하여 가슴을 쥐어뜯었다.

눈치를 알아챈 월예가 어느 날은 주먹밥을 싸주기도 하지만 그게 넘어가지를 않는다.

먼 산을 바라보아도 어머니가 보이고 눈을 감아도 보인다.

"휴…"

울다 지쳐 한숨이 나온다.

"나 같은 것을 자식이라고 낳아놓고 얼마나 속을 태우셨습니까, 어머니?"

울어도 울어도 가슴을 치고 쳐도 풀리지 않아 머리가 아프고 정신이 없어 어떨 때는 어두워지는 줄도 모른 채 넋을 놓고 산소를 지키다 돌아온 날이 여러 날이다.

이런 자식을 낳아 그 고생을 하시면서 그래도 공부를 시키겠다고 하신 마음이 가슴을 저리게 한다.

"상재야!"

문득 어머니가 부르는 다정한 목소리가 들릴 때도 있어 어리둥절하여 사방을 둘러도 본다.

어느 날 아침. 월남은 늦잠이 들었는데 갑자기 부르는 소리가 나서 깜짝 놀라 일어났다.

"상재 자니?"

분명 어머니다. 물론 돌아가신 사실도 깜빡 잊은 잠결인데 아니다, 부르신 분은 부친 희택 공이다.

"예, 이제 일어났습니다."

정신을 차리려 하지만 아직도 어머니의 음성이 머리에 꽉 찼는데 분명 아버지다.

"상재야!"

부르시고 희택 아버지가 말씀하신다.

"언제까지 산소에 갈 테야? 응? 이제 그만 가거라. 내가 너를 모르지 않듯이 어머니도 너를 아신다. 시묘살이 한다고 하면 나는 몽둥이로 내쫓아. 그럴 시간 있으면 너는 나랏일을 해야지. 이제 그만 가라. 이게 벌써 며칠째냐?"

그런데 이렇게 말씀하시는 희택 아버지의 눈에 닭똥 같은 눈물이 떨어져 내린다.

"너만 가슴이 아픈 게 아니야. 시묘살이는 내가 꼭 하고 싶은 심정이다. 그러나 내가 시묘살이를 하면 네가 눈뜨고 보겠느냐? 나 역시도 마찬가지다. 네가 산소에 가 있다는 생각을 하면 가슴이 아파."

월남은 아버지의 무너지는 억장을 보았다.

"부모란 자식으로 인하여 죽는 것이 목적이다. 그러나 네 어미나 나나 자식을 위해서 죽지를 못했고, 나도 살았으나 자식을 위해 살지 못하고 있어 그게 걱정이다. 자식을 위해, 너를 위해 죽을 방도가 없으니 살기도 겁나고 죽기도 겁난다. 너만 잘되면 시묘살이 백 년보다 그게 낫다."

월남은 순간 눈물이 바짝 마른다.

'아 슬퍼하는 것도 불효로구나.'

"예, 아버님 제가 소견이 짧았습니다."

"그만 슬퍼하거라. 그러려면 네 일을 찾아 거기 가서 울어라. 이제 너는 내 자식도 아니고 죽은 어미 자식도 아니다. 어차피 600만 백성의 대표로 일본에 간 게 맞지? 흘릴 눈물이 있거든 나랏일로 울어야 한다."

월남은 아버지 희택의 한마디 한마디가 그 누구에게서도 들을 수 없는 말씀임을 다시 되새기면서 말했다.

"예, 아버지. 산소에 그만 가겠습니다. 소자가 미처 생각이 짧았습니다."

"네 마음 나도 알고 어미도 아니까 훗날 내가 죽더라도 울지 말아라. 눈물이 나오려거든 내가 오늘 한 말을 명심하였다가 아껴서 나라를 위해 울어 주기 바란다는 것을 알아라."

월남은 어머니를 위해 다시는 울지 않기로 하였다.

대신 나라를 위해 울어야 한다는 것을 알았건마는 허허…. 나라를 위해서는 아직 눈물이 나오지 않는다.

그 대신 화딱지만 나고 분통만 터진다.

폭죽처럼 불타오르는 민란의 연속, 어찌 나라가 이 모양이냐고 울화통만 터진다.

'아버지가 바라시는 나라를 위한 눈물은 아직도 멀었는가?'

비로소 아직도 덜 익은 애국지심이며 민족정신이라는 생각을 하지만 앞은 깜깜하고 어둡다.

눈물을 씻고 월남은 곧장 한양으로 올라왔다.

대미 외교비사이며 최대의 걸림돌 영약삼단(另約三段)

1882년까지 조선어와 영어를 동시에 구사할 수 있는 사람은 지구상에 존재하지 않았다. 그러다가 1883년에 단 한 사람이 생겼는데, 나이 어린 18세 바로 윤치호다.

윤치호는 일본에서 유학하고 있다가 주조선 미국공사관의 통역으로 불려왔다. 그러나 윤치호조차 일본에서 겨우 넉 달 배운 영어로 통역노릇을 했다. 일본어를 유창하게 구사할 수 있었던 윤치호는 영어 통역 초기에는 일본어 통역의 도움을 받아 이중 통역을 했다. 그런데 그 윤치호는 지금 상하이에 가 있어 합류가 여의치 못하다.

1883년 민영익을 수반으로 하는 보빙사(報聘使) 일행은 워싱턴 방문길에 중국어→영어, 일본어→영어, 조선어→중국어, 조선어→일본어를 구사하는 4명의 통역을 데리고 갔다. 체스터 아서 미국 대통령이 영어로 이야기를 하면, 한편으로는 중국어→영어 통역이 중국어로 옮기고 그것을 받아 조선어→중국어 통역이 조선어로 옮기고, 다른 한편으로는 일본어→영어 통역이 일본어로 옮기고 그것을 받아 조선어→일본어 통역이 조선어로 옮겨서 두 가지 이중 통역을 종합하면 민영익 일행이 그럭저럭 알아들을 만했다. 난징호 선상에서 이하영과 알렌은 아마도 일본어→영어 통역을 매개로 대화를 주고받았을 것이다.

이에 1883년 조선 정부는 외국과 교역에 필요한 영어통역 전문가를 육성하기 위해 동문학(同文學)이라는 영어교육기관을 설치했지만, 졸업생들의 영어실력은 영 신통치가 않았다. 덕분에 이하영의 더듬거리는 영어는 당시 조선 안에서 조선인이 구사할 수 있는 최고 수준의 영어였다.

알렌은 고종에게 병원을 세워줄 것을 건의해 승낙을 받아냈다. 개신교 선교 사상 가장 획기적인 날, 민영익이 개화당 자객의 칼에 맞지 않았다면 쉽게 받아내기 어려웠을 승낙이었다.

이듬해 4월, 조선왕실은 최초의 근대식 병원 광혜원(개원 12일 만에 제중원으로 개칭, 세브란스 병원의 전신)을 설립하고 알렌을 의사로 초빙했다. 알렌은 조선에서 사귄 최초의 지우 이하영이 새로 설립된 제중원의 서기로 들어갈 수 있도록 주선했다.

알렌은 이하영을 자신의 통역으로 삼았다. 알렌의 더듬거리는 조선어와 이하영의 더듬거리는 영어로 두 '1858년 말띠'가 한참 동안 씨름하면 대충 뜻은 전달됐다. 알렌은 진료를 위해 고종을 알현할 때도 이하영이 함께 가길 원했다. 그러나 벼슬이 없는 이하영은 관복을 입고 어전에 나갈 수 없었다. 나중에 사정을 들은 고종은 배운 것도 변변치 않고 집안도 한미한 이하영에게 외아문주사라는 벼슬을 내렸다. 더듬거리는 영어실력 하나로 출세의 탄탄대로에 들어선 것이다.

한편, 월남은 올라오자마자 친군후영 문안이라는 자리에 앉았다. 군병들의 사무를 보는 곳으로서 죽천은 우선 임시, 그저 미국으로 가기 전에 가 있으라고 하고 출미준비에 심혈을 기울였다.

그런데 과연 우려했던바 큰 문제가 생겨 영 풀리지를 않는다.

예상한 대로 청국에서 강력하게 반대하고 나온 것이다.

대미수교는 청국이 알아서 잘하고 있으니 조선은 청국이 파견한 주미공사가 다 잘 알아서 할 것이므로 별도로 공사까지는 파견하지 않아도 된다는 것이다.

요컨대 억압이다.

임오군란과 갑신정변으로 인해 조선을 도와준 청국은 막강한 병력과 앞선 국력, 게다가 조선왕조 500년 동안 조공을 바치고 왕과 세자 책봉에 간여하였던 상국(上國)주의 사상은 조약은 조약이고 대미 공사까지 파견으로 자주적 외교권을 가지게 되는 것이 싫어서다.

그러나 이미 박정양을 전권공사로 파견하려는 것을 안 위안스카이는 연일 대궐에 드나들어 그건 안 된다고 강한 반대논리를 펼치면서, 그럴 경우에는 재미없다는 식으로 노골적 협박을 해대는 것이다.

그리하여 1887년 7월 21일~7월 24일까지 공론화된 미국공사파견은 계속 암초에 부딪쳐 두 달이 넘는 9월 27일까지 실랑이만 계속되며 시간이 흘러가는 것이다.

그래서 타협안으로 나온 것이 공사라고 하지 말고 전권대신이라 하기로 하였으나 전권이라는 말도 시비를 건다. 마침내 두 달이 넘도록 실랑이를 한 끝에 1887년 9월 25일, 청국은 영약삼단이란 조건부로 전권대신 파견에 동의하게 된다.

영약삼단(另約三段)이란 '별도의'란 뜻의 另 자로서 세 가지 조건을 내민 것이다.

첫째로, 조선공사가 미국에 가면 공사는 마땅히 제일 먼저 청국공사를 찾아보고 그의 지도하에 미국외무성에 갈 것이며, 둘째로 조회나 공사연석에서 마땅히 조선공사는 청국공사 아래 다음 자리에 앉아야 하며, 셋째로 어떤 중요한 업무가 생기면 반드시 먼저 청국공사와 의논부터 한 후에 처리하기로 한다는 내용을 담고 있다.

"이보시게 월남! 그러니 이 일을 어쩌면 좋겠는가? 이래서 벌써 떠났어야 할 것을 아직도 결정을 못 내고 있다네."

"전하께서는 무어라 하십니까?"

"전하는 세자마마를 책봉하실 때부터도 그렇고 절대 그럴 수는 없다고 하시지. 그러니 제 놈들 그러거나 말거나 삭 무시하자니 힘이 무섭고, 받아들이자니 그렇게 간다고 한들 가서 무슨 일을 어떻게 하겠는가?"

"그렇다면 대감마님은 어찌하시렵니까?"

"물론 생각이 있지. 하지만 자네 생각은 어떤지 한번 들어나 보려고 하는 뜻일세. 내일은 전하께 말씀을 드리기는 드려야 하겠는데…"

"제게 물으신다면 제 대답은 대감마님께서 이미 아실 일입니다."

"그래? 이미 알고 있지 못하다면?"

"그럼 말씀드리겠습니다만, 이것은 제 생각일 뿐입니다."

"말해 보시게."

"일단 그러겠다고 하고 가자고요. 가서 언제 그랬느냐는 식으로 그냥 국서(고종이 보내는 임명장)를 봉정(제출)하는 것입니다. 그렇다고 미국에까지 가서도 우리를 졸개처럼 따라다니지 못할 일이고, 사실 미국 쪽은 우리를 청국의 하국이나 속국이 아닌 당당한 독립적 주체국으로 오라는 것이므로 영약삼단이고 오단이고 미국과 조선하고는 상관도 없는 일입니다. 미국은 반대로 청국의 발아래 눌려 공사가 오는 것이라면 조미수호조약 위반이라고 할 것입니다. 저는 이렇게 생각합니다."

죽천이 말없이 듣는다.

"무슨 말인지 알아듣네. 나도 해본 생각이기도 하고. 그러나 그렇게 간단치 않으니 문제란 말이오. 그렇게 되면 국내에 계신 전하께서 그 값을 다 치르시게 될 일이고, 우리는 멀리 있어 도와 드리지도 못한다는 것이지. 결국 조선과 청국관계가 이만한 게 우선은 다행인 상태에서 새로운 불씨가 붙을까 그게 걱정이고."

"맞습니다. 청국이나 일본이나 도둑놈 심보는 똑같습니다. 청국은 은근히 기득권이라고 주장하고 있고, 일본은 족제비처럼 기회를 틈타고 있고. 그러니까 미국과의 우호관계와 군사동맹관계가 양국관계를 풀 열쇠는 열쇠입니다. 아무튼 산에 가야 범을 잡는 것이라, 그렇다고 안 가서는 점점 어려워집니다. 제 생각은 확고합니다. 필요하면 제가 목을 걸고 결행할 의지도 있습니다. 우리 조선이 일본이나 청국에게서 미국을 배우고 뭐든 걸쳐서 받아들인다면 그놈들이 단물은 다 빼먹고 껍데기만 핥다가 판납니다. 그래서는 안 되지요."

"하여간 자네는 어찌 보면 약골이고 어찌 보면 강골 중에도 강골이고…. 일단 전하께 말씀을 올려 보겠네."

"대감마님한테 달렸습니다. 빨리 가야 합니다. 지금 이때를 놓치면 우리 후손들이 어찌 세계를 배우고 어느 나라로 유학을 가서 무엇을 어찌 배우겠습니까. 제가 할 수 있다면 저는 물불을 가릴 때가 아니라는 각오는 서 있습니다."

어려운 일이다.

영어가 어렵고 인접, 특히 청국과의 관계가 어려운 일이다.

죽천은 고종 임금과 깊은 고심에 잠기고 마침내 우선 출발부터 하고 보자는 결단을 내주었다.

망망대해 행선 2만 5천 리

지구 반대쪽 신천신지를 찾아가 조미양국관계의 막을 열게 될 초대 공사 인선을 마쳤다. 그런데 초대 주미조선공사 박정양을 초대 주미조선공사라고 하려다 청국의 훼방이 심해 그렇게 하지 못하고 美大臣이라 하려 하다 협판 내무부사 주미 전권대신 박정양(協辦 內務

포토맥 강에서 본 워싱턴 기념탑

府事 駐美 全權大臣 朴定陽)이라 하였다.21)

협판내무부사 박정양 47세, 참찬관 원임 규장각시교 이완용(參
贊官 原任 奎章閣侍敎 李完用) 30세, 서기관 전환국 위원 이하영(書
記官 典圜局 委員 李夏榮) 30세, 서기관 친군후영 문안 이상재(書記官
親軍後營 文案 李商在) 38세, 번역관 전보국 주사 이채연(飜譯官 電報
局 主事 李采淵) 29세, 수원 전사과 강진희(隨員 前司果 姜進熙) 37세,
수원 진사 이헌용(隨員進士 李憲用) 27세, 무병 이종하(武兵 李種夏) 43
세, 하인 김노미(下人 金老味) 27세, 하인 허용업(下人 許用業) 33세,
이상 10명과 일본 나가사키에서 합류하기로 한 미국인 알렌(H. N.
Allen)까지 11명이다.

이제 이들이 출발하여 신천신지 새로운 세계화 시대의 첫 발걸음
을 내딛게 된다.

조선에서 일본 바닷길이 120리(부산→대마도, 50km, 부산→下關:
시모노세키, 약 200km)라면 미국으로 가는 바닷길은 2만 리(인천→桑
港: 샌프란시스코, 약 10,500km)이며, 상항(桑港: 샌프란시스코)에서
워싱턴까지도 1만 리(약 4,000km), 그러므로 대략 4만 2천500리 길이
어서 자그마치 일본 길의 350배나 되는 멀고 먼 길을 향한 첫발을 내
딛는 것이다.

그 과정을 요약하면 이러하다.

1887년 9월 8일(음력 정해년 무신 월 병자일, 7월 21일)경부터 주미
공사파견을 위한 고종과 죽천의 의지가 문서화되기 시작하였으나, 중
국의 강력한 반대로 국서(國書, 미 정부에 제출할 임명장)를 받은 것
은 두 달이 지나 1887년 9월 24일이었다(음력 정해년 기유월 임진일,

---

21) 1887년 10월 14일자 박정양 전집 제2권 '종환일기' 624쪽 기록.

8월 8일).

국서를 받고도 출발을 못한 이유는 앞서 말한 영약삼단(另約三段)이라고 하는 청국정부의 집요한 조선 압박 때문이었고, 대미외교에 있어 청국은 조선의 외교권까지 거머쥐고 자국이득을 취하려 하는 방해 의도에 막힌 것이 문제가 된 것이다.

다시 두 달여가 지나 1887년 11월 12일(음력 정해년 경술월 신사일, 9월 27일), 여름에 태평양을 건너려고 세운 일정은 초가을을 지나 초겨울이 다가올 때가 되어서야 출발 준비가 완료되어 다음 날인 11월 13에 등선(登船, 배를 탐) 수속을 마치게 된다.

부산에서 만나야 하는 일행이 있고, 장기(나가사키)에 가야 알렌이 탑선하게 되어 있다.

알렌(安連, H. N. Allen)이 누구인가?

그는 1885년 첫 미국선교사로 조선에 들어와 명성왕후의 인척 민영익(첫 미 보빙사 단장)을 치료하고 조선정부의 지원으로 광혜원(세브란스병원 전신)을 개설한 의사다.

조선은 그에게 참판이란 종2품의 벼슬을 내려 지금 조선의 참판자격 겸 미국선교사이며 의사의 자격으로 주미공사 일행에 합류하는 것이다.

1887년 11월 17일(음력 정해년 신해월 병술일, 10월 4일, 목요일), 마침내 배가 출항한다.

이렇게 출발하면 한 달에는 어림도 없다. 나중에 알고 보니 65일이 걸려 두 달이 넘는 뱃길과 육로 길이었다(홍콩에서 민영익을 만나고 마카오를 거쳐 일본으로 간 박정양 그룹의 경우).

마침내 1887년 12월 9일(음력 정해년 신해월 무신일, 10월 25일) 선가(뱃삯)를 계산해 지불하게 되었다. 일본 규슈 남단 나가사키 항을 떠나면서 일행은 11명이 모두 탑승하였기 때문이다.

이미 알고 왔던 사실, 그것은 조선의 은화는 받아주지 않는 것이다. 허기야 조선 돈을 받아서는 그들이 쓰지를 못한다. 조선과는 통상관계도 안 되고 미국에는 조선인도 없다. 만일 있다면 4년 전(1883년) 보빙사로 갔다가 미국에 머무는 유길준이 공식적인 사람이지만 거처 확인이 안 되는 중이고 비공식인은 아무도 모른다. 물론 알려지지 않아 파도에 밀렸다거나 말 못할 사연으로 미국에 사는 조선인이 있는가는 모르지만 알고 있는 누구도 없다. 그래서 일본화폐로 선가를 내기로 한 것이다. 일본과 조선은 이미 왜관이 생기고 상관이 열려 있고 일본 돈을 조선에서 통용하고 있으며, 일본 화폐는 미국에서 화폐로 인정하기 때문에 미화가 없는 조선은 일본 화폐로 선가를 지불해야 하는 것이다.

"어느 세월에 우리 화폐를 미국이 받아줄지 가마득하네."

죽천이 말한다.

"통상이 활발해지고 우리도 전원국에서 화폐를 찍되 국제사회가 이를 돈으로 인정하는 날이 와야지, 우리 돈은 돈으로 쳐주지도 않는다는 말이 아니겠습니까? 그러니 이번 우리가 가는 길이 모든 문을 열되 대 미국과 조선의 직통문으로 열어야 합니다."

월남이 한 말이다.

선가는 상등석(특실, 당시에는 '上等人'이라 하였음, 퍼스트클래스석) 일본화폐로 175원(元), 중등석(보통실, 당시에는 '中等人'이라 함, 비지니스클래스석) 일본지폐로 80원 하등석(일반실, 당시에는 '下等人'이라 함, 이코노미클래스석) 50원으로 정산 지불하였다.

11명 중 죽천, 알렌, 월남, 이완용, 이하영을 상등인으로 계산한 것이며, 상등석은 함선에서 중요한 인물이 타는 방, 현대로 치면 F석(퍼스트클래스)이라고 볼 일이다. 3.5배나 비싼 방이며 이날이 1887년 12월 9일(음력 정해년 신해월무신일 10월 25일)이다. 이미 바닷바람은 차다.

죽천 등 3인을 제외한 8인은 일본으로 바로 갔으나(이 대목의 기록은 없음), (홍콩 쪽으로 가는 죽천의 기록에 따르면) 하루를 지나 뱃길에 거센 파도가 밀려왔다. 얼마나 높은 파도가 치고 눈보라가 몰아치는지 뱃멀미로 쓰러진다. 배를 처음 타는 일행은 죽기 직전의 상황이나 죽천은 신사유람단으로 보름씩 배를 탔었기로 괜찮을 줄 알았으나 그게 아니다. 배는 마치 키질하듯 하고, 일행은 키 안에 든 나락처럼 들까불린다. 지진도 겪어 봤지만 지진은 토하게 하지는 않았는데 뱃멀미는 창자 속가죽까지 찢어 토하는 듯 내장이 아프고 가슴이

미국 국회의사당(U.S. 캐피털) 서편 방향

아프고 머리가 아프고 목도 아파 눈알도 새빨갛게 변하게 한다. 이런 날이 몇 날이었을까?

하루는 견딜 만하다. 연이어 6일 동안 계속된 날도 있고, 한 번 만나면 사흘 나흘은 기본이다.

인천을 떠나면서 가져온 음식은 쌀밥에 김치와 된장, 청국장인데, 음식 맛은 한계가 있다. 밥+김치, 밥+된장, 하루 이틀도 아니고 멀미는 심하고 바닷바람은 차고 눈보라는 치는데 설사는 줄을 잇는다.

우유에 빵에 말린 소고기에 버터로 식사를 하는 미국인 선원들 중에도 멀미로 고생하는 사람들이 많다. 몇 번 미국식 식사를 해보기도 하였다.

"음식을 배워야 하네. 이제 몇 년 내내 양인들의 음식을 먹어야 할 터이니 체질도 서양음식에 맞게 바꿔야 하네."

제11부

美國行 澳順溺호

뱃멀미와 선내 생활

일행 중 최고 어른이며 단장인 죽천은 모든 일행의 건강걱정에 신경을 곤두세우지만, 아뿔싸, 문제는 죽천의 몸이 가장 나쁘다.

떠나기 전에도 죽천은 병석에 누운 날이 많았다. 고장은 신사유람단으로 갔던 5년 전에 난 고장이다. 돌아와서 줄곧 넉 달을 병상에 눕다시피 하였으나 그 여독은 거의 1년이나 더 죽천을 괴롭혀왔던 터였으며, 청국이 영약삼단을 들이대자 죽천은 출발 전부터 이미 몸이 망가진 상태다.

죽천은 우선 香港(홍콩)으로 가서 민영익을 만나야 한다. 민영익은 미국이라면 죽천보다 선배다. 보빙사로 미국을 다녀온 민영익은 세자(순종)의 장인 민태호의 아들로서 1882년, 그러니까 죽천과 월남이 신사유람단으로 일본에 갔을 때 조미수호조약 체결에 따라 마땅히 우리도 공사를 파견하여야 하나 청국관계와 경제적 이유 등으로 공사를 보내지 못함에 따른 예의상 보빙사(報聘使, 찾아가 감사의 예를 갖

추다)를 파견할 때 단장으로 이미 미국에 다녀온 인물이다.22)

그러므로 부산항에서 타는 그룹과 제물포에서 타는 두 개의 그룹으로 갈라 타게 된다. 홍콩으로 가는 박정양, 이채연, 이종하, 3인은 미국국적 '오마하'호(당시 기록은 아마합호, 啊嗎哈號)에 승선하고 월남 등 나머지 일행은 부산에서 일본 요코하마로 가는 배를 타게 된 것이다.

이 두 그룹이 합친 것은 1887년 11월 17일 출발 후 22일이 지난 그 해 12월 9일이었고 장소는 요코하마 항구였으며 일행 11명이 함께 타게 되는 미국행 배 이름은 오순익(Oceanic, 澳順溺)호였다.

우선 船價(뱃삯)를 지불했다.

전기한 것처럼 상등석 175원(일화), 중등 80원, 하등 50원이다.

배가 무척 크다. 그렇다고 자로 재보기도 뭣해 대략 걸어 보며 각자 얼마라고 말하고 있다. 길이가 100보(발걸음 숫자)라는 말과 110보라는 말은 그럴듯한데 200보는 된다는 말에는 모두가 웃는다.

"무슨 도적질 발걸음으로 쟀단 말인가? 왜 그리 틀려?"

약간 도도하고 거만한 이완용이 한마디한다.

"100보가 맞네. 눈으로 척 봐도 100보로구먼 뭘…. 폭은 30보야. 이건 내 눈이 바로 잣대라고 봐도 되네."23)

마침내 참찬 알렌(선교사로 조선정부에서 참찬의 벼슬을 받고 주미 공사일원으로 가고 있음)까지 11인 모두가 한 배에 탔다. 거듭 말하지만 영국배(Oceanic, 澳順溺)호에 오른 것이다.

"적게 먹고 배 속을 비워야 합니다. 낯선 음식은 무조건 반만 먹어

---

22) 민영익을 만나 어떤 대화를 나누었는지는 미제이나 미국에 대한 필요 정보를 청취했다고 보임.
23) 죽천 박정양 전집 중 <종환일기> 630쪽 참조. 박정양 전집 <종환일기>에는 곧장 일본으로 간 나머지 8인에 대한 기록이 없음.

야 좀 낫습니다."

이완용이 가장 먼저 터득한 것이다.

"맞아요. 하여간 죽지 않을 만큼만 먹어야지, 배불리 먹었다가는 멀미만 더 나고 사약이나 다를 게 없습니다."

월남도 양을 줄이기로 했다.

"밥이고 김치고 된장이고 절반만 드시오. 남으면 버리더라도 욕심 내지 말아야 합니다."

죽천이 강하게 명령하였다.

"이제 워싱턴에 가면 김치는 꿈에서나 먹습니다. 쌀밥도 없어요. 된장이니 파김치도 끝입니다. 그러나 거기 가면 이런 멀미는 나지 않을 터이니 이보다는 낫겠지요?"

"그야 가서도 어떻게든지 김치고 된장을 담가 먹어야 하지 않겠습니까?"

이종하의 말에

"나이도 두 번째로 많은 분이(죽천 48세, 이종하 43세) 담그실 수 있어요?"

진사 이헌용의 말이다.

"가르쳐주면 자네들이 그대로 하란 소리야."

하고 웃지만 웃을 일이 아니다.

벌써부터 가장 힘든 것이 먹는 문제라 그게 걱정이 된다. 그러나 배는 밤낮없이 망망대해를 달려가고 있다. 겨울이 오고 있어 날씨는 춥다.

조선인 미국 대학졸업자 제1호, 변수(邊燧)

메릴랜드 주립대학 시절의 변수
(그의 묘비에서 촬영함)

그러니까 1882년 5월 22일 월요일, 음력 1882년 4월 6일 임오(壬午)년 을사(乙巳)월 신유(辛酉)일(일본보다 33년 후) 신헌(申櫶)과 슈펠트 간에 '조미(조선·미국)수호조약'이 체결되자, 1883년 7월 8일 미국은 10명의 조선인을 초청하여 민영익을 단장으로 한 보빙사(報聘使, 찾아가 감사의 예를 갖추다)가 미국에 첫발을 디뎠다.

그 후 4년이 지나 조선으로서는 지금 미국에 첫 공사를 파견하는 국가지 대사이며 대미관계의 광대한 첫 문을 여는 초대 주미공사 일행이 미국 땅을 밟기 위해 가는 중이다.

박정양을 전권대신으로 한 일행 3인은 1887년 10월 2일(양력1887년 11월 17일) 제물포를 떠나 처음 미국군함 아마합호(啊嗎哈號, 오마하호)에 올라 홍콩과 마카오를 거쳐 이제 영국 배 오순익(Oceanic, 澳順溺)호에 동승하였고 머지않아 미국 최 서부 상항(桑港, 샌프란시스코)항 미 대륙에 도착하게 될 것이다. 아마합호(啊嗎哈號, 오마하호)는 제물포를 떠나면서부터 풍랑으로 인해 심하게 흔들렸다. 홍콩(香港)과 마카오(澳門, 오문)를 경유하여 나가사키(長埼)로 간다는 항해 일정으로 인하여 거센 파도와 뱃멀미는 요코하마는커녕 나가사키에 도착하기도 전부터 일행을 심하게 괴롭힌 것이다.

"거쳐 가지 않고 바로 가면 얼마나 걸린답니까?"

좀 끄지막하자 죽천과 같은 40대 이종하가 물었다.

"바닷길을 누가 감히 며칠이면 당도한다 하겠는가? 직통으로 가면 야 나가사키나 요코하마에서 샌프란시스코까지 스무 날이면 된다 하던데 돌아가니까 정확하게는 모를 일이지."

"왜 배가 돌아갑니까?"

"이 사람아! 그걸 몰라서 묻나? 민영익을 만나봐야 미국을 좀 알게 아니겠어? 또 이게 우리 배도 아니고 우리가 전세 낸 배도 아니고, 어디 이 배가 우리만 타고 가는 배도 아니잖은가? 그러나 일본서부터는 곧장 갈 걸세."

"하와이에 들른다 하지 않았던가요?"

"들르지, 그러나 우리는 영락없이 배 안에 갇혀 나오지 못할 걸세."

"왜요?"

"잘해야 하루 묵을 건데 배에서 나오면 수속이 복잡하고 어차피 상항에 가면 심사를 받아야 입국하게 되는 거야. 입국심사 두 번 받는 게 나은가? 가보자고…."

홍콩, 마카오에서는 근 200여 명이나 배에 오른다.

"와, 조선 사람만 적게 탔군요?"

그렇다. 모두가 낯이 설고 말이 다르다.

어느새 만선을 이루었는데 일본에서 배를 바꿔 타면 또 그 배에는 아마도 더 많은 사람이 탈 것이다.

그러니까 11월 20일(음력 10월 10일) 홍콩에 왔고, 12월 2일(음력 10월 18일) 마카오(澳門, 오문)에 도착하더니, 12월 9일에는 다시 홍콩에 들리고서는, 나가사키를 지나 요코스카(橫濱賀)를 지나 요코하마에서 미국(하와이)으로 출발하게 된 날은 1887년 12월 9일(목요일) 음력은 1887년 10월 24일 정해(丁亥)년 신해(辛亥)월 정미(丁未)일이다.

월남은 긴장이 풀리지 않는다. 누구보다 죽천 대감을 잘 모셔 마땅하여 자신만 한 사람이 없을뿐더러 사실 미국에 대해 잘 알지 못한다.

'맞아, 가는 동안 20일 잡고 공부방에 들어왔다 치자…'

월남은 알렌에게 붙어 지내기로 했다. 뱃멀미도 뒷전이다. 뭘 알아야 가서 죽천을 보좌할 게 아니겠는가.

그래서 생각나는 대로 물어보았다. 지금은 백악관이라 하지만 그때는 백악관이란 말이 없었다. 1901년 시어도어 루스벨트 대통령이 처음 백악관이라 명하기 전에는 프레지던트 하우스라하여 대통령관, 대통령관저, 궁 등으로 부를 때다.

알렌은 대통령궁은 물론 워싱턴 기념비(탑), U. S. 캐피털이라 부르는 미국 국회의사당까지, 특히 미국의 역사에 대해 가르쳐 주었다.

그러나 종을 잡지 못하겠다. 무슨 지식을 언제 어떻게 쓸지 모를 일이고 알 것은 태산이다. 월남은 일일이 메모를 해가며 특히 미국의 역사에 대해 많은 질문을 하고 답을 받아 적는다.

쉽지가 않은 것은 알렌의 영어가 너무 알아듣기 힘들고 조선말이 서툰 것이다. 아무튼 조지워싱턴이 첫 대통령이라 하고 1776년 독립선언서를 작성한 토마스 제퍼슨이 3대 대통령이라 하지만 도무지 받아 적기도 어렵고 알아들어도 따라 말할 혀가 말을 듣지 않는다. 그래도 알렌은 월남의 열정에 성의껏 가르쳐주어 월남은 뱃머리에 나가 구경할 시간도 없이 알렌과 붙어 지낸다.

모처럼 월남이 바닷바람을 쐬러 나왔다.

구경이라도 났는지 젊은 탓인지 하인들은 뱃머리에서 망망대해를 바라보는 것이 일과다.

"서기관님이 다 나오셨네요? 뭘 그렇게 많이 배우셨습니까?"

"배운다고 배워도 말의 장벽이 하도 높아 놔서리…"

"그런데 보빙사로 가셨던 분들도 벌써 4년 전이니까 이렇게 오래 가셨겠지요? 또 어쩌면 뱃멀미도 우리보다 더 심했겠지요?"

김노미가 월남에게 치근대며 묻는다.

"그때는 그래도 여름이었다네. 바닷바람이 어쩌면 시원했을 거야. 한데 미국서 머문 것은 고작 한 달이었어. 그러나 출국에서 귀국까지는 열 달이나 걸렸다네."

"왜요?"

"지구를 한 바퀴 돌아서 그렇지. 차차 알게 되네."

"그럼 지금 미국에 가면 우리 조선 사람은 단 한 사람도 없는 것입니까?"

그때 죽천이 다가왔다.

"뭔 이야기들을 하시는가?"

"지금 미국 가면 우리 조선 사람 중에 누가 있느냐고 묻습니다."

"하하, 조선 사람이 있기는 누가 있겠는가? 유길준은 있으나마나 연락 두절이니 아무도 없고 우리뿐일세."

하더니만,

"아참 그때 보빙사로 갔던 변수(邊燧, 1861~1892)라는 친구가 지금 미국에 있지 않은가? 서재필도 분명 미국 어디 처박혀 있을 것이고. 월남! 무슨 얘기 더 들은 것 없어요?"

"아, 예. 그 친구들이 지금 미국 어디엔가 있기는 있을 것 같습니다. 그러나 어디서 무엇을 하는지 과연 미국에 있기나 한 건지, 또 우리가 가는 것을 아는지 모르는지도 모르겠습니다."

"갑신정변이야 뭐 윗사람들(김옥균, 홍영식 등)이 저지른 건데 웃

전 잘못 만나 말린 셈인데 그래도 죄 없다 하지 못하니 아예 꽁꽁 숨은 심정 이해는 하네만, 나라 전체로 보면 그런 인물이 숨어 버린 게 어쩌면 손해일 수도 있는 일이지…. 서재필은 좀 다르나 우리야 그들을 감쌀 신분이 아닌 조정의 신하니까 할 말 없으나 마음은 안 됐어. 특히 영어의 벽에 부딪힐 일을 생각하면 단단히 개과천선시켜 하다 못해 하인으로라도 충성하게 했으면 싶기도 한데 전하의 신하가 할 소리는 아니로구먼 서도…."

"그럼 그 보빙사 중에는 유독 변수만 미국에 남은 겁니까? 왔다가 다시 일본을 거쳐 미국에 갔다는 말이 맞지 않나요?"

"그래 맞아. 그리고 나서 아예 변수는 그때 이후 돌아오지 않았다네. 듣기로는 보스턴에서 고등학교를 다닌다고도 하던데 무슨 소통이 되지 않으니까 알 길이 없어."

"죽기 전 금석(홍영식, 보빙사로 갔었으나 1994년 갑신정변으로 사망하였음) 대감에게 들었습니다. 당시 금석은 보빙사 일행이 모두 5월에 환(귀)국하였으나 상선(리오시호)을 타고 7개월이나 지난 12월에야 돌아왔습니다."

"그랬지. 변수를 제외하고 단장이었던 민영익 일행은 이듬해(1884년) 뉴욕을 떠나 마르세유에 도착, 거기서 함선을 타고 영국, 프랑스, 이탈리아, 수에즈운하, 세일론(스리랑카), 홍콩을 거쳐 다음해(1884년) 12월 제물포에 도착했지. 민영익의 말로는 변수가 틀림없이 조선을 위해 일할 새 사람으로 잘 커가고 있을 거라고는 하던데마는 모를 일이야. 서재필도 아깝다는 얘기더라고."

"어쨌거나 우리 조선 선비들이 이제 완전 지구를 한 바퀴 돌기는 돈 것이로군요."

김노미의 말에 월남이 대답했다.

"돌았으면 무엇 하겠는가. 아직 우리는 세계를 몰라요. 단 한 사람도 서양의 발전된 문화와 교육을 받지 못한 판이야. 열 바퀴를 돌아도 세계에서 제일 큰 나라라고 하는 미국하고 통상 교류가 안 되니까 허사라. 백 바퀴를 도는 것보다 이번에 가면 이제 우리 후대들이 미국에 자유롭게 가서 그들의 신학문을 배우고 영어도 술술 나오도록 할 터를 잘 닦아야 하네."

김노미와 동갑내기 수원으로 가는 진사 이헌용도 다가왔다.

"야, 이 친구가 어딜 갔나 내가 한참 찾았구먼, 그런데 무슨 이야기들을 그렇게 재미나게 하세요?"

"지금 미국에 가면 우리 조선사람이 한 사람이라도 있느냐고 여쭙는 중일세."

"맞다. 나도 그게 궁금했는데…. 정말 누가 있다고 하는가? 변수 말이야, 우리 두 사람하고 동갑내기 아냐?"

죽천이 말한다.

"왜? 자네들도 가서 미국에 눌러앉고 싶은가? 그럴 수도 있네. 우리가 가면 이제 3년이 걸릴지 5년이 걸릴지 아무도 몰라. 그러니 자네들이 조선과 미국 사이에 벽을 허물게 일도 잘하고 공부도 잘해야하네."

"그런데 변수는 어떻게 됐어요?"

"이 사람이 이제까지 한 이야길 또 하란 소린가?"

"그래도요…. 알아서 나쁠 게 없잖아요? 우리 둘하고 친군데…."

"변수는 처음에 혼자 보스턴에 떨어져 고등학교를 다니다 졸업을 하지 못하고 일단 귀국하였다네. 1884년 7월 통리교섭통상사무아문의 주사에, 8월에는 군국사무아문 주사에 임명되었었지. 갑신정변 때에는 일본군의 출동을 교섭, 연경당(演慶堂)의 경비를 맡았었어. 변수로서는 이게 옥쇠일세. 갑신정변의 실패로 일본으로 망명하였고, 1886년 미국으로 갔다는 것까지만 알고 그 다음부터는 아무도 모른다네. 지금 그 친구가 아마 27세던가 28세가 될 거야. 자네들과 비슷해."

죽천의 말에 월남이 입을 연다.

"첫째도 둘째도 우리의 목적은 교육입니다. 미국 가서 우리 청년들이 공부를 할 수 있어야 합니다. 우리가 미국에 공사관을 내려고 가는 이유도 바로 이것 때문이 아니겠습니까?"

"그렇지. 그러나 그에 앞서야 하는 것이 독립외교관계를 맺는 것일세. 청국이나 일본이 간섭하지 못하는 자주독립국가 간 관계 설정이지."24)

---

24) 변수는 금년(1887년) 메릴랜드 농과대학(메릴랜드 대학)에 입학, 1891년 6월 졸업함으로써 한국인 최초의 미국대학 졸업생이 되었음(혹자가 말하는 미국유학생 1호는 서재필이 아님). 변수는 또 재학 중인 1890년에는 미 농무성 촉탁(인턴?)으로 근무하였으며, 1891년 9월 미 농무성 통계국 월보 제89호에 '일본의 농업'이라는 글을 게재하였음. 그러나 배운 것을 펴보기도 전에 메릴랜드 주립대학 역 안에서 기차사고로 죽음. 그의 묘는 메릴랜드대학 근처에 있는 암멘데일로드 천주교 공동묘지에 있으며, 묘비(舊碑)에는 한글로 '벤수'라고 쓰여 있음. 1994년 메릴랜드 대학에서는 그의 생애가 상징하는 한 세기를 기념하여 '변수장학회'를 설립키도 하였음. 2011년 8월16일, 저자는 메릴랜드 주 암멘데일로드 소재 변수의 묘를 다녀왔음(사진 참조). 변수는 고등학교 재학 시 암멘데일 해군 제독(소장, 알링턴 국립묘지 안장)의 두 아들과 친교가 두터워 암멘데일 장군이 후원자로 양아버지같이 보살폈다. 2003년 미주한인문화재단(현 미주 한인총연합회)에서 미국이민 100주년 기념사업의 일환으로 변수의 묘역을 정비하고 구비(변수의 머리 부분) 아래 신비(다리부분)를 세웠으며 천주교 재단에서 관리하고 있다. 암멘데일 제독은 열차 사고로 죽은 변수의 시신을 수습해 여기에 묻고 묘비를 세웠으며 미주한인총연합회는 변수기념사업을 위해 다각도로 노력하고 있다.

변수의 구비와 신비(유해는 비 사이에 묻혔다)

新碑에서 필자. 안경 쓴 변만식 선생은 원주 변씨 변수의 일가이나 직계는 아니며
서울대학교 워싱턴지구 회장을 역임하였다.

桑港(샌프란시스코)에서 華城頓(워싱턴)을 향하여

이것이 며칠 만인가? 차라리 몇 달 만이라고 할 정도다.

1887년 11월 17일 제물포를 떠나(음력 10월 2일) 12월 28일(음력 11월 14일) 이제야 샌프란시스코에 도착하였으므로 뱃길 42일 만에 미국 서부 태평양 연안(샌프란시스코)에 다다른 것이다. 일본에서부터는 19일이 걸렸다.

하와이에서는 하선하지 못하였다.

직통으로는 일본에서부터 20여 일이지만 죽천 일행의 피로는 전신을 짓누른다. 다행한 일은 모두가 젊다는 것이다. 그러나 죽천은 이런 장거리 뱃길이 여간 힘들고 무리한 게 아니다. 하지만 이제 배에서 내려 드디어 땅을 밟게 된다는 희망으로 새 힘을 낸다.

행색은 당연히 한복이다. 이러고 가면 그네들이 어떻게 보느냐는 말도 있었으나 조선의 선비정신은 응당 한복에 갓을 쓰는 것이고 대궐에 드나들 때 입는 관복을 준비하고 가는 길이다.

배 안에서는 갓을 벗고 한복 저고리와 바지를 입은 채 자유롭게 지냈으나 이제 배에서 내려야 한다니 관복을 입을지 한복에 갓만 쓰고 선비차림을 할지 생각하다 관복은 미국 대통령 접견 후부터나 입자고 아껴두기로 했다.

또 월남의 행장에는 이미 미국지도와 세계지도가 들어 있다.

월남과 죽천이 늘 보았던 묵은 것부터, 알렌이 새로 전해준 미국전도, 그리고 워싱턴 시가지를 한눈에 내려다볼 수 있는 지도들이다.

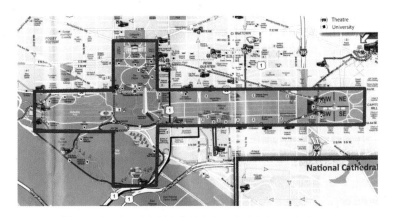

십자가(十字架) 형상으로 조성된 현재의 워싱턴 중심 내셔널 몰. 좌(서쪽: 링컨기념관),
우(동쪽: 미의사당), 상(북쪽: 백악관), 하(남쪽: 제퍼슨기념관), 十字架 正 中央(워싱턴
기념탑). 워싱턴 유니온 역 배포지도.

"지도란 지도는 다 챙겨 가시게."

그때 했던 죽천의 말에

"물론이지요, 조선지도도 가져갈 것이고 일본지도도 다 챙겨가지
고 갈 것입니다. 미국 가면 전부 영어 지도만 있을 건데 그래도 일본
지도하고 맞춰가며 봐야 좀 알아먹지 영어는 도대체 뭐라고 말하는
지 글씨를 봐도 알 길이 없습니다."

"그러니까 빨리 우리도 상항이니 화성돈이니 하는 말만 할 게 아니
라 샌프란시스코다 워싱턴이다 해서 우리말과 영어가 엇비슷하게 말
을 정해야 소통이 될 걸세. 우리만 잘 알아듣고 알면 뭣하겠는가? 전
하께서 못 알아듣고 대신들이 들어도 모르는 말을 들이밀면 말이 통
하겠어? 더구나 미국 사람들이 못 알아듣는 말이라면 그건 말이라 할
것도 없지."

"누가 이 일을 다 해낼지 모르겠습니다. 우선은 지도를 손바닥 보

듯 볼 줄 알아야 하고, 화선지에다 지도를 그리는 것은 조선 땅만 그리면 좀 낫지만 미국까지 그려낸다는 것은 여간 어려운 일이 아니거든요."

단원들은 자주 지도에 모인다. 보고 또 봤으면서도 그래도 이제는 정말 실감이 나나 보다.

"이게 미국 다 땅입니까? 어디서부터 어디까지가 미국입니까?"

"도대체 우리 조선의 몇 배나 되는 것입니까?"

"조선의 45배나 되는 땅인데 어떻게 말할지 나도 종을 못 잡겠네. 그러니까 미국은 어떤 나라인가? 이걸 다 알자면 한 달이고 1년이고 끝이 없을 테지. 왜냐하면 미국의 역사를 알아야 하고, 인종을 알아야 하고, 종교도 알고 산업도 알아야 할 것이며, 특히 정치·사회·문화·경제를 알아야 할뿐더러, 그들의 사상과 교육을 알아야 안다고 할 수 있다는 말이야. 물론 나도 아는 게 없네. 사서오경이다 명나라·청나라 뭐 이런 식으로 중국문화와 학문에만 매달리는 가운데 갑자기 미국이니 영국이니 해대니까 보고 배울 책이 없어요. 있어 봤자 몽땅 꼬부랑글씨에 말씨도 다르니까 이게 참 갑갑한 얘깁니다. 어찌 보면 헛것을 배운 것처럼 허무하기도 해요."

"그래도 우리가 몇 가지는 알고 가야 할 게 있지 않습니까?"

"얼마나 더 알아야 하겠는가? 죽천 대감께서 또 얼마나 자주 미국에 대해 말해주셨는가? 음식이다 옷이다 날씨다 그들의 하나에서 열까지 다는 못해도 상당한 기초는 누차 말씀해주셨지 않았는가?"

"그러니까…. 그래도 이 미국이란 나라에 대해 도무지 감이 안 옵니다. 우리 같은 사람들이 미국에 가서 뭔 일을 제대로 할지도 아득합니다."

현재의 워싱턴(유니온) 역 내·외관. 월남 일행은 이 역에 도착한다.

　"그러니까 첫째도 둘째도 가서 뒹굴어 봐야 해요. 맘 같으면 우리가 몽땅 미국 학교에 들어가고도 싶으나 그건 후대들에게 열어줄 길이고 우리는 청국과 일본과 아라사 사이에 낀 나라로서 우선은 확실하게 교류를 나눌 기초를 다져야 합니다."

　드디어 미 대륙 서부 본토가 나타났다.

　망망대해만 바라보다가 거대한 육지가 나타나자 일행은 모두 흥분이 가라앉지 않는다.

　마침내 샌프란시스코에 도착한 것이다.

　모두가 뱃머리에 나와 거대 미국 땅을 바라보는데 순간 놀라 자빠질 뻔하였다. 배가 멈추지 않고 육지를 향해 속도를 줄이지도 않은 채 그대로 달려가는 것이다.

　이러다가는 육지와 충돌할지도 모를 상황이다.

　모두 긴장하는데 그게 아니라 땅과 땅 사이에 좁은 바닷길이 나 있다.

　월남이 미국지도를 그렇게 들여다보았으나 상항이란 항구가 이럴 줄은 꿈에도 몰랐다. 다시 지도를 자세히 보았더니 육지가 붙은 것만 같은 남북의 땅 사이에 실오라기 같아 강줄기보다도 좁은 바닷길이 나 있고, 그 사이를 뚫고 배가 지나가면 다시 지도상 저수지보다도 가늘지만 실제는 거대한 바다가 연결되어 있는 것, 그런데 육지 안에

까지 바다가 깊고 넓게 파고들어와 역시나 망망대해처럼 바다를 싸 안고 있다.25)

샌프란시스코에 도착하였으나 미국정부는 쉽게 하선을 허락하지 않았다. 배 안의 모든 승객들에 대해 방역검사(검역, 병이 있나 검사함)를 해야 한단다. 이렇게 배 안에서 하선 허가를 받지 못해 3일을 더 보냈다. 한 사람씩 신체검사는 오래 걸리고 자그마치 청국인 108명은 전부 하선(입국)금지 조치를 당하기도 한다.

배 안에서 도착한 양력 12월 28일(음력 11월 14일)과 29일, 30일, 31일, 나흘이 흘러갔다.

마침내 서기(西曆, 서양의 태양력) 1888년 1월 1일(西曆元日)이 되어서야 하선하여 알렌이 정한 대로 어디가 어딘지 모를 정도로 우람한 해변에서 멀지 않은 8층 건물(호텔)로 들어서게 되었다.

도대체 여기가 어딘지…. 넓지는 않아도 대궐이 높다지만 이건 비교가 안 되게 높은 건물이다. 놀라운 것은 낮이나 밤이나…. 조그만 손잡이를 틀면 전깃불이 들어와 밤이 낮보다 더 환하게 밝다. 배에서도 발전기로 불을 켰지만 비교가 안 되는 밝기다.

아무튼 다시 한번 기억할 날짜. 1888년 1월 1일 주미공사 일행이 미국 땅 본토 샌프란시스코 항에 발을 들여놓은 것이다.

완전 딴 세상이다.26)

---

25) 미 서부 남안의 샌프란시스코와 북안의 마린반도가 마주보는 곳으로서 지금은 골든게이트교(Golden Gate Bridge)가 건설되어 있어 이를 금문교(金門橋)라고도 한다. 길이는 2,825m, 너비는 27m이다. 1933년에 착공하여 1937년에 준공하였다. 지금은 1887년이라 건설하기 45년 전이다.

26) 샌프란시스코 쉐라톤 프린스 호텔이었으며, 당시 기록된 주소는 막개정(幕箇町) 20번지로 되어 있다. '프린스'는 '八來伊瑞'라 하였고 '호텔'은 '店(가게・여관)'이라 하였다. 6층 840호실이었으며 8층 건물이라 하였고 남녀직원이 500명이라 적혀 있다. 동시에 1천여 명이 기숙하며 매일 오후 3시가 넘어서면 상등실 10원, 하등실 3원을 추가 지불한다는 기록도 있다. 지금 현재도 그 당시의 호텔이 그대로 운영되고 있으며 외관은 달라지지 않았다.

"와우!"

입빠른 김노미다.

"이게 뭔데 낮보다 더 밝다. 전깃불이지요?"

"아, 처음 보나?"

요란을 떠니 죽천이 말한다.

"일본은 이미 우리가 갔던 5년 전(1882년) 전깃불 켤 준비를 마쳤지. 주먹만 한 유리알에 불이 들어와 만져보기도 했고. 우리 창덕궁 인정전에도 이미 3년 전(1884년)에 발전기가 들어왔다네. 전하께서도 신기해하시고 조정 신료들도 처음에는 놀랐었지. 월남은 일본서는 봤지? 그러나 인정전의 불은 아직 모르고?"

"예. 신사유람단 돌아와 한번 부르신다 하셔서 내심 기다렸는데 아직 인정전 전깃불은 못 봤습니다."

"맞아 부르시려 하다 넘어갔는데 아마 이번에 귀국하면 용안을 뵙게 될 걸세. 물론 그게 몇 년 후가 될지는 모르겠지만…."

"전기가 밝게만 하겠습니까? 일하는 기계도 전기가 돌리는 것이니까요."

방(객실)은 1,000여 개, 남녀를 가리지 않고 1,000~2,000명이 묵는 객사로서 일행은 6층 840호다.

"미국이란 나라는 남녀가 같이 잠을 자도 되는 겁니까?"

"이상하네, 왜 집에서 안 자고 나와서 자는 거지?"

"전부 미국사람만 아니고 동양인, 서구사람들에다가 아프리카 흑인 내외도 엄청 많아요."

유니온 역에서 본 정면 공원. 멀리 의사당 돔과 여신상이 보인다.

무엇하나 생소하지 않은 것이 없다.

그러나 월남도 죽천도 심신이 피곤하다.

그런데 나오는 음식도 예상을 넘는다.

"이거야 원, 우리가 밥을 해 먹을 방도 없으니 어쩌지?"

이종하가 제일 걱정인 모양이다.

"일단 화성돈에 가봐서 나중 얘깁니다. 처음엔 화성돈 가도 우리가 먹고 자고 사무를 볼 집이 없으니 역시 점(店, 가게나 여관, 호텔도 店이라 불렀음)에서 시작할 수밖에 없어요. 그래서 가면 집이든 점부터 얻어야 합니다. 그런 다음에나 밥을 하든 빨래들 하든 할 게 아니겠소?"

어떨 때는 닭다리 한 개에 빵 3개, 거기에 우유와 끈적끈적하여 곤달걀 같은 것도 음식이라고 나왔는데, 때로는 미련스럽게도 고기를 주먹만 하게 통째로 구워 올려놓고 펼친 쇠스랑 같은 것(포크)과 무시무시하게 생긴 칼(식도)도 얹어놓았으니 일행은 도무지 어찌 먹을지도 모를 정도다. 알렌이 식사법을 설명하지만 밥그릇에 칼을 올려놓고 음식을 먹으라 하니 으스스하다.

"절대로 많이들 먹지 말게나. 모두들 알았는가?"

여기는 지금 몇 층인지도 모를 곳(식당)에 밥상(식탁)이 꽉 들어찼는데 사람들로 북새통이다.

"하여간 배가 고플 대로 고프게 두란 말이오. 양껏 먹었다가는 설사 나서 잠을 못 잡니다."

맛은 있기도 하다. 그러나 숭늉을 마시던 습성과는 반대, 딱히 마실 게 없으나 우유를 들이켰다가는 안 되겠어서 모두가 물을 찾지만 도대체 개운한 맛이 없다.

이렇게 1888년 1월 1일(음력 11월 18일) 밤을 보내고 1월 2일이 되자 역시나 알렌의 주선으로 여기 샌프란시스코에 와 있다는 16개 나라의 각국 영사(領事)들의 방문을 받았다(대사, 공사, 영사는 다름, 샌프란시스코는 수도가 아니어서 영사임). 청국, 일본, 영국, 덕국, 법국, 의국, 아국…. 도대체 누가 어느 나라 사람들인지 인사는 해도 분간이 안 된다(샌프란시스코 영사들임, 공사는 워싱턴에 있음). 모두가 이상한 차림새들, 하기야 조선 양반 옷을 입고 갓을 쓴 우리 일행도 여기서는 구경감일 것이다.

오후가 되자 일행은 임승차마편(賃乘車馬遍, 빌린 차)으로 샌프란시스코 항구 구경을 시켜주겠다 하여 나섰다.

"도대체 미국이란 나라는 정말 놀랍구먼."

모두가 탄성이 터진다.

보는 것이 전부 생경한 풍광뿐이다. 여해(與該)철도회사 직원이라는 사람이 동승하여 안내해주었다.

1월 3일, 하룻밤을 더 자고 내일 떠날 터라 모두가 목욕을 하느라 욕실이 만원이다.

모든 것이 다르다

목욕이라고 하는 것. 이것은 정말 묘한 일이다.

오순익호에서도 목욕이라는 것을 하라고는 하였지만 비웃고 말았다.

"재수 없게 시리 짐승처럼 무슨 목욕을 하겠는가?"

목간(조선말로 목욕)이란 명절이나 제(제사)를 모시게 될 때나 하는 것인데 여기 오니 방마다 욕실이 붙어 있어 소세(세수)도 욕실에서 하고 비누며 치약이라고 하는 것이랑 수건도 첩첩이 쌓였다.

우선 칙간(변소, 화장실)이 확 다르다. 일본의 화장실도 이렇지 않았다. 여기는 칙간이 방 안에 같이 붙어 있어서 '칙간과 처갓집은 먼 것이 낫다.'는 말은 여기서는 틀린다.

허나 반질반질하여 밥사발처럼 깨끗한 큰 요강에 볼일을 보는 것이라 하니 이 일은 안방에서 똥을 싸라는 것과 다를 게 없다.

'히야!'

월남은 문득 어릴 때 측간이 생각났다.

"여기 와서 볼일을 보자니 밥 먹기보다 더 곤혹입니다."

죽천이 웃는다.

"어쩌겠는가? 이건 인간이 하는 짓 같지도 않지만 가만 보면 물로 싹쓸이를 하니까…. 게다가 매일 문지르고 닦는다니까 대형요강이라고 생각하는 수밖에…."

"대궐 칙간을 이렇게 바꾸면 전하께서는 매화틀(임금의 변을 매화라 하며, 임금이 쓰는 요강같이 생긴 틀을 매화틀이라 함)을 쓰시던 터라 이상하지 않다 하실지 몰라도 조선 선비들은 이거 영 어려운 얘깁니다."

김노미가 킬킬 웃으며 또 끼어든다.

"어려서 있지요? 왜 변을 보면 배 속에서 지렁이가 나와 꾸물거리던 생각나세요?"

"에끼 이 사람아. 그만두게나."

월남도 죽천도 웃음이 나온다.

"하여간 기차로 며칠 갈지 모르니 목간들 하시오."

체질에 맞지 않지만 일행은 앞다투어 모두가 목욕이다.

춥다. 날씨는 살을 베는데 점(호텔) 안은 추위도 모르겠다.

다음날(1월 4일) 투용파시픽(透甬破時逼/洋音: 쌀티파시픽, 셜리퍼시픽) 회사의 기차에 올랐다. 미국 대륙을 횡단하여 달려갈 기차다.

하룻밤을 차 안에서 자고도 기차는 계속 달려간다.

화성돈(華城頓, 워싱턴)에 도착하니 1월 9일. 그러니까, 한양 →인천 →홍콩 →마카오→홍콩 →나가사키→요코스카 →요코하마 →하와이 →샌프란시스코→시카고 →워싱턴까지 육로는 1만 5백80리요, 해로는 2만 8천6백85리이며, 수륙합계는 3만 9천215리 머나먼 길이다.[27]

이제 다 왔단다. 내려 보니 울창한 나무숲이다. 워싱턴 역이라 하고 중앙역이라고도 부르는 곳인데(현재의 유니온 역, 현재의 역 청사

---

27) km로는 정확하지 않음. 『박정양 전집』 제2권 639족, 1887년 11월 26일자 기록 참조.

'업비태'호텔 터 맞은편에서 저자　　　　워싱턴에 도착하여 최초로 머문
　　　　　　　　　　　　　　　　　　　호텔('업비태'점 터)

를 짓기 전) 앞이 널찍하고 빼곡하게 들어선 이름 모를 나무들(졸참
나무+굴참나무 등)이 모든 건물을 가렸다. 단지 일직선으로 보이는
눈이 부시게 흰 건물이 5리쯤 돼 보이는 곳에 둥근 지붕을 드러내고
있는데 알렌에게 물으니 그게 미국국회의사당이란다.

　"국회의사당이 뭡니까?"

　"조선에는 국회라는 게 없습니다. 저기는 조선으로 치면 백성들 대
표가 모여 나랏일을 결정하는 곳입니다."

　"중추원입니까?"

　"억지로 때려 붙이면 중추원일 수도 있으나 그건 승정원을 바꾼 거
고 아주 다릅니다. 국민이 대표를 뽑으니까 왕이 앉히는 중추원과는
다르지요."

　이렇게 워싱턴에 도착하여 첫 여장을 푼 곳은 업비태점(業斐太店,
Ebbitt House, 업비티 하우스 호텔) 3층 212호실이다.[28]

---

28) 2011년 8월 30일. 저자는 어렵사리 업비태 하우스를 찾게 되었다. 당시 주소와 비슷하여 현 국제 언론빌
　딩(프레스클럽)이며 간판은 내셔널 프레스빌딩이라 되어 있다(사진 참조: 529 14th Street Northwest,
　Washington D.C. 20045). 당시 종환일기에서는 제14가 106번지라 하고 있다. 1926년 6층 업비태 건물을
　철거하고 그 자리에 현재의 12층 건물을 신축하였으며 맨 위층은 브리핑 룸으로 기자들이 자주 드나든다.

워싱턴 시가지는 백설이 덮였다.

"대통령궁은 여기서 멀대요?"

젊은 나이는 어쩔 수 없나 보다. 송심증이 나서 자꾸 나가자고들 조른다.

"어혀, 우리가 지금 유람단이 아니지 않은가? 지금 순서가 그게 아니야."

그러나 이튿날 하도 졸라 월남이 끌리다시피 점 밖으로 나왔다.

"아, 저게 뭐죠? 어제는 저런 것 못 봤는데…. 야, 높다 높아…."

월남이 입을 연다.

"예서 대통령 궁은 몇 걸음 안 돼요. 조리로 돌아가면 저 나무숲에 가려 있어 그렇지 밭 두어 떼기 거리밖에 안 돼요. 그리고 저게 바로 워싱턴 기념탑입니다. 저기도 밭 열 떼기 정도밖에 안 되게 보이네요. 가차운 곳입니다."

자꾸 가보자고 조른다. 월남도 한 번은 가봐야 되겠기에 죽천 대감께 꾸중 들을 셈 치고 가보기 했다. 점에는 서너 명 남고 모두가 나온 것이다.

"도대체 이런 탑은 처음 봅니다. 5층 석탑이다, 9층 목탑이다 그런 말은 들어 봤어도 뺀 딱지 없이 그냥 저 높게 저게 초대 대통령 워싱턴 기념탑이라 그거지요? 우리 식으로 치면 부처님을 모시는 게 아니고 대통령을 모신 탑이로군요. 언제 쌓았대요?"

"저게 전부 대리석과 화강암이랍디다. 자그마치 1년 360일(당시 음력 기준)의 100배 딱 36,000개의 돌로 쌓은 거래요."

"언제 어떻게 저런 돌을 누가 저렇게도 높이(555피트, 169m) 쌓았다는 거지요?"

"저게 4년 전(1884년) 상투자리에 해당하는 갓돌을 얹었다니까 얼마 안 됐지만 1848년부터 시작해서 36년간 쌓았답니다(일제 36년과 같은 기간). 나도 뭐 알렌에게 꼬치꼬치 물어서 안 겁니다. 이건 누가 봐도 대단하네요."

탑을 돌다 동쪽을 보니 이번에는 10리쯤 되게 보이는 곳에 바로 어제 역에서 내려 보았던 바로 그 국회의사당이 보인다.

"히야, 어제는 지붕만 보이더니 저게 저렇게나 큰 건물입니까? 서기관님! 국회의사당 맞지요?"

"맞습니다. 여기서 10리는 좀 안 되고…. 5리는 넘습니다(2.4km). 그러나 탁 트이다 보니까 가깝게 보이는데 마침 나무들이 가에로 서 있어서 잘 보이는군요. 다 알렌 참판에게 배운 건데 15년 전(1862년)에

미 연방 농무성 앞에서 본 워싱턴 기념탑

저 모양이 갖춰졌다 그래요. 원래는 왼쪽(북쪽 건물부터 짓기 시작하고 둥근 머릿돌 정상에 자유의 여신상이 바로 1862년에 올려졌다 그럽니다."

"그런데 도대체가 국회라는 게 뭐죠? 나라의 회의라는 말 같기는 한데 우리네야 알아들을 소리가 아니로군요."

"차차 배워봅시다. 지금 우리는 이런 게 중요한 게 아닙니다."

북쪽을 보니 이번에는 나무 숲 사이로 흰 건물이 하나 보인다. 크지도 않다(당시의 백악관은 동관과 서관이 증축되기 전이었음). 바로 알았다. 대통령 궁인 것이다.

"아, 저기가 바로 대통령 궁이 맞지 싶습니다."

"그럼 우리가 저기 가서 국서를 봉정하게 되는 것입니까?"

"그렇습니다. 저기 지금 22대 근래반란다(勤來班蘭多, 글로버 클리블랜드) 대통령이 집무하고 있어요. 그런데 저분이 아직 장가를 안 갔답니다(24대 재임 시 백악관에서 처음 현직대통령 신분으로 결혼식을 올림). 이것도 얻어 들은 얘긴데 참 희한합니다. 어찌 주상전하께서 장가를 안 가고 왕의 자리에 올랐다는 건지 우리네 상식으로는 꿈도 못 꿀 얘깁니다."

"그 참 재미나네요. 또 뭐 재미난 얘기 없습니까? 서기관님…"

"재미가 아니라 우리가 알 게 있습니다. 저 대통령궁은… 아니지 아니야, 그보다도 이 미국이라는 나라로 말하자면 역사가 길지도 않아요. 메이플라워호로 미국 땅에 들어온 게 1620년이지만 미국 독립 선언이 바로 1776년(7월 4일)입니다. 그해가 언젠지 알아요?"

"언제라니요?"

워싱턴 기념탑 쪽에서 본 백악관

워싱턴 기념탑 쪽에서 본 국회의사당

"허허, 나는 단박에 알았습니다. 바로 그해 1776년이 우리 조선 21대 임금 영조대왕이 승하하시고 22대 임금 정조대왕께서 등극하신 햅니다. 우리는 이제 서력기원을 꺼내 써야 세계가 알아먹습니다. 맨날 정조 1년, 영조 15년 이러다 보니 세계 연도와 맞지 않아요. 그러니까 정조 임금 등극과 미국독립선언이 같은 해였습니다."

"아아, 기억하기 참 좋군요."

탑을 손으로 만져도 보고 문질러도 보고 허리도 펴 보고 사방을 둘러보며 워싱턴 기념 높은 탑 가에 둘러앉았다.

"그리고 1800년이라는 해가 또 미국과 조선이 기억할 해입니다. 1789년 첫 대통령에 취임한 조지 워싱턴은 3년 후(1792년) 저 자리에 대통령 궁을 짓기로 하고 8년의 공사기간을 거쳐 바로 1800년에 2대 존 애덤스 대통령이 첫 집무를 위해 입주했는데 이게 또 묘하게도 마침 정조대왕이 붕어하신 같은 해입니다. 국회의사당도 북쪽건물은 같은 해에 입주했습니다. 물론 대통령 궁 첫 입주는 2대 존 애덤스 대통령이었지요. 우리 조선하고 미국이 이런 점에서 역사적으로 의미가 있기도 해요."

그때 헐레벌떡 이종하가 달려온다.

"서기관님! 내 여기 계실 줄 알았어요. 죽천 대감마님께서 어디 갔느냐고 찾으십니다. 빨리 오시래요."

맞다. 오면서 몇 번을 했던 말이 바로 우리가 머물 임시 공관을 찾아 자리를 잡는 일이다. 국서도 봉정하려면 여간 까다로운 게 아니다.

급히 업비태로 돌아왔다.

"우리 공사관 장소물색 때문에 그러시지요?"

"맞아요. 알렌 참판영감께서 알아본다고 가셔서 곧 돌아오신답니다. 내일은 어디든 정하고 바로 짐을 옮겨 자리를 잡아야 한다 하십니다."

업비태 점은 샌프란시스코 팔레이서 점(프린스 점)에 대면 규모는 적다. 그러나 마땅히 여장을 풀지 못해 대통령 궁이 턱밑이기는 한데 모든 게 다 어수선하다.

밥값은 상중하로 상등 10원, 중등 4원, 하등 2원. 우선은 이게 문제가 아니다.

어서 빨리 미국 대통령을 만나 국서(임명장)를 봉정(제출)해야 한다. 그리고 양국 간 교류확대와 정착을 위한 공사업무를 개시하여 산적한 문제의 기본사항을 보다 확실하게 하고, 향후 밀려들어올 조선인 학생과 상인 및 정치인들의 원만한 정착을 위하여 조선정부를 대신하는 일을 감당해야 한다.

무엇 하나 준비된 것이란 없다. 돈은 전부 일본화폐나 은화(은으로 만든 무게로 평가되는 돈, 통용됨)를 사용해야 한다. 빨리 조선의 화폐를 미국에서 사용할 수 있는 길도 터놓아야 한다. 하지만 역시 먼 얘기 같고 이게 문제도 아니다.

가장 중요한 급선무는 청국에서 대통령을 만나지 못하게 하는 문제다. 자기네가 데리고 가서 대신해준다는 것이며, 절대 조선 공사 일행이 미국대통령과 단독으로 진행하지 말라고 하는 대미 외교의 최대 걸림돌 영약삼단(另約三段)이라는 것이 있기 때문이다.

하지만 아무리 바빠도 바늘허리에 실을 매어 쓸 수는 없는 노릇이다. 차근차근… 일단 알렌이 알아봤다는 거소를 결정하니 사흘이 지난 1월 12일이다.

마침내 조선 최초 주미 공사관 임대 장소가 결정되었다. 제15정

1513번지(현 TD 은행 소재건물, 1513 15th Street NW, Washington, DC 20005)이다. 대통령 궁에서는 걸어서 반식경도 안 되는 북쪽 5리가 좀 넘은 거리이다(약 2.5km).

모두가 이삿짐을 나르고 들어와 새 터를 잡았다. 3층 건물을 독채로 사용하게 되어 사무실과 숙소와 더불어 주방도 생겼다. 무엇보다 중요한 것이 누군가 요리를 해줄 사람을 찾아야 하는데 한국인은 고사하고 동양인을 만날 수도 없고 더구나 여자를 찾는다는 것은 꿈도 못 꿀 일이다.

3일 만에 입주한 주미 첫 임대 공사관 터. 현재의 모습.

고종의 내탕금으로 매입한 최초의 주미공사관 앞 저자.

"자네들이 고생해야지 별수 있겠는가? 안됐지만 조건이 맞으면 백인이든 흑인이든 사람을 찾아 쓸 생각이니까…"

문제는 불을 때서 밥을 하는 게 아니라 석유를 땐다. 장거리를 어디 가서 무엇을 봐와야 될지도 가마득하다.

"차차 자리가 잡힐 겁니다."

알렌만 쳐다볼 수는 없는 일이다. 하지만 이제야 자리가 잡혀가는데 죽천과 월남을 비롯한 이완용과 이하영 등은 봉정할 국서문제로 고심이다.

방은 월세가 아니라 연세로 정했다. 대신 매달 주기가 불편하여 한번에 4개월치씩 주기로 하고 1년 은화 780원을 열두 달로 나누어 4달에 선금으로 65원씩 지불하기로 한 것이다.[29]

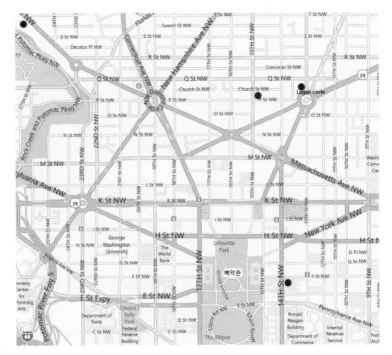

1. 업비태점(業斐太店, Ebbitt House Hotel, 529 14th Street Northwest, Washington D.C.)
2. 조선 최초 주미 공사관(현 TD은행 소재건물, 1,513 15th Street NW, Washington D.C.)
3. 주미공사관 최초 매입 건물 1호(15 Logan Circle NW, Washington D.C.)
4. 현 대한민국 대사관(2450 Massachusetts Ave NW, Washington D.C.)

---

29) 2011년 저자가 탐사한 결과 당시의 건물은 헐리고 고층빌딩이 들어선 각지이며 1층에는 TD은행이 자리 잡고 있다. 앞은 넓은 주차장이며 주위는 로건 서클과 연계된 상권이 잘 발달돼 있다. 저자는 당시의 숨결을 느끼고자 하여 TD은행 안에도 들어가고 업비태 하우스는 물론 이곳에서도 동영상을 촬영하였다. 이곳에서 3년을 머물지만 박정양 공사와 월남 이상재는 청국의 압박에 1년을 채우지 못하고 귀국명령을 받게 된다. 이어서 후임 이하영 공사대리에게 직무를 대신하게 하고 귀국한다. 3년 후가 되는 1921년 고종은 내탕금 2만 5천 불을 보내 여기서 2블록 동편 로건 서클(300여 미터 거리)에 정식 건물을 매입한다. 이것이 주미공사관 최초 매입 건물 1호로서 15 Logan Circle NW, Washington D.C. 20005이다(사진 참조). 그러나 1905년 을사늑약 체결로 조선의 외교권을 빼앗은 일본은 매입한 아래 건물을 단돈 5불에 일본인 우찌다에게 매매하고 우찌다는 소유권 이전과 동시 10만 달러에 미국인에게 되팔았으며 결국 현재 제킨스라는 고령의 흑인변호사 부부가 살고 있다. 미주한인총연합회는 이 건물을 재매입하여 한국이민사박물관 등의 용처를 구상하였으나 현시가 주변기준 150만 달러인 데 비해 이주비+이주 후 생계보조비 등 터무니없는 요구로 인해 김태식 주미대사시절 정부예산 300만 달러까지 배정받았으나 매입에 실패하여 아픈 조선의 상처를 건드리고 있다. 누군가의 독지가 있어 후원의사를 표하기도 하였으나 미결이며 진행이 안 되고 있다. 그러나 저자가 본바 이 건물은 삼각형이라 별 쓸모가 적다. 더구나 구시가지 보존지역이라 건드리지 못하는 도시계획상의 문제도 있다. 또 주차장이 없어 이용성이 나쁘다. 그러므로 새로운 각도에서 발상의 전환이 필요하다는 생각이다. 단, 이상은 민족의 스승 월남 이상재와 직접적인 인과관계는 없음.

워싱턴 도착과 영약삼단 건으로 흥분한 월남

이사를 온 그날. 조선 같으면 소한(小寒) 추위가 살을 벨 때다. 워싱턴도 조선과 똑같은 기후대여서(북위38도) 추위는 조선하고 다를 게 없이 춥다. 거리는 온통 빙판을 이루고 있다.

그러나 먹고 자는 것은 뒷전이다.

어떻게 해야 미국대통령을 만나 고종 임금이 들려 보낸 국서를 전달(봉정, 奉呈)할지에 머리가 깨질 지경이라 워싱턴 착임(着任, 임지에 도착) 첫날부터 지금까지 줄곧 밤을 지새우고 만다.

하루가 가고 이틀 사흘 나흘 닷새 엿새 이레… 금쪽같은 시간은 흘러가고 날씨는 추운데 아직껏 영약삼단을 뚫을 묘수는 떠오르지 않는다.

1월 10일부터 알렌(선교사이자 조선종2품 참판)과 프레이저(조선 명예총영사) 브라운(국무차관) 등이 미국 대통령궁(백악관)과 줄을 대기 위해 의논이 한창인데, 1월 11일 청국에서는 이미 공사 일행이 워싱턴에 도착한 사실을 알고 청국공사 장음환, 참찬관 서수, 수원 이춘관, 3인이 찾아와 아직 자리도 못 잡아 어수선하건만 아랑곳없이 영약삼단대로 할 것을 다시 한번 강조한다.

월남은

"일단 그런다고 하십시오."

라고 죽천에게 이미 몇 번을 했던 말이다.

월남과 이완용, 이하영은 죽천이 약해질까봐 가슴을 조인다.

"정말 이대로 가도 되겠는가?"

전권을 맡은 총 책임자 된 죽천은 만사에 신중하고 조심스러워해

왔다.

"예. 일단은 시비가 붙으면 안 됩니다. 그저 아직 우리 궁(고종 임금)과 연락이 안 되니 천천히 하자고 하십시오. 우선은 이사부터 하고 여독이나 풀리게 며칠 쉬겠다고 하고 마음을 턱 놓으라고 하십시오."

지금 청국공사관과 이 영약삼단문제로 하느니 못하느니 하고 실랑이를 할 때가 아니기 때문이다.

그러나 일단 내면에서 백악관에 줄을 대어야 하기에 마음은 급하게 움직여야 한다.

먼저 알렌과 프레이저를 통하여 백악관에 국서를 보내 보았으나 영문으로 번역해 오라 하여 퇴짜를 맞고, 1월 13일 브라운(미 국무성)이 국서부본으로 영문번역을 마쳐 統領(국무장관) 베아드에게 와 궁에 보여 주게 된다.

업비태 店에서부터 줄곧 정중동, 겉으로는 조용하나 안에서는 가슴이 타 들어간다.

"청국 공사나부랭이들 또 찾아오면 성가시니까 빨리 하셔야 합니다."

"일은 전부 저희들이 볼 터이니 대감께서는 절대 어디고 이 점을 떠나시면 안 됩니다."

"만약 갑자기 찾아오거든 태연하게 대하시고 그냥 많이 아프다고만 하세요. 실제로 편치 않으시지 않습니까? 그리고 천천히 하자고 하십시오."

월남이 몸이 단다.

이완용도 애가 타 어쩔 줄을 모른다.

과연 알렌의 정성 어린 처방에도 불구하고 죽천은 진짜로 병이 나고 말았다.

누워 있는 죽천에게 찾아와 또 따지고 든다.

"우리 모르게 국서 봉정식을 가지려고 하는 것입니까?"

청국의 힐문이 매우 강력하였다.

그러다가 마침내 언쟁까지 붙었다.

자꾸 무슨 말을 해보라고 하는 말에 말려들고 만 것이다.

"우리 조선 조정으로부터 이렇게 하라거나 저렇게 하지 말라거나 하는 등 아직 아무런 얘기가 없는 상태입니다."

그러자 청국 측은 우리 정부에 강력하게 항의하는 전신을 띄우겠다고 으름장을 놓는다.

드디어 월남도 언쟁에 말려들었다.

월남은 울화가 치밀었다.

가고 난 후,

"아무래도 그냥 (봉정)했다가는 심상치 않을 것 같은데…."

죽천이 불안해한다.

"자기네가 국서를 뺏고, 자기네 손으로 봉정한다 하고, 우리는 그것을 바라만 보아야 하고, 이런 식으로 청국은 우리를 속국으로 보자는 건데, 죽으면 죽었지 그럴 수는 없어. 이건 전하께 죽을죄를 짓는 것 아닌가?"

"이게 꽁무니를 뺄 일만도 아닌 것 같습니다. 내가 청국공사를 만나겠습니다."

참다못한 월남은 혈혈단신 청국공사를 찾아가 따지고 들었다.

"한번 물어봅시다. 미국정부가 우리 조선을 향해 청국의 허락을 받고 와야 국서를 받는다고 하였습니까?"

청국 공사 장음환은,

"이 사람이 지금 무슨 소리를 하는 게야? 거기에 왜 미국을 끌어다 붙이는가? 영약삼단은 조선과 청국이 약조한 것 아닌가?"

"그것이 미국의 허가나 승인하에 한 약조입니까?"

"그 얘기가 왜 필요하단 말인가?"

"이게 중요한 문제입니다. 영약삼단은 조・청 간의 문제지 조・미나 미・청 간의 문제도 약조도 아니올시다. 우리 조선 공사를 불러들인 미국에서 만에 하나라도 영약삼단의 조건을 달아 부른 것은 아니지 않습니까?"

"그러나 영약삼단은 조선 국왕이 동의한 문서 아닌가?"

"그러니까 그것은 조・청 간의 문서지 조・미 간의 문서와 약조는 아니라는 것입니다. 한발 양보해도 그것이 미・청 간에 유효한 약조도 아니지 않습니까?"

"헛소리 하지 말게. 조선은 영약삼단을 지켜야 하네."

"그럼 물어 봅시다. 미국정부에서 영약삼단을 떠난 국서봉정은 거부한다고 하는 얘기가 있었습니까?"

"그 얘기는 이 얘기와 다른 문제야."

"그래 다르다고 칩시다. 그래서 미국 대통령이 국서를 받지 않겠다고 하였습니까? 만약 가서 받지 않으면 그것은 조・미 간의 문제로 따로 따질 일이고, 엄연히 조・미수호조약대로 국서를 받겠다고 해서 온 것이 우리 공사 일행입니다."

"안 받으면 어쩌겠는가?"

"안 받으면 그것은 우리 조선 공사와 미국 간에 따질 문제일 뿐이지 청국이 간여할 문제는 아닙니다."

"어째서?"

"조·미수호조약 자체가 청국의 입회와 간섭 없이 어엿한 독립 국가 대 개별국 간의 조약이므로 청국은 굿이나 보고 떡이나 먹을 일입니다. 할 말 있으면 미국 대통령이나 외무성에 할 소리가 아닌가요?"

"그럼 영약삼단을 완전 무시하겠다는 것인가?"

"저는 무시한다고 말하지 않았습니다. 갈래가 다르고 대응 주체와 상대가 다르다는 것입니다."

"이 사람 참 말상대가 안 되는구먼. 지금 와서 영약삼단을 말살하자는 거야, 뭐야?"

"큰소리치지 않아도 알아듣습니다."

"큰소리 않게 됐어?"

"영약삼단은 조선과 청국문제지, 국서 봉정과는 무관한 얘깁니다."

"떼를 쓰러 왔는가?"

"떼라니요?"

청국공사 장음환과 월남의 논리싸움

월남이 영약삼단 부본을 확 펼쳐 보인다.

"여기 눈 까고 봐도 국서봉정을 하려면…. 하는 조항은 없습니다. 왜 없는 내용으로 억지를 쓰십니까? 첫째로, 조선공사가 미국에 가면 공사는 마땅히 제일 먼저 청국공사를 찾아보고 그의 지도하에 美國외무성에 갈 것이며라고 하였습니다(국서봉정은 외무성이 아님). 그러니까 외무성에 가는 것과 백악관에 가는 봉정식과는 다른 얘기지요? 둘째로, 조회나 公·私(공적, 사적) 연회석에서 마땅히 조선공사는 청국공사 아래 다음 자리에 앉아야 하며라고 했지요? 이게 국서봉정 얘기는 아니지 않습니까? 셋째로, 어떤 중요한 업무가 생기면 반드시 먼저 청국공사와 의논부터 한 후에 처리하기로 한다…. 그래요, 이것은 국서봉정을 마치고 난 그 다음에 얘기지 국서봉정문제가 아니지요?"

장음환은 내심 찔끔한다.

"하여간 안 된다는 것만 아시게. 그러면 재미없다는 것만 확실하게 못 박아 두겠어."

"맘대로 하십시오."

"뭐? 맘대로 해? 이게 공사 박정양의 말인가?"

"물론 이 말은 제 말입니다. 가뜩이나 지금 전권대신 죽천 대감이 아파서 국서봉정은 언제 할지도 모를 지경입니다. 다만 수만 리 타국에까지 와서 우리 동양인들끼리 서로 돕지는 못할망정 이렇게 티격태격 싸워서야 미국이 동양을 어떻게 보겠습니까? 공사님도 한번 잘 생각해 보십시오."

월남도 약간 꽁무니를 빼는 투로 부드럽게 말하자니 속이 부글부글 끓어오른다.

'젠장, 청국이 뭐 그리 대단하다고 언제까지나 고리타분한 사고에 쩔어 가지고서는….'

그러나 죽천이 아픈 마당에 한계가 있어 그 이상의 선을 넘을 수도 없는 일, 죽천 대감께서 결정하실 일이기 때문이다.

월남이 점으로 돌아왔다.

흥분이 가라앉지 않아 가슴이 벌렁거린다.

"이보시게 어딜 갔다 오나? 그런데 왜 그리 숨은 헐떡이는고? 혹 청국공사관에 갔다 온 겐가?"

죽천은 누워 있고 이완용이 묻는다.

"갔다 왔지."

죽천이 돌아눕는다.

"뭐라 하던가?"

"안 된다고 악을 쓰는데 말이 엉성합니다. 논리도 아니고 생떼를
쓸 뿐입니다."

"그러니 어쩌면 좋지?"

"밀고 가세요. 공사한테도 말했지만 영약삼단과 국서봉정은 다른
문제입니다."

"도대체 뭐라고 했기에…. 간단히 말해 보라고."

"일단 영약삼단을 펼쳐놓고 따졌습니다. 여기 눈 까고 봐도 국서봉
정을 하려면이라고 하는 조건은 없습니다. 왜 없는 내용으로 억지를
쓰십니까? 첫째로, 조선공사가 미국에 가면 공사는 마땅히 제일 먼저
청국공사를 찾아보고 그의 지도하에 미국외무성에 갈 것이며라고 하
였는데, 외무성에 가는 것과 봉정식은 다른 얘기지요? 둘째로, 조회
나 공사(공적, 사적) 연석에서 마땅히 조선공사는 청국공사 아래 다음
자리에 앉아야 하며라고 했지요? 이게 국서봉정 얘기는 아니지 않습
니까? 셋째로, 어떤 중요한 업무가 생기면 반드시 먼저 청국공사와
의논부터 한 후에 처리하기로 한다… 그래요, 이것은 국서봉정하고
난 그 다음에 얘기지 국서봉정문제가 아니지요? 이렇게 따졌습니다."

"하하."

죽천이 일어나 앉는다.

"그러니까 뭐라 하던가?"

"말이 막혔습니다. 그래서 한다는 소리가 '하여간 안 된다는 것만 아시

게. 그러면 재미없다는 것을 확실하게 못 박아 두겠어.' 이러더라고요."

"그래서?"

"맘대로 하라고 했습니다. '단, 월권이 될까 싶어 그러나 이 말은
제 말입니다. 전권대신 죽천 대감이 지금 아파서 국서봉정은 언제 할
지도 모를 지경입니다. 다만 수만 리 타국에까지 와서 우리 동양인끼
리 서로 돕지는 못할망정 이렇게 티격태격 싸워서야 미국이 우리 동양
을 어떻게 보겠습니까? 공사님도 잘 생각해 보십시오.'라고 했습니다."

"그러니 이제 어떻게 해야 하겠는가?"

하더니마는 죽천이 고개를 끄덕인다.

"자네는 영약삼단을 제대로 파헤쳤구먼."

"강화도 조약 때 일본한테 글자로 당했으니 글자는 조곤조곤 따져
보는 게 맞지 싶어서지요."

"맞아 맞아. 나도 그 정도까지는 못 봤는데…. 하하. 믿는 구석이 있
어서 밀어붙이자고 한 것이로구먼."

이완용이 혀를 내두른다.

"맞네요. 경우는 월남의 말이 똑 떨어지는 경우입니다."

월남이 말한다.

"우선은 느긋하게 천천히 하는 걸로 보이게 하고 물밑에서 활발하
게 움직여 국서봉정부터 마쳐야 합니다. 그 다음은 그 다음에 생각할
문제입니다."

성공! 백악관 방문 미국 대통령께 국서를 올리다

이렇게 흘러가는 하루하루는 고문당하는 죄수의 시간처럼 초조하고 힘이 든다.

어느덧 닷새, 엿새, 이레, 여드레가 지나 1월 17일.

드디어 근래반란다(勤來班蘭多, 클리블랜드) 미국 대통령의 궁으로부터 들어오라는 연락이 왔다. 물론 청국에서는 알 턱이 없다. 일행은 의관을 정제하여 갖추고 두근거리는 가슴으로 백악관을 향해 출발하게 되었다.

아, 드디어 가고 있다. 조선과 미국이 이제 어엿한 수교국으로서의 면모를 갖추러 가는 역사적인 날이다. 장대하고 벅찬 날, 1888년 1월

왼쪽에서 4번째. 국서 봉정 제22대 글로버 클리블랜드 대통령
22대(좌4)에 이어 24대에 당선(좌2)되다. 미국 역사박물관촬영.

17일, 아침부터 눈이 내린다. 함박눈이 펑펑 쏟아지는 워싱턴 시가지는 조·미 관계를 넓게 펼쳐주기라도 하는 듯이 오늘따라 유난히도 광활한 벌판처럼 넓고도 넓다.

눈에 들어오는 설경이 함박눈과 어우러지고 전권공사 박정양, 참찬관 이완용, 1등 서기관 이상재, 서기관 이하영, 통역관 이채연은 상기된 얼굴로 백악관을 향하고 있다.

이상한 것은 추운 줄도 모르겠다. 그러나 가슴은 방망이질이다. 박정양은 의미심장한 얼굴로, 월남은 싱글벙글 웃는 얼굴로, 이완용은 예의 근엄한 표정으로…. 이 길이 조선을 세계 속의 조선으로 펴갈 역사적인 길이다.

그러나 41개국이나 되는 많은 공사가 주재하는 미국 측으로서는 의례적인 신임장 제정행사였을 뿐, 허나 조선으로서는 독립국임을 외교적으로 인정받는 역사적인 국서 봉정식이 곧 거행될 것이다.

문제는 단 하나, 영약삼단을 무시한 채 독자적으로 국서를 봉정하고 난 후 청나라가 어떻게 나올지는 그 누구도 가늠하기 어려운 문제지만 일단 그것은 지워 버린 차후문제다.

"제 놈들이 패 죽일 겁니까? 걱정하지 맙시다."

이완용이 맞장구를 쳤다.

"저놈들 꼴 우습게 되네마는 감히 미국과의 문젠데 어쩔 거여?"

그러나 말은 이렇게 해도 죽천의 어깨는 무거운가 보다.

"여기서 우리야 무슨 일이 있겠는가? 문제는 전하를 괴롭히거나 우리 조선을 귀찮게 할까 그게 걱정이지."

이에 월남이 말했다.

"조선에도 미국 공사가 와 있습니다. 아, 미국과의 수교문제를 들고 나오면 저놈들 미국이 가만두겠습니까?"

의기양양한 면도 있으나 내심 누구도 걱정하지 않는 사람은 없으나 서로가 서로를 위로하며 일단은 접고 봉정식을 잘 마치는 것이 급선무다.

한편 이럴지도 모른다.

공사 일행 전원의 목을 요구할 수도 있고 잘못하다간 1886년 그랬던 것처럼 자칫 고종을 폐위시키려 들 수도 있는 일도 예측불가다.

"이런 걸 구더기 무서워 장 못 담그느냐고 하는 거지?"

죽천도 이제야 기분이 좀 풀리는 모양이다.

그러나 위험이 따른다고 언제까지나 속국으로 지낼 수만은 없는 세계를 향한 막중지사다. 하여 국서 봉정식이 거행되는 오늘만큼은 자주 국가로서의 독립운동 최선봉에 선 투사들이다. 백악관 정문을 통과해 봉정식이 거행될 방에 들어설 때는 비장함마저 감돌았다.

다행이다. 천만 다행이고 하늘이 돕고 고종 임금께서도 도우시는 것이 맞다. 청국 공사일행은 깜빡하고 느긋하게 기다리고 있는 중이었으며, 죽천이 얼굴 표정 하나도 변함없이 능란한 처세로 안심을 시켜준 결과로 독자적 봉정식을 가지게 된 것이다.

그러면 이때 미국은?

영약삼단 따위에는 아예 아무런 관심도 없는 일이다. 그렇다고 청국에서 미국을 향해 조선 공사가 오거든 꼭 이렇게 저렇게 해야 한다고 하는 말은 금물이다. 어디라고 미국의 자주외교권에 청국이 감 놔라 배 놔라 할 것인가. 미국은 생각지도 않는 일이지만 조선으로서는 간단한 문제가 아니기는 하다.

시간이 가까워져 일행은 백악관 대기실로 들어섰다.

전권대신 박정양은 대궐에서 입던 관복을 차려입었다.

월남과 이완용·이하영·이채연 등은 검정 사모를 쓰고 흑단령에 목화를 신었다. 한껏 예를 차려입었고 관복도포에 조선조정 입시하는 차림새다.

이채연을 비롯한 수원 강진희, 이헌용, 김노미 등은 갓을 쓰고 한복과 군복을 입기도 하여 차림새가 각색이다.

백악관은 대단히 크지 않고 창덕궁처럼 화려하지도 않다. 그저 시내에서 흔히 보는 상가건물이며 호텔방이나 다를 게 없다.

"대궐이 뭐 이래요?"

속삭이듯 말한다.

"여기는 대기실이겠지 뭐."

"아닌 것 같아요. 여기가 대통령궁, 그러니까 인정전인가 봐요."

"조용히 하게."

알렌과 프레이저는 양복 차림이다.

처음 와보는 거대국 미국 대통령의 궁(백악관)에 들어는 왔으나 여기가 대통령 집무실이라는 생각은 아무도 못한 것이다.

잠시 후 약속한 시간이 되자 클리블랜드(勤來班蘭多) 대통령이 베아드(국무장관)와 브라운(국무차관)을 대동하고 방으로 들어왔다. 번쩍번쩍 빛나는 관을 쓰고 화려한 복장을 한 국왕의 모습을 상상하고 있던 공사 일행은 방금 들어온 사람이 누구인지 도무지 알 수가 없었다.

"대통령은 언제 들어오신대요?"

김노미가 말을 거는 순간 뚱뚱한 사람이 용상도 아닌 보통 의자에 앉는데 이 사람이 대통령이라 하여 모두가 놀랐다.

'무슨 왕이 저렇게 보통 옷을 입고 국민들과 똑같을 수가 있을까?'

일행의 기대는 다 무너졌다.

그러나 그가 대통령이라는 데야 어이하랴.

죽천은 곧장 이마를 땅에 대고 늘 하던 대로 3배를 올려 부복하여 예를 갖추기 위해 큰절을 하였다.

배석한 미국 관리들이 기겁을 하고 말린다.

"이게 무슨 짓이요?"

"예를 표해 마땅한 것 아닙니까?"

월남도 부복하여 3배를 올리려 하자 미국인 모두가 말린다.

"조선에서는 그렇게 하는 모양인데 미국은 그렇지 않습니다."

상놈들이다.

왕을 만나 고개를 빳빳이 들고 절도 하지 않는단 말인가?

그러나 그런 것이 예도 아니고 법도도 아니며 서로가 손을 맞잡는 악수로서 예의가 갖춰진 것으로 본다는 것이다.

우스꽝스럽다고 할지, 무례하다 할지, 예절도 모른다 할지….

그러나 죽천은 어찌 그럴 수가 있느냐면서 무릎을 꿇고 이마를 방바닥에 조아리며 경의와 충성의 표시로 세 번 배례하게 해 달라고 사정했다. 대통령 수행원들이 죽천의 돌출행동을 제지하고 일으켜 세우자 죽천은 당황해 어쩔 줄 몰랐다. 게다가 가져온 상자의 열쇠를 찾지 못해 며칠 동안 준비한 취임사는 횡설수설 망쳐 버렸다.

봉정식이 진행되는 동안 알렌은 터져 나오는 웃음을 참느라 진땀을 흘렸고, 공사 일행은 무엇이 어떻게 잘못됐는지 알지 못해 어안이 벙벙했다. 대통령과 국무장관은 먼 곳에서 찾아온 손님들에게 무안을 주지 않으려고 눈앞에서 무슨 일이 벌어지건 최대한 점잖게 보이려고 애쓰는 모습이 역력했다.

그러나 어이하랴.

3배로 예를 갖추려던 뜻은 접고 마침내 국서 봉정절차를 마감하니 1월 17일, 바로 역사적인 날이다.

성공이다. 대성공, 조선은 미국 대통령에게 임명장을 제출하였다.

국서를 봉정하고 난 후, 공사단 일행은 당일(1월 17일)부터 시작하여 연달아 많은 미국 정부 관리들과 주재국 대사들을 소개받아 만났다.

포르투갈, 이탈리아, 불란서, 파푸아뉴기니, 토이기, 화란, 서반아, 모로코, 일본, 에콰도르 등등 자그마치 28개국 주미공사들을 소개받아 상면하였다.

그런데 바로 이 자리에서 뒤늦게 오라는 연통을 받은 청국공사 장음환(張蔭桓)도 상면한 것이다. 보아하니 조선공사가 봉정식을 하는 줄도 몰랐다가 식이 다 끝난 후 상견례 장에서 갑자기 만난 눈치다.

장음환은 월남만을 유심히 째려보고 있다.

잠시 그러더니만 얼굴표정을 푼 장음환은 더 이상 별다른 표정 없이 담담한 상면인사로 악수만 나누고 헤어졌다.

이렇게 시작된 상견례는 이제 미국정부 관리로 이어졌다.

외부장관, 재무(호부)장관, 육군장관, 내무장관, 법부장관, 농부장관, 대심원장관 등 16개 부서 장관과도 상견례를 하였다.

이렇게 국서봉정을 마치고 나온 일행은 하늘을 날아갈 것만 같아 춤이라도 덩실덩실 추고 싶었다.

백악관을 나와 드넓은 광장을 한 바퀴 돌아치기로 하였다.

"벅찬 가슴을 좀 달래고 가야지, 오늘같이 좋은 날 이대로야 어디 방구석에 들어가 처박혀만 있겠는가?"

며칠을 앓던 죽천도 지금은 하늘을 날 기분이다. 눈도 그쳤다.

제12부

조미 수교의 물꼬를 트고

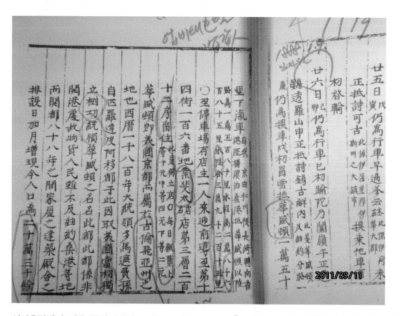

신사유람단과 미국 공사시절의 從宦日記가 들어 있는 『박정양 전집』 전 6권 중 2권 638쪽.
워싱턴 도착 첫날 업비태 점 기록 친필(증손자 고려대학교 박찬수 교수 제공).

워싱턴 광장

어느새 햇살이 밝다.

저 멀리 미 의회의사당 건물이 또렷하다.

"우리 주상전하 만세삼창 어떻습니까?"

김노미다.

"제가 선창하겠습니다. 주상전하 만세!"

모두가 복창한다.

"주상전하 만세!"

"만세!"

"만세!"

웃고 떠들고 덩더꿍 어깨춤도 추고 이번에는 조선왕실 만세다.

다음 조선백성 만세를 부른다.

한참을 신바람 나게 광장을 활보하며 웃고 떠드는데 순간 일이 터졌다.

마구잡이로 눈덩이가 날아오는 것이다.

돌멩이도 날아온다.

눈덩이와 돌멩이는 미국 어린아이들이 던진 것이다.

말이 통하지 않는 미국 어린이들이 이상한 차림의 조선 사람들을 보자 호기심에 돌을 던진 것이다.

하마터면 큰일 날 뻔했으나 다행히 다치지는 않았다.

아무리 말려도 쫓으면 도망가면서 던지고 다시 따라오면서 또 돌을 던진다.

아이들은 붙잡을 수도 없이 약삭빠른데 계속 돌팔매질을 하는 것이다.

문제가 커지는 순간 어디서 왔는지 미국순경들이 달려와 아이들을 몽땅 붙잡았다.

다가가니 이 아이들은 잡아가서 처벌을 할 테니 안심하고 돌아가란다.

아이들을 데리고 경찰이 떠난 후에 월남은 급히 뒤를 쫓았다.

손짓발짓에 서툰 영어로

"우리는 조선에서 온 주미공사 일행입니다."

잘 알아듣지 못하지만 월남은 끝까지 포기하지 않고 말한다.

"더구나 오늘은 봉정식을 마치고 나와 경사스러운 날입니다. 저 아이들을 풀어 주시오. 호기심 탓이고 다치지도 않았습니다. 순진한 아이들이 그럴 수도 있지 않겠습니까? 풀어 주십시오."

경찰은 말보다 표정으로 조금씩 이해를 하는 모양이다.

"보세요. 조선에 이런 일이 있었습니다. 미국공사가 부임해 제물포에 와서 마차를 타고 한양으로 가는데 아이들이 육두질(주먹을 쥐고 손바닥으로 밀어 넣는 욕질)을 했습니다. 접견사에게 저게 뭐냐고 물었지요. 접견사는 급한 김에 저것은 조선의 인사법이라고 둘러댔습니다. 그러자 한양에 당도해 공사관에 들어서면서부터 마구잡이로 육두질부터 해댔습니다. 조선식으로 인사를 한 거지요? 이 얼마나 황당합니까마는 아이들이 돌 아니라 육두질을 해도 조선의 아이들도 그러하거늘 우리가 웃고 넘어가야 되지 않습니까?"

경찰이 허리를 잡고 웃으며 말을 알아들었다.

그때 죽천을 비롯한 일행이 뒤쫓아 들어온다.

"말이 통합니까?"

"예. 잘 안 통합니다마는 그래도 무슨 뜻인지는 아는 것 같습니다."

"뭐라고 한 거요?"

"아이들을 풀어 주라는 것이지요."

죽천과 이완용도 거들었다.

마침내 경찰이 알아듣고 오히려 감사하다고 치하한다.

"조선이라는 나라에 대해 들어서 압니다. 며칠 전에 신문에서도 봤어요. 청국에서 영약삼단을 물고 늘어지는데 그것은 옳지 않다는 기사도 봐서 알지요."

"맞습니다. 우리가 바로 그 조선공사 일행입니다. 이 어른이 공사님이십니다."

그러자 경찰 고위간부까지 나와 알았다고 하면서 감사하다는 말을 연발한다.

"그러니까 미국에 와서 임명장 제출하고 첫 번째로 하신 일이 바로 아이들을 널리 이해해주신 이 일이 되는 셈이로군요. 정말 너그럽고 이해심도 많은 나라입니다. 조선에 대해 새롭게 알았습니다. 저희가 더 고맙게 생각하고 풀어 주겠습니다. 원래는 단박에 풀어주지 못할 일이거든요. 앞으로 조·미 양국이 좋은 세월을 맞을 것입니다. 징조가 참 좋습니다."

이렇게 해서 경찰서를 나선다.

"이래저래 기분이 참 좋구먼."

일행은 점으로 향했다.

그런데 막상 점에 돌아오니 걱정이 앞선다.

"청국이 알았으니 이제 어떻게 하지?"

죽천이 다시 피곤해한다.

"걱정 마세요. 죽이겠습니까? 제가 앞장서서 따질 것이 있으면 따지겠습니다."

"하지만 만만치는 않을 것도 같으나 일단 모든 책임은 내가 지는 것이니 걱정하지 마시오."

죽천도 각오를 단단하게 하였다.

"공사는 자국 법에 따른다 했으니 나는 조선의 국법에 따라 상벌을 받는 것이 조·미수호조약입니다. 걱정하지 맙시다."

가슴 아픈 환국명령

이야기를 확 줄여서, 오늘은 미국에 온 지 11개월하고 열흘이 지나 1888년 11월 19일(음력 10월 16일)이다. 미국 초대 공사 박정양 일행은 이제 미국을 떠나 조선을 향해 돌아가게 되었다.

오나가나 찰거머리 같은 영약삼단이 초대 공사의 공무수행에 계속

발목을 잡은 탓이다.

상항(샌프란시스코)에 도착한 지 11개월여가 지났고, 제물포를 떠나 배에 오른 지(1887년 11월 17일/음력 10월 2일) 1년하고도 2일이 지나갔고, 워싱턴에 도착(1888 년 1월 9일)한 지 11달 10일이 지난 오늘, 죽천과 월남은 환국(귀국) 차 워싱턴 정차장에 나와 기차를 기다리고 있다.

고종은 박정양의 소환을 받아들였다. 청국의 강력한 소환요청에 더 이상 박정양 공사 일행을 워싱턴에 둘 수가 없게 된 까닭이다. 죽천은 무명의 벼슬아치도 아닌 풋내기 서기관 이하영을 공사대리로 앉히고 떨어지지 않는 발걸음으로 워싱턴을 떠나야 한다.

1년 만에 되돌아갈 줄은 상상하지 못했다. 할 일 많은 미국에서 정신없이 보낸 1년여 세월은 터를 잡기에도 부족하였다. 나그네가 정처를 정하지 못한 것과 다름없이 셋에 월세로 머무는 주미공사는 없었다.

그러나 첫째는 국서봉정이고 다음은 공사관으로 쓸 장소를 물색해 정하는 일인데 겨우 터를 잡나 했더니 불식간에 돌아가는 것이다.

떨어지지 않는 발걸음이다.

청국은 끝끝내 영약삼단 위약이라고 죽천 일행을 미국에서 쫓아내려 안간힘을 써왔다.

여기에는 월남이 꼭 포함돼야 한다고 강하게 퇴출요구를 해왔다.

국내 정정은 여전히 불안정한데 청국의 압력은 견디지 못하게 밀려와 할 수 없이 고종은 이완용과 월남과 하인 김노미까지 워싱턴에서 쫓아내라 요구한 압력에 굴복할 수밖에 없었던 것이다.

지난 1년의 워싱턴 근무는 모든 것이 시작단계라 안정이 되려면 아직 멀었다. 공사관 건물부터 세를 살 게 아니라 아예 우리 건물로 사들여야 하는데 이제는 돌아가야 하는 것이다.

착잡하고 어두운 마음으로 이렇게 워싱턴을 떠나 다음날 시가고 (詩可古, 미네소타, 시카고)에 도착했다.

"도대체 어쩌라는 것이지요? 첫째, 미국을 떠나라. 둘째, 조선에도 들어오지 마라. 그러니 어쩌라는 건지 떠나기는 해도 이게 참 기가 막힙니다."

죽천에 대한 청국의 요구다. 미국을 떠나되 조선으로 들어오지도 말라는 말이다.

"제3국으로 나가라는 얘기니까 일본에서 귀국하지도 말란 뜻 같아요."

출발의 벅찬 가슴은 싸늘하게 식었다.

모두가 말을 잃었다.

할 일 많은 미국에서 할 일을 못하고 쫓겨 가는 신세. 문제는 어디로 가라는 것인지 모를 일이다. 일단은 일본으로 가라는 암시다.

행망배례(行望拜禮)와 박정양의 태극기

돌이켜 보면,

국서봉정 이후 공사단 일행은 연거푸 사람을 만나 오반(午飯, 오찬), 석반(夕飯, 만찬), 야반(夜飯, 야식)이 가장 많아 누구와 언제 몇 번이라고 다 셀 수도 없이 바빴다.

중요한 일정 중에는 매 초하루 보름에 올리는 행망배례(行望拜禮, 주상전하께 예배드림)가 있어 한 번도 빠짐이 없었다.

처음은 국서봉정을 마치고 열흘이 지난 음력 1887년 12월 15일(정해

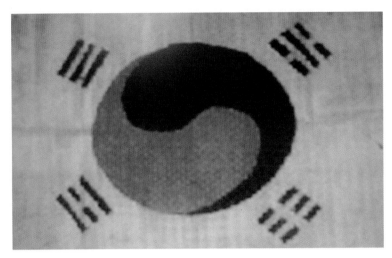
박정양의 태극기. 주미공사시절 '행망배례'에 걸렸던 것이다.

(丁亥)년 계축(癸丑)월 정유(丁酉)일. 양력 1888년 1월 27일 아침이다.

"다 모이시게."

죽천이 일행을 불러 모아 첫 행망배례를 시작한 것이다.

이미 어제부터 행망배례 준비를 하였다.

"우리가 여기 와서 정신이 없다 보니 주상전하께 배례를 올리지 못하였네. 이제 봉정식을 마치고 오늘이 처음 맞는 보름날이야. 우리는 응당 초하루 보름이면 주상전하께 배례를 올려야 하네."

그래서 첫 행망배례(行望拜禮) 올릴 준비를 한다.

죽천은 한양을 떠나면서, 태극기도 받들어 가지고 왔다.[30]

그리고 주상전하의 어진(御眞, 고종의 용안을 그린 그림)도 모시고 왔다.

상석에 어진과 태극기를 나란히 걸고 행망배례가 시작되었다.

---

30) 박정양의 태극기로 알려진 이 태극기는 인터넷에서 볼 수 있음.

죽천이 배례주다.

3배를 마치고 이제 죽천이 상 배례문을 낭독한다.

"전하! 전하의 은총을 힘입어 조선을 떠난 지도 90일이 가까워 석 달이 되었습니다. 이제 미국과의 조미수호조약이 결실되어 신임장도 제출했습니다. 미려한 소신들이 여기까지 와서 미흡하나마 이제 미국 과 공사관계의 첫 문을 열었사오니 모쪼록 성심이 충만하셔서 양국 간에 영원한 우호협력관계가 튼튼하게 자리 잡게 해주옵소서. 소신들 은 전하의 성심을 받들어 재미기간 내내 죽도록 충성을 다 바치겠습 니다. 이로서 영원무궁한 조·미협력관계의 거대한 역사의 장이 열리 고, 무수한 조선백성들이 미국에 자유롭게 오가며 상호 양국 간 신뢰 와 우의의 굳센 터전을 잡게 도와주옵소서! 옥체강령하시며 왕실이 안녕하고 나라가 편안하기를 두 손 모아 기원드립니다."

죽천의 상배례문(上拜禮文, 배례문을 올리는 글) 낭송이 있고 이어 서 모두가 서쪽을 향해 조선과 주상전하 전에 다시 3배를 올린다.

배례는 이처럼 죽천의 상배례문 봉송(奉頌) 후 3배로 마쳤는데 마 치고 나자 죽천이 격노했다.

"김노미! 가서 봉걸레를 가져 오게나!"

소리를 쳐 가져오자 엎드리라고 불호령이다.

"어디라고 행망배례를 올린다는 우리가 키득거리고 웃는단 말인 가? 불경의 죄를 물어야 하니 곤장을 칠 것이야."

갑자기 김노미가 곤장을 맞자 배례장은 찬물을 끼얹은 듯 순식간 에 침묵에 빠졌다.

배례 중에 누군가의 생리 실수가 있었고, 이에 김노미가 웃어버린 것이다.

"행망배례는 우리가 여기 머무는 마지막 날까지야. 이것은 우리의 본분일세. 어디라고 감히 킬킬대고 웃는단 말인가? 누가 그렇게 가르치던가? 오늘은 이렇게 마치겠으나 앞으로 초하루 보름이면 내가 제일 먼저 상배례문을 낭송해 올릴 것이고 돌아가면서 한사람씩 정치·경제·국방·안보 등 각자의 배례문을 준비하시게. 다음 차에는 이완용, 그 다음은 월남, 이하영 이런 순서로 준비하시게. 또 향후 이런 일이 있으면 지금처럼 곤장 정도로 봐주지는 않겠네."

죽천은 주상전하의 강녕과 왕실, 월남은 교육, 이완용은 외교, 이하영은 경제, 이채연은 과학문화발전 등의 주제를 가지고 지난 1년 내내 엄숙한 행망배례는 단 한 번도 차질 없이 올려 지기도 했었다.

몇 번이었던가?

일행은 알렌의 요청으로 예배당이라고 하는 처치(교회)에도 갔다.

참 낯이 많이 설고 희한한 광경이나 기도를 하려면 눈을 감아야 하는데 잘 감기지 않는다.

찬송가는 부를 재간이 없다.

설교는 들어 먹을 수도 없는데 그래도 끈질기게 가자고 하니 가지 않을 수도 없었다.

의회민주주의와 미 국회의사당

돌아보면 미국은 조선과 다른 것이 지천이었다.

농사지을 땅이 너무 많아 놀리는 땅이 무한대여서 조선과는 딴판이다.

농사를 많이 지을 필요도 없다.

"미국은 미국 땅 전체에 1년만 농사를 다 지으면 미국인이 2년, 3년을 먹어도 돼요."

알렌은 미국은 천국이라 먹을거리가 넘친다면서, 이것은 성경의 하느님 말씀대로 땅이 안식년을 지켜서 기름지다는 말이다.

"풀이 안 납니다. 밭을 맬 이유가 없어요. 풀은 저절로 안 나고 곡식만 자랍니다. 하나님의 법대로 땅도 주일을 지키듯 쉬게 하는 것이지요."

꿈같은 얘기다.

먹을거리가 없어 굶는 조선과 이렇게까지 다를 수가 없다.

무엇이 얼마나 다른지에 대해 이루 말로는 다 할 수 없이 많은 것 중에 하나는 정치제도다.

대통령이라 부르는 왕을 선거라는 제도로 백성들이 직접 골라 세운다는 사실이다.

미국에도 전쟁이 있었고 처음 미국 대륙을 발견한 사람이 있다면 그들이 나라의 주인이 되고 왕이 되어 마땅할 일을 미국은 그렇게 하지 않는다는 것이다.

근래반란다(클리블랜드) 대통령만 해도 4년에 한 번씩 뽑아 22번째 대통령이므로 자그마치 88년 전부터 왕이 아니라 국민이 대통령을 선거로 뽑고 있다는 것이다. 물론 여기에는 선거제도에 대한 복잡한 절차가 있어 직접선거가 아닌 대의원 선거제도로 대통령에 당선시키고 4년 후면 그만두거나 잘하면 한 번 더 4년의 기회를 준다는 사실이 조선과는 극명하게 다른 정치문화였다.

'백성이 어찌 감히 왕을 올리고 내린단 말인가?'

도대체 어리둥절하다.

그러므로 왕이 국민에게 잘 보이려 하는 것이 아니라, 신하가 왕에게 잘 보이려고 하는 조선과 반대다. 있을 수도 있지도 않지만, 만약에 왕이 후궁을 줄줄이 두고 대궐을 치장하고 호의호식한다면 국민은 왕도 쫓아내는 탄핵제도도 있다고 한다.

월남은 모든 것이 조선과 다른 것 중에 국가의 주인은 국민이라는 민주주의 제도가 참 생소했지만 그것이 참 좋은 제도라는 공감을 얻었다.

"대감마님. 민주주의가 좋은 것 아닌가요?"

죽천의 의중을 떠보려다 실패다.

"그들은 그들의 방식으로 살고 우리는 우리의 방식으로 사는 것이

2011년 8월 23일 미 동부 지진으로 기념탑에 금이 갔다. 지진 발생 5분 후 헬기가 출동하여 사태수습에 나서다.

지, 집집마다 똑같이 살 수가 있는가? 이보게 월남, 급한 생각일랑 하지 말게나."

들고 보니 죽천은 월남보다 더 깊이 생각해본 것이 뻔하다. 그러나 조선 공사로 온 신하 된 입장에서 가볍게 맞다 맞다 하며 맞장구를 치는 경솔함은 옳지 않다는 논리다.

"이런 제도를 누가 하자고 한다고 해서 되겠는가? 미국은 이미 영국적 사고를 하던 선조들이 개척하였고, 여기까지 오는 동안 전쟁이 얼마나 많았는지 아는가?"

월남은 더 이상 들추지 않고 1년 내내 미국의 정치제도와 선진문화 기술개발과 국민의식에 대해 말없이 세세하게 살피며 특히 가르치고 배우는 교육문제는 매일 심도 있게 분석하느라 밤이 되어 모두가 잠들어도 잠들지 않고 생각에 잠겼다.

자면서도 매일 새로 접하는 미국문화 분석이었다.

그러나 미국공사 서기관으로 와서 국기를 뒤집는 발상은 건방진 월권이다. 하여 생각만 할 뿐 죽천의 말대로 드러내지 않고 경(가볍다)하지 않기로 작심하였다.

어찌 월남뿐이랴. 죽천이나 이완용, 이하영, 김채연, 김노미나 이원용도 같은 생각을 하였을 것이다. 그러므로 어디를 가서 누구를 만나거나 전부 설명을 듣지 않으면 들어도 모르고 봐도 모를 일이다.

육조와 승정원 제도는 그런대로 조금은 비슷하나 특히 뿌리가 다른 것은 미국의 의회제도다.

북쪽에서 남쪽으로 흐르는 포토맥 강을 건너 정 동쪽에서 서쪽을 향해 인왕산 모양을 하고 둥근 지붕이 인왕산 정상 위에 솟은 바위처럼 거대한 흰색 석조건물이 바로 국회의사당이다.

국회의사당은 조선에서는 어디에도 꿰어 맞춰볼 재간이 없다.

국회의사당은 수도를 워싱턴으로 옮겨 새로 만들면서 서구 유럽에서 미 신대륙을 발견한 미국 개척정신에 따라 끝없이 넓다 못해 지구의 절반도 넘는 서쪽 편 태평양 쪽을 바라다보게 지었다.

건물은 워싱턴에서 가장 크고 가장 밝고 웅장하기 1등이다.

국회의사당 앞은 폭이 넓은(500m) 길을 벌판처럼 길게(3km) 내고, 포토맥 강을 가로질러 무한대 서쪽 편으로 달려갈듯 지구를 바라보는데 오른쪽에 백악관을 짓고 포토맥 강과 맞닿은 곳에는 필라델피아의 독립기념관을 옮겨 오자는 주장은 코가 납작하게 기어 들어가고 남북을 통일한 제16대 링컨 대통령 기념관을 지어 마주보게 하자는 이야기가 나오기도 하지만 아직은 먼 훗날 얘기가 될 것이나(1916년 준공) 워싱턴은 네모반듯할 정도로 사방이 40리(16km, 10마일)가량 되는 도시다.

워싱턴의 중심은 어딘가?

우리는 경복궁이나 창덕궁인 것처럼 응당 대통령 궁(백악관)일 것이나, 실제의 중심은 국회의사당이다.

나라가 하도 커서 각 주마다 자치정부를 세웠고 자치정부마다 주지사를 두고 각 주마다 상·하 의원을 두었으되, 중앙정부 국회의사당은 중앙행정의 중심으로 국세와 지방세를 나누어 중앙정부가 운영하는 국민 대표기관이라는 것이다.

의회는 중추원과도 다르고 기로소도 아니고 영돈영이나 판동영도 아니고 조선에서는 비슷한 제도 자체가 없어서 대사헌도 사간원과도 다른 국민을 대리로 하는 기구가 국회의사당이라는 것이다.

현재의 주미 한국 대사관

　여기에 정부가 계획서를 제출하면 정부가 할 1년 살림계획을 심사해서 예산을 통과시켜주고 제대로 집행했는가를 철저히 조사도 하고 잘못된 방법을 뜯어고쳐 법이라고 불러 법을 제정한다는 것으로 희한하기 짝이 없는 삼권분립제도를 채택한 곳이 미국이다.

　일본은 그래도 왕이 있으니까 이 정도로 막막하게 이해가 안 가는 것은 아니다.

　왕도 없이 국민이 나라를 이끌고 간다는 의회민주주의라고 하는 것은 도무지 가늠이 되지 않았다.

　그래서 이완용, 이하영, 이채연 등과 수없이 토론이 벌어졌다.

민주주의에 대한 아득함

"자네는 이해가 가나?"

집중공격은 왠지 월남에게 쏟아졌다.

"말이 안 돼. 백성들의 의견이 다 다른데 어떻게 핵심을 잡아낸단 말인가?"

모두들 말을 해보지만 알면 알수록 점점 더 어려워졌다.

"나보다야 죽천 대감마님이 아실 일이지. 대감마님은 미국에 대해 공부를 많이 하셔서 이미 다 알고 오셨단 말야."

"그러나 대감마님께서는 입을 못 열게 하시잖은가?"

실제로 죽천은 함구령 비슷하게 엄명을 자주 내렸다.

"우리가 할 일이나 하세. 우리는 조선 사람이야."

"그렇다고 미국에 대해 토론하고 배우는 것은 나쁜 게 아니지 않습니까?"

비교적 조용한 성격의 이채연도 의아해했다.

죽천의 속내는 다르다.

"더운 나라는 더운 나라 방식이 있고, 추운 나라는 추운 나라의 방식이 있다네. 여기는 미국이야. 우리는 조선 사람일세. 다만 우리는 미국과 조선이 의좋게 지내도록 교각만 잘 세우면 될 일이야."

하지만 월남은 안다. 죽천의 생각 속에는 월남이나 일행들보다 더 많은 지식과 생각이 응집되고 있다는 것을….

"걷지도 못하면서 뛴다고 할까? 앉은뱅이가 올려다봤자지. 미국은 우리가 바로 받을 문명국이 아니야. 세월이 흘러가면서 서서히 받을 것만 받고 말 것은 말아야 되는 것이야."

월남의 생각이 깊어진다.

그러나 깊어지는 것이 반역이거나 역모가 된다면 치워야 마땅한 생각이며, 오로지 미국을 알아야 서기관다울 것이라는 학문적 접근이다.

면도와 수염(미국과 조선 다름의 차이)

1888년 4월 8일(음력 2월 27일).

워싱턴의 봄날이 따뜻하다. 1854년 일본이 미일수호조약기념으로 포토맥 강변과 서편 호숫가에 심은 벚꽃은 훗날(1920년대)이라 아직은 그 벚꽃이 아니지만 드문드문하나마 꽃망울이 터져 화사한 날이었다.[31]

일행은 워싱턴에서 10리 길 포토맥 강을 건너 왼쪽에 조성된 안능돈(安陵頓, 알링턴)국립묘지 참배 차 왔다.

안능돈은 미국독립과 국권보전을 위해 목숨을 바친 국가의 선영이다.

조선에 왕릉이 있다면 미국에는 안능돈이 있다.

다른 것은 왕릉이 왕실의 능이라면 안능돈은 국민의 능이라고 할 묘지다.

이렇게 깨끗하고 이렇게까지 단정할 수가 있을까?

아예 공기부터가 다르다.

---

31) 단, 일본은 나중에 조·미수호조약기념으로 포토맥 강변과 타이달베이신(못)가에 벚나무를 심었으나 유전자 검사 결과 일본 토종 벚나무가 아니라 한국산(제주도 원산)이었다. 현재 일본 皇居에 심겨진 나무도 거의가 일본 토종이 아니라 제주도 산이다. 진주만 공격 당시 일본이 심은 워싱턴 D.C.의 벚꽃나무는 기분 나쁘니 아예 삭 뽑아내자는 의결까지 있었으나 당시 이승만 등이 한국산이라는 증거를 제시하여 그로부터 수차례의 검사결과로 한국산이라면 그냥 둔다고 하는 것으로 이미 밝혀진 사실이다. 확실한 것은 워싱턴 일대의 벚꽃은 전부 한국산 벚나무다.

알링턴 국립묘지 원형극장. 매년 5월 마지막 월요일(현충일) 대통령이 참배하는 곳이며
전면이 단상이다.

이 공기는 조선 왕릉의 공기와도 다른 맛이다.

안능돈에 근무하는 직원들이 무척 인상적이다.

얼마나 깨끗한지 하도 이상해서 월남이 안내를 책임진 윗사람에게
물어보았다.

"직원들이 참 단정하고 너무 깨끗합니다."

무심코 한 말에 뜻밖의 대답이 나왔다.

"우리 안능돈 직원들은 의무적으로 매일 면도를 4번씩 합니다."

"아니 왜요? 면도를 왜 하루에 한 번도 아니고 4번이나 합니까?"

"우리 미국을 위해 목숨을 바친 선열들에 대한 우리의 예절이며 마
땅한 도리이기 때문입니다. 하루 한 번은 누구나 하는 거지요. 두 번

도 어지간하면 하는 것이고 세 번을 해야 예가 됩니다. 거기서도 한 번 더 하는 거지요."

월남은 넋이 나갈 판이다.

나라를 위해 목숨을 바친 조상이나, 우리를 낳고 기른 부모님이나 고맙고 감사한 것은 똑같다. 그러나 조선은 수지부모(모발을 자름)는 불효다. 그래서 머리나 수염을 자르면 조상을 자른다고 보아 수염을 기른다.

'극과 극일세.'

월남은 놀란 티를 숨기며 슬그머니 수염을 한번 쓸어내렸다.

수염이 엉클어졌다.

'수염이라도 가지런하여 한 올도 엉키지 않게 하루 4번은 거울을 봐야 되겠구나.'

변수와 월남의 만남

아무래도 심상치 않다. 이대로 얼마나 미국에 머물지 몰라 가슴을

초대 주미공사 서기관 시절의 월남 이상재.

조이며 마음 편치 못한 나날들이었다. 청국이 집요하게 박정양 일행을 문책하라고 고종을 압박하기 때문이다. 하루하루가 초조한 가운데 무더운 한여름 어느 날이었다. 하루는 행망배례를 마치고 마음을 비우며 쉬고 싶었는데 누가

찾아와 월남을 보자고 한다고 하여 밖으로 나왔다.

미국은 일요일이 휴일이지만 공사관은 바로 행망배례가 있는 날이 우리만의 휴일인데 누가 찾아왔다는 건가 하여 밖으로 나왔다.

"저쪽 모퉁이에 돌아가 있겠다고 했습니다. 저 모퉁이를 돌아가 보세요?"

공사관에서 고용한 허드렛일 하는 사람에게 물으니 처음 보는 동양 사람인데 영어를 아주 잘한다는 것이다. 모퉁이를 돌아와 보니 청년이다. 몸이 마르고 모자를 눌러써서 누군지 짐작이 가지는 않고 분명 동양인이고 언뜻 보아도 조선 사람이 분명하다.

"나를 찾았습니까?"

"예. 월남 선생님 되시지요?"

과연 조선말이다.

"누구신지요?"

모자를 눌러써 얼굴도 잘 보이지 않고 꿈에도 본 적 없는 사람처럼 낯이 설다.

"저 조선 사람인데 저쪽 공원에서 잠깐 뵈어도 되겠습니까?"

하는 것이다.

공원으로 오자 모자를 벗으며

"저 변수라 합니다."

월남은 깜짝 놀랐다.

"누구요? 보빙사로 왔던 그 변수 선생 맞습니까?"

그리고 변수와 대화를 하게 되었다.

그간의 사연은 피차가 안다. 그 후 변수는 어디라고도 않고 대학에 들어가 1학년이라 했다. 전공은 농학인데 고생고생 참 어렵게 여기까지 왔다는 것이다. 지금은 전 같지는 않지만 향수병에 시달리다 못해 잠을 못 자서 밤새워 공부만 하다 보니 몸이 이렇게 야위었다는 것이다.

자기가 온 것을 말하지 말아 달란다. 몇 번을 와서 맴돌다 잡히면 어떡하나 싶어 되돌아갔다는 것이다. 생각다 못해 공사님을 찾아뵙는 것이란다. 신사유람단으로 일본에도 다녀오시고, 홍영식과도 교분이 두텁고 하여 박정양 공사님보다는 사적인 만남이 좀 낫지 싶어 월남을 찾았다는 얘기다.

"그래도 그렇지, 잠을 자야 되지 않아요?"

"잠이 안 옵니다. 처자식 두고 떠나 도무지 연락도 안 되는 타국에서 죄인이 되어 오도 가도 못하는 신세가 한스러워 몇 번을 죽으려 했으나 그도 뜻대로 되지 않다 보니…."

공부는 제법 하지만 견디기 힘들다는 것이다.

"알 만해요. 아니라도 우리가 변수 선생 말씀을 한 적 있습니다. 그때 허나 일본군을 불러들인 장본인이다 보니 조선에 진 죄가 너무 크지 싶지만 새사람이 되기만 한다면 지금같이 언어소통이 안 되는 판국에 얼마나 요긴한 일꾼일까도 생각되고요. 어쩌면 공사님 뵈어도 될 듯한데 생각이 어때요?"

깜짝 놀란다.

"아아, 절대 아닙니다. 그럼 저는 지금 돌아가겠습니다. 공사님은 공인이시고 저는 죄인입니다. 저를 보고도 잡아들이지 않아도 문제고 잡아들여도 편치 않으실 텐데 지금은 때가 아닙니다. 그러니 절대 저를 만난 이야기는 하지를 말아 주세요."

"무슨 소린지 알았어요. 그런데 모자는 왜 그렇게 큰 걸 쓰고 다닙니까?"

"하늘에 지은 죄가 큽니다. 처자식과 생이별이고 나라에 지은 죄가 크니 얼굴을 들지 못해 이렇게라도 해야 마음이 좀 편해서 학교 갈 때 빼고는 항상 쓰고 다닙니다."

"아, 정말 딱합니다. 우리 공사관에 가면 맛은 떨어져도 말 같지도 않지만 김치도 있고 된장도 먹는데 이렇게 보내서야 되겠습니까?"

"아닙니다. 먹으면 더 아플지도 몰라요. 아직도 자다 보면 김치, 된장 냄새가 나서 벌떡 일어서 보면 꿈이에요. 언제 저 같은 사람도 처자식과 나라에 사람 노릇을 할지 지금까지 교회에서 기도만 하며 삽니다."

"교회를 나가는군요."

"제 양아버님이 천주교로 저를 이끌어주셔서 그 힘으로 버티고 삽니다."32)

"뵈었으니 가야겠습니다."

촌각처럼 짧은 만남에 돌아선다 하다니 과연 불안초조와 심한 신경성 향수병이 대단하구나 싶은 월남이다.

"아니요…. 나 오늘 괜찮으니 여기가 나쁘면 저쪽 두 골목을 지나가면 로건서클이라고 해서 또 둥그런 공원이 있어요. 내 시간은 괜찮으니 영 불안해 보이는데 그리로 옮겨 얘기라도 더 하다 갑시다, 가까워요."

자리를 옮겼다.

"그래 공사관은 이제 뿌리가 내렸습니까?"

"뿌리가 아직도 흔들려요. 영약삼단이라고 모르겠지만 청국이 갈수록 더 흔들어 대놔서 건물도 새로 사고 그래야 하는데 정신이 없습

32) 변수는 장가들어 아들을 낳았으나 어려서 이미 세상을 떠났는데 두 사람은 아직 그 사실조차 모른다.

니다. 이러다 잘못될까 걱정입니다."

"그때 전하께서 아예 이번처럼 결단을 내려 보빙사가 아니라 공사를 파견한 것이 시기적으로나 무엇으로 봐도 좋았지 싶은데 실기한 것도 같아요."

"그래서 우리가 온 것은 언제 알았어요?"

"진즉 알았습니다. 제독아버님께서 조선에 관심이 많으시고 여기는 신문이 있으니까 청국 돌아가는 것도 조금은 압니다."

"그런데 농학부에 다닌다고요?"

"맞습니다. 처음에는 교육학을 하고 싶었습니다. 그래서 부전공이 교육학인데 농업교육학 쪽에 접목시키고 있어요. 언젠가 세상이 변하는 날이 오면 그때 나라를 위해 무엇을 바쳐 죗값을 치르고 사람답게 살까 하다가 정치학은 아예 내던지기로 마음먹고 과학이냐 교육학이냐 생각하다가 농학을 선택했으나 실은 교육학에 더 관심이 많습니다. 모든 게 배우지 못한 나라의 설움이니까요."

"교육학은 내가 지상 최고의 학문으로 알고 있는데 아직은 내가 미국에서 대학에 들어갈 수도 없어서 생각이 많아요. 하기야 농학이 좋습니다. 우리 농사라는 것은 부자인 척해도 미국 와서 보니까 텃밭 자랑과 다를 게 없어요."

"일단은 4학년 졸업하고 나서 전문적으로 교육학에 도전하려 하고는 있습니다. 그러나 양부친께서 저를 위해 너무 큰 정을 주시니까 우선 양부친의 추천대로 농학을 마치고 나야 여기 정착할 영주권이 안정될 것도 같고 해서… 그나저나 저의 이 향수병이 늘 문제입니다."

"올 겁니다. 언젠가는 변 선생 같은 분이 나랏일에 크게 쓰임받는 날이 올 것입니다."

"글쎄요, 오면 좋지만 마음 조이다 월남 선생님이라도 뵈니까 좀 나아질 것 같습니다."

"그래야지요. 암, 나아져서 때를 기다려야 합니다. 지금 공사관이 청국 때문에 이렇게 어수선한 것도 다 나라의 시련입니다. 이겨서 때가 오면 우리가 일하지 않으면 안 될 날이 반드시 오게 됩니다."

"말씀만 들어도 고맙습니다. 그리고 이제 가봐야 하겠습니다."

"가는 건 좋은데 우리가 어떻게 또 만날지 약조라도 하고 가야 되지 않겠어요? 언제 올 겁니까?"

"우선 4년 동안 공부를 해야 돼서요. 허락하시면 내년 여름에라도 한번 찾아뵙겠습니다."

"그러지 말고 주소라도 알려 주고 가는 게 낫지 않아요?"

"아아, 그건 아닙니다. 제가 다시 오는 걸로 하겠습니다. 이럴수록 공부를 잘해서 미국에다 공사관하고 또 다른 민족의 뿌리를 심는 작은 씨앗으로 영그는 게 더 중요하다고 보이고 솔직히 월남 선생은 이러실 줄 믿었으나 마음이 안 놓였어요. 이제 알았으니 여기는 여름방학이 길어요. 내년에 찾아뵙겠습니다."

"자자, 알아는 들었어요. 그런데 그때 나는 인천 가서 우체국 짓는다고 정황이 없어 속내를 모르는데 내가 모신 금석 대감(홍영식) 연류로 인해 사실 나도 반은 죄수 살았지 않겠습니까?"

"바로 그래서 월남 선생만이 제 심정을 알 것 같아 찾아온 거지요."

"그건 알겠고 서광범하고 아마 조카항렬인 것 같은데 서재필 알지요?"

"알지요."

"서재필도 없어졌어요. 알고 보니 일본으로 갔다는 변 선생이 미국에 있는 것처럼 일본도 전하 눈치를 보는 터라 서재필이나 서광범도 일본이 아니라 혹 여기 왔는지도 모르는데 송재(서재필의 호) 행방은 혹 몰라요?"

"아, 송재 나리 행방은 몰라요. 미국으로 왔을 것 같기는 해요. 더구나 서광범 대감은 보빙사로 미국에 왔었으므로 미국에 밝고 둘이 긴한 사이니까 저도 미국 어디 왔나 싶지만 여기는 비공식 연줄은 밤중입니다. 그러나 여기 있다면 아마 공사관에 와보고 싶은 심정은 저하고 다르지 않을 것입니다. 이건 모르는 사람은 정말 몰라요."

"맞아요. 그러나 안 죽으면 때는 옵니다. 송재보다 변 선생이 3~4세 연상이지요? 그래서 혹시 싶어 물은 겁니다."

돌아보면 가슴 아픈 만남이다.

그 후 얼마가 지나 월남은 죽천에게 변수 이야기를 꺼내 눈치를 살폈다.

"이 사람아, 그냥 보내면 어떻게 한다는 겐가?"

죽천이 아쉬워한다.

"어디 살고 무슨 대학인지도 모르고 그저 농학부라는 것만 안단 말이지? 허허…. 이역 수만 리에서 죄가 무거운들 만나 죗값을 물리지 못한다면 반드시 회개시켜야 되는 것 아니겠는가?"

그러나 방도가 없다.33)

---

33) 변수는 그 후 메릴랜드 대학을 졸업하고 미국 농무성에 취업이 되었으나 심한 향수병과 지나친 학업심취로 몸이 극도로 쇠약해져 혼미하여 1891년 10월 22일 밤 메릴랜드 대학 역에서 열차사고로 죽었으며 훗날 조선은 그를 奎章閣副提學(규장각부제학)에 제수(추증)하여 세계화 시대를 바라본 그의 격조 높은 학구열을 기린다.

변수 묘소 옆 소재 천주교 재단 캐슨 신부와 저자.

서재필과 월남

무더위가 기승을 부리더니 아니나 다를까 장대비가 쏟아져 내린다. 변수가 다녀가고 꼭 보름이 지나 역시나 행망배례를 마치고 모처럼 시원하여 배불리 먹고 누웠는데 변수 때처럼 또 누가 보자고 한다.

문득 스치는 느낌은 서재필이 아닐까 싶은데 아니나 다를까 큼지막한 우산을 쓰고 우중에 서재필이 찾아온 것이다.

"아니 이런이런…. 그렇잖아도 내가 이상하다 했더니 서 선생이 왔군요. 갑시다. 비가 무슨 상관입니까. 저쪽 로건서클이 좋아요."

둘이 만난 것이다.

"피차 말만 들었지 초면이 맞습니다. 월남 선생님은 제 장형님 연세십니다. 제가 한 15년 아래일 것입니다."

따져 보니 1864년생, 서재필이 14년 연하다.

변수가 찾아왔다는 것으로부터 시작하여 할 말이 많다. 비가 오는 줄도 모르고 변수하고 했던 바로 그런 속내를 피차 터놓고….

"조선에 지금 이 상황에서 월남 선생님 같은 위치 없으십니다. 그일(갑신정변)에 가담자도 아니고 아닌 것도 아니고…. 일본도 다녀오셨고 미국에 오셨고, 개화주의이시면서 수구기득권이신 죽천 대감 쪽이나 우리네 같은 급진파와의 중간에 서신 분…. 저는 이 점은 판단이 섰기 때문에 진즉 온다 온다 했지만 펜실베이니아 주(윌크스베어 시에 있는 해리 힐만 고등학교에 다니고 있다)에 있어서 여기가 한 2천 리 길입니다."

"그러니까 지금 24세요? 졸업은 언제 합니까?"

"졸업반입니다. 여기 저 아래 컬럼비아 대학(조지 워싱턴 대학) 의과에 들어갈 생각인데 모르겠습니다."

"그건 그렇고 내가 변수 선생한테도 한 말이지만 우리는 지금 배워야 합니다. 무엇 하나 대단한 것 같지만 세계를 올려다보는 게 없어요."

연락처는 알아두나마나 너무 먼 곳이다. 그리고 만난 사실은 변수와 마찬가지로 내놓고 말할 수도 없다. 이상한 것은 죽천이 이 사실을 알면 또 뭐라고 할지…. 전에 변수의 경우도 말과 속내는 다를 것도 같은 것이 이에 대한 판단은 못하겠다. 죽천을 너무 잘 알기 때문에 더 어려운지도 모른다.

일단 공부를 마치고 세상 돌아가는 것을 보고 그에 따라 사는 수밖에 없다는 말로 마치고 서재필을 보냈다. 역시나 내년 여름쯤 졸업하고 어차피 워싱턴으로 올 생각이기도 하니 그때 만나자 하고 헤어진 것인데 이제 조선으로 되돌아가는 중이다.

드디어 미국을 떠나 조선으로 돌아가게 된다. 공사관은 더욱 깊은 적막에 싸였다.

"이하영 공사 대리는 우리가 떠나도 반드시 행망배례를 잊지 말게."

그리고 무거운 발길로 환국길에 접어든 것이다.

1888년 12월 24일(음력 1888년 11월 22일), 일행은 일본에 당도하였다. 도쿄까지 35일이 걸렸다. 그러나 죽천은 조선에 들어가지 못한다. 청국은 아예 죽천의 입국마저 거부했다. 파직하고 국내에 들이지도 말라는 억지 때문에 죽천은 일본에서 70여 일을 대기하다 뒤늦게 귀국할 수밖에 없었다. 다른 일행만이 먼저 귀국하여 고종 임금을 알현하게 되었다.

출국 전 용안을 뵙고 두 번째.

떠날 때는 감히 올려 뵙지 못한 고종 임금의 용안을, 월남은 잠시나마 이제야 바로 보았다. 얼굴이 동그랗고 넓고 입가에는 미소가 감도는 인자한 모습이 어진보다 더 친밀하다.

다시 보니 '일월오봉병도'가 눈에 들어온다. 해, 달, 오악, 국토, 파도 그리고 양쪽에 붉은 소나무 홍송이 두 그루씩이다.

많은 생각이 들지만 지금 생각을 흐트러뜨리면 안 될 일이다.

송재 서재필 선생 동상
(주미 워싱턴 D.C. 한국 총영사관 앞)

조선주재 청국공사 원세개와의 논쟁

"소신들 미국에 다녀와 전하를 뵈옵습니다."

"고생들이 많았소. 그래 미국에서는 잘 대해주시던가요?"

고종 앞에 3배를 올린 후 월남은 마음이 바쁘다. 그러나 아무리 바쁜 표정을 누르려 해도 급한 것이 동경에 남은 죽천의 귀국문제로 가슴이 졸여든다.

"예 미국은 참 착한 심성을 가진 점잖은 나라라고 보았습니다. 미국이라는 나라에서는 청국 문제 빼고 달리 마음이 상할 일은 단 한 번도 없었습니다. 청국이 괴롭히지만 않았다면 우리 조선과 미국은 상호 선린관계 구축에 일점 의심이 없다고 하겠습니다."

월남이 모처럼 전하께 올린 말이다.

"그래 맞아요. 청국이 문젠데 사실은 일본이나 아라사에도 문제가 있습니다. 앞으로 이런저런 문제들을 풀어야 하는 것이 중요합니다."

사이. 때를 기다려 월남이 말했다.

"죽천 대감이 빨리 돌아오셔야 합니다. 건강도 좋지 않으십니다. 만일 끝내 죽천 대감이 귀국하지 못하면 우리의 대미 외교는 실패라고 볼 청국입니다. 또 어렵게 닦은 대미 외교의 그나마의 복도 잃게 됩니다. 급합니다, 전하! 하오니 전하께서 윤허하시면 제가 청국과 만나 이 문제의 매듭을 풀어 보겠습니다."

"아니라도 월남은 청국에서 안 좋게 보던데 월남까지 왜 그런답니까? 가서 따졌다고 하던데 그게 무슨 얘기요?"

월남은 자초지종 청국공사 장음환을 만난 사실을 아뢰었다.

"그러면 이번에도 따지려 하나요?"

"아닙니다. 따질 수는 없고 가서 몸을 낮추고 일단 귀국하시게 하는 목적부터 달성해야 할 것 같아 상당한 지혜와 자숙을 겸한 논쟁이 요구될 것 같습니다. 소신에게 허락하시면 해 보겠습니다."

이렇게 아뢰고 월남은 노심초사 불철주야 오로지 죽천의 귀환을 위해 청국과 접촉을 시작하였다.

월남은,

"청국은 미국만큼이나 큰 국토를 가진 나라올시다. 그러나 생각은 미국의 절반도 안 됩니다. 예로부터 군자와 소인, 대장부와 졸장부는 하나에서 열까지 전부 다릅니다. 땅은 적어도 대장부가 있고, 땅은 커도 졸장부가 있다면 지금 청국은 군자의 나라도 아니요, 청국답지도 못하고 조선만도 못하다고 할 것입니다. 죽천을 묶어 두자고 하는 생각은 대장부다운 생각이 아닙니다."

청국공사 원세개와 이홍장, 그리고 서기관과 그들의 참찬관, 누구를 가리지 않고 죽천의 귀국을 위하여 영일(편안한 날) 없이 뛰었다.

영 말이 통하지 않았다.

"뭐요? 죽천이 청국을 무시한 게 외교적으로 대장부라는 얘깁니까? 우리도 잘 알고 있어요. 월남도 막 나갔다고 하던데 그래도 되는 것이요?"

그러나 굽히지 않고 끈질기게 따지고 들었다.

"하다못해 총칼로 전쟁을 해도 적국의 사신은 만나주고 별개로 봐줍니다. 이것은 전쟁에서도 인정해 주는 국가 간 외교적 예의이며 한 형태입니다. 이게 없이는 무전전승이라는 손자병법은 거짓 병법이 아니겠습니까? 나와 죽천은 전쟁에서 적장이 보낸 사신이었습니다. 역사상 수천 번 전쟁을 치른 청국의 긴 역사에서도 적장이 보낸 사신의 목을 친 예는 드문 일입니다. 지금 죽천의 귀국을 막는 것이 사신의 목을 치는 것과 다를 게 무엇입니까? 막기보다 대화로 합시다. 떳떳하게 들어오게는 해야 합니다. 막는 것은 옳지 않습니다. 만나서 얘기하고 풀어야지 이대로는 청국답지 않습니다."

"그런데 왜 다들 조용한데 당신만 이렇게 자꾸 나섭니까? 미국에서도 우리 공사한테 당신이 대들었다고 들었는데 도대체 당신이 뭡니까?"

예상된 질문이다.

"나는 죽천 대감의 수하입니다. 어찌 부하가 장군의 안위에 무심하겠습니까? 문자 쓸 맘 없으나 용장(勇將)이냐 지장(智將)이냐 덕장(德將)이냐고 묻는 고사가 있습니다. 지금 청국은 용장도 아니고 이건 졸장입니다. 외교에도 용치(勇治) 지치(智治) 덕치(德治)가 있다면 덕치 외교를 간청 드리자는 뜻이요, 이것이 배운 교훈이며 당연한 하인의 도리이기 때문입니다."

원세개는 결국 주춤한다 보이더니

"이것은 고종과 내가 풀 문제지 당신이 나설 일이 아니요."

"어찌 그걸 모르겠습니까. 그러니 전하를 만나 주세요."

"만나는 거야 늘 만나는 것이고, 내가 알아서 할 테니까 돌아가 이제 오지 마시오."

이러기를 몇 번인가.

마침내 죽천의 귀국이 허락(합의)되었다.

고종 임금이 월남에게 내린 치하

고종은 월남을 높이 평하여 불렀다.

"어떻게 뭐라 했기에 내 뜻대로 하라고 합디다. 뭐라고 따졌습니까?"

"전하! 소신이 무슨 능이 있어 따지고 자시고 하였겠사옵나이까. 개개빌고 사정만 했습니다. 참 비참한 일입니다."

"내가 실은 원세개한테 들어서 뭐라고 했는지 다 알고 있습니다. 참 수고가 많았습니다. 애 많이 썼어요. 그러니 이제 어디 맘에 둔 곳이 있으면 말해 보시오. 전라도나 경상도나 다 좋으니 어디든 목사로 내려가시오."

월남은 깜짝 놀라,

"아닙니다. 전하 아직 대감께서 입국하시기도 전, 상전은 입국도 못했는데 부하가 어찌 벼슬자리에부터 나가 앉겠습니까. 그것은 예(禮)도 아니고 신인(信仁)도 아닌 줄 아오니 하명을 거둬주옵소서."

"하하하 그래요? 당장 가도 되지만 그럼 죽천이 귀국하거든 어디든 주목으로 나가는 걸로 하십시다."

결정적이다.

"황공하오나 그 또한 거둬주시기를 청 하옵니다. 돌아오셔도 아니옵니다. 소신은 어디까지나 윗 전 죽천 대감께서 오라 가라 해야지 감히 제 어찌 죽천 대감을 저치고 앞서서 전하의 분복을 바로 내려받겠습니까? 저는 죽천 대감의 수하입니다."

"하하하 그래요?"

고종이 짐짓 놀라는 표정이다.

"참 맞는 말만 잘도 하십니다. 오셔도 안 된다?"

유심히 내려다보더니

"그러면 장성한 자식이 있습니까? 과거를 보게 해서 내가 자식에게 벼슬을 내리면 어떻겠습니까?"

한다.

"황공하옵니다. 장성은 하였으나 농사나 짓는 무지랭이라 벼슬길은 가당치 않습니다. 그런 그릇이 못 되옵니다."

월남은 일언지하에 이마저도 거절하였다. 그러자 순식간에 잊었던 승륜이와 승인이가 떠올랐다.

어느덧 장가도 들였고, 과거는 보지 않으나 웬만한 수학은 마친 자식들이기는 하다.

과거를 보게 하여도 손색이 없다고도 보이고 벼슬길에 나갈 수도 있다고는 느껴졌다.

그러나 죽천이 입국 전이다. 더불어 죽천의 도움으로 전하의 성은을 가로채듯 받음은 신하된 도리가 아니다.

"하하 참 죽천이 좋은 수하를 잘 두었습니다."

고종은 이게 무슨 말인지 훤히 꿰뚫어 보는 모양이다.

"칭찬하실 일이 아니라고 사료되옵니다. 소신이 배운 것은 처음과 나중이 같아야 한다는 것입니다. 처음 성장받을 때 잘해주면 호호하고 나중에 좀 불편하다 싶거나 기회다 싶으면 언제 보았느냐는 듯이 팩 돌아서는 것은 소인배라고 배웠습니다. 한번 모셨으면 어른이 부족하다 하여도 변치 않는 것이 수하의 도리이며 그것이 신의의 근본이라고 배웠습니다. 달면 삼키고 좀 쓰다 싶으면 톡 뱉어 버려서야 그것이 어찌 인간다운 자세라 하겠습니까? 비가 오나 눈이 오나 잘해

주시나 못해주시나 돌아서 변치 않는 것이 마땅히 할 바의 도리라고 알고 있습니다. 더구나 죽천 대감께서는 시종 여상하시오니 소신으로 서는 그러거나 저러거나 당연한 일입니다."

고종의 표정이 진지하다. 한참 후

"알았습니다. 그럼 월남이 일본으로 가시오. 가서 죽천과 동행하여 모시고 돌아오시기 바랍니다. 그리고 돌아오거든 죽천을 더 잘 받드 시오. 그런데 물어봅시다. 그렇다고 짐이 상전이 아니라는 뜻은 아니 지요? 하하하"

월남은 얼굴에 불을 퍼부어 시뻘겋게 상기된 얼굴로 전을 나왔다.

그리고는 다음날 지체 없이 말을 달렸다. 동래까지 가려면 오래 걸 릴 수도 있어 말을 몰아 달려야 한다. 이렇게 초량항에 당도하니 나 흘이나 걸렸다. 말이 지칠 정도로 달려왔건만 아직도 마음은 바쁘다.

그러니까 죽천이 일본에 발이 묶여 머문 지 어느덧 한 달이 넘었 다. 또 지금 일본에 가서 죽천 대감을 만나 다시 돌아오려면 아직도 멀었다. 얼마나 고생이 심하실까 싶어 마음이 타들어 간다. 무엇보다 마음고생이 심하실 일이다. 원체 몸도 약하시다.

드디어 1889년 6월 29일, 마침내 죽천과 함께 귀국하여 고종 임금 을 배알하였다.

몇 마디 인사말이 오가고 나자 고종이 이렇게 입을 열었다.

"죽천은 정말 좋은 수하를 두었습니다. 죽천의 신하가 내 신하보다 낫습니다."

"전하! 무슨 말씀이시온지요?"

이럴 경우, 월남은 윗전과 동행하면 끝가지 입을 떼지 않아야 한다 는 것을 알고 있다.

"월남 말입니다. 이번 일에 월남이 얼마나 애를 썼는지 내가 압니다. 원세개가 월남을 칭찬할 정도라면 적장의 부하를 칭찬한 것 아닙니까? 죽천 귀국을 위해 월남이 어떻게 했는지 한번 들어보세요."

월남은 불편하여 밖으로 나가고 싶은 심정이나 그럴 수도 아니 할 수도 없다.

"아 예 미려한 수하일 따름인데 칭찬해 주시니 몸 둘 바를 모르겠습니다."

"아닙니다. 올곧고 정직하고도 참 야무집니다. 그런 신하를 둔 죽천이 부러워요."

"전하 제가 전하의 신하이거늘 어인 말씀이십니까? 월남은 전하의 종입니다. 모두가 전하의 신하일 뿐입니다."

"하하하 아닙니다. 월남은 내 말을 안 듣습니다. 죽천 말만 들을 신하입니다."

월남은 더욱 얼굴에 불이 붙지만 부복하여 고개를 들 수도 없다.

"소신이 엄히 꾸짖겠습니다. 무례를 용서하옵소서."

"하하하 농입니다. 그게 옳아 칭찬하려는 말입니다. 내가 월남을 주목으로 삼고자 어디로 가려느냐 했더니 거절하고, 자식을 과거 보게 해 주겠다고 해도 사양합니다. 그저 죽천이 죽으라면 죽고 살라면 살고, 주목이고 판서고 죽천을 밀치고 옳거니 하고 냉큼 받아먹지 않았습니다. 육신의 영달이라면 상전을 저치고 배신하는 인간세상에서 월남은 달랐습니다."

죽천은 아무것도 모르는 일이다.

"소신 무슨 말씀인지 못 알아듣겠습니다. 무슨 잘못이라도 이 소신을 보아 용서하시면 돌아가 꾸짖을 게 있으면 엄히 문책하고 나무래자를 게 있으면 자르겠사오니 월남의 불경을 용서해 주옵소서!"

생각지도 않은 대화가 오간다.

"글쎄 그런 말이 아닙니다. 사람이 그래야 된다는 소립니다. 내가 이번 죽천 귀국 문제에 하도 감동해서 벼슬을 내리려 하였는데 아직 죽천이 떠돈다고 사양하면서 죽천의 지휘를 받아야 한다는 겁니다. 이 말은 범인이 할 수 있는 말이 아닙니다. 어찌 보면 보배로운 신하입니다."

"아 예! 전하 이제야 알아들었습니다. 하오나 전하께서는 저와 월남이 응당 전하의 신하인 점은 믿어 주옵소서!"

"당연하다고 믿습니다. 내게도 이런 신하가 생겨 너무 좋아 하는 말입니다. 이제는 내게도 내 편이 생겼습니다. 나는 외로운 사람입니다. 신료들이 전부 파가 다른데 이제 보니 죽천과 월남이 완벽한 내 편입니다. 그러나 내가 벼슬 하나를 제대로 못 내리는 무능한 임금인데 월남이나 월남의 자식들은 죽천이 알아서 충성할 자리로 보내주시오. 단, 허나 월남에게 내 말도 좀 들으라고도 해주시오. 하하하."

"지당하옵신 말씀입니다. 월남은 저의 수족 분신이라고 믿어주신다면 제가 제어하여 충성을 바치도록 하겠습니다. 하오나 전하께서 주시고 싶으시면 응당 바로 주시면 되십니다. 어디라고 아니라 하겠습니까. 제가 바로 잡아놓겠습니다."

"고맙습니다. 월남을 겪어 보니 내가 죽천이란 사람을 이제 전보다 더 제대로 알았습니다."

죽천의 보람찬 기쁨

"이보시게 월남! 자네가 내 기(氣)를 이렇게까지 돋워주다니 오늘 내 전하로부터 받은 이 치하를 어찌 잊겠는가?"

두 달 만에 돌아와 대궐에서 나온 죽천의 입이 귓가에 걸렸다.

실은 걱정도 되었다. 잠깐 승륜이 형제를 생각해 본 적도 있었고 그 마음이 들키는 것만 같기도 해서다. 그러나 이제 죽천의 심사까지 알게 되자 마음이 더 굳어진다.

"그것은 제가 받을 칭찬이 아닙니다. 당연한 것이 어찌 칭찬받을 일이겠습니까."

"아닐세. 우리 왕조 500년 역사에서 반복된 것이 바로 이런 것일세. 어찌어찌 스승의 도움으로 한 단 두 단 올라가 나중에 전하를 배알하면 교만하고 시건방져서 단박에 전하의 눈에만 들려고 아부하던 그것이 우리 조선의 조정신료들이었다네. 말해 무엇 하겠는가. 심지어는 은혜를 원수로 갚고, 나중에 벼슬이 올라가면 도리어 모함하고 임금의 총애에만 환장을 하는 거라. 그러니 거기서 반목이 생기고 배신이 생겨 사실 신료들 간에 신의도 의리도 없었네. 이것이 썩은 신하들일세. 임금이 벼슬을 준다는데 사양했다는 말은 내가 아직 들어보지 못했어. 그것도 웃 전이 모르는 벼슬이라 안 된다 하였다 하니 자네 정말 내가 또 한번 놀랐어."

"저도 변할지는 모르겠으나 정승 판서를 준대도 아닌 것은 아니지요. 그러다 보면 결국 그것이 탐관오리가 되는 길이고 매관매직이며 국록을 도적질하게 되는 것이니까요. 그래서야 어찌 대감마님의 제자라 하겠습니까?"

"그렇지 그런데 다 썩었네. 허나 실은 그것이 사람의 본능이라고도 보아야 하겠지. 자네는 이번 귀국하는 일에서 내 은인일세. 갚아야지. 자식들이고 자네고 내가 가면 같이 가는 것으로 알고 있게나. 언제 자식들 한번 얼굴이라도 보자고. 전하께서 이제는 쉽게 허락하실 것이니 참 잘됐어."

그러니까 죽천을 모셔 오기 전이다. 월남이 고종을 배알하고 돌아왔던 그날 밤 이야기다. 월남은 많은 생각에 잠겨 잠이 오지 않았었다. 그게 자신의 문제라면 간단한 문제다. 그런데 자식 욕심은 정말 다르다는 것을 실감한 것이다.

받을 걸 그랬나 싶기도 했다. 하지만 결국 마음은 역시나 없던 일로 지워낸 얘기다.

그후 모쪼록 어서 죽천이 돌아오기만을 기다리던 마음이었다.

그때 당시였다. 어린 상재가 나타나 다시 월남에게 또 따지고 들기도 했다.

"월남 형님!"

물론 어린 상재가 월남을 꺾을 수는 없던 일이었으나 어린 상재는 마구 대들었다.

"지금 승륜이가 몇 살입니까?"

"승륜이? 그렇지 지금 스물한 살 들어가는구먼."

"일본 유람단으로 갈 때 윤치호는 몇 살이었습니까?"

"그래 열여섯 살이지."

"맞아요. 지금 승인이가 그때 윤치호보다 위입니다. 벼슬길에 나가기에 너무 어린 게 정말 맞습니까?"

"너무라고 할 것까지는 없지만 아직 어리기야 하지."

"그래요, 어린 것 맞기는 맞습니다. 그런데 농사나 짓는 무지랭이입니까?"

"농사나 짓는 무지랭이는 아니지만 벼슬은 아니다."

"참 형님두. 전하께서 벼슬길 나가라 한 게 아니고 과거를 보게 하자고 하셨어요. 과거 보기에도 어리다거나 무지합니까?"

"야야 알는 듣는데…"

"그런데 왜 그렇게 무처럼 자르십니까?"

"야야 넌 모른다. 그게 그렇지 않아."

"아니 전하께서 과거를 보라 하시면 별시지 초시가 아니라고요. 또 과거는 형식이고 바로 관리로 만들겠다는 소리가 아닙니까?"

"야야 그만둬라. 왜 나라고 자식사랑이 없겠느냐? 너는 나를 목석으로 보느냐? 아이들 생각만 하면 나도 마음이 저린다. 무심한 내가 아니야."

"그렇다면 형님이 주목으로라도 나가시던가? 주목이 얼마나 높습니까. 단박에 정4품입니다. 유수나 목사가 그렇게 낮습니까?"

"야야 낮다니 그게 무슨 소리냐. 너무 높아 탈이지."

"너무 높으면 감투에 치어 죽을 일 있습니까? 목사도 무자격 맞아요?"

"무자격이라면 무자격일 수도 있고 한다면 못할 것도 없기는 하다."

"그러면 둘 중에 하나는 '예' 하고 순종할 일이지 뭐가 중요하다고 감히 사양입니까? 월남 형님이 그런다고 누가 알아줍니까?"

"야야 알아주고 않고가 문제가 아니고…"

"그럼 뭐가 문젭니까? 월예가 어떻게 살지요? 형님은 참 한심한 사람입니다. 무엇 때문에 공부했고 왜 집 떠나와 벌써 20년이 다 돼 가는데 목적이 뭡니까?"

"목적이 벼슬자리라야 한단 말이냐?"

"벼슬한다고 다 더러워져요? 형님의 정신은 아는데 벼슬을 받아야 나랏일도 하는 것이고 자식도 키우고 부모님도 모시는 것이지 바보도 아니고 똑똑이도 아니면 헛똑똑이 아니겠습니까?"

"그게 아니고…"

"아 듣기 싫어요. 정말 실망했어요. 이제 어떻게 할 것입니까. 기회가 항상 오는 겁니까?"

"아는데…"

"알기는 뭘 안답니까? 정말 이게 뭡니까? 듣기도 싫어요."

"야야 도망가지 말고 앉아 내 말을 들어봐."

월남이 애를 먹는다.

"네가 나를 이해하려면 아직 멀었다. 나라고 왜 생각이 없겠니?"

"뭔 생각입니까? 말해 보세요."

"말해 무엇 할까마는, 벼슬이라는 것은 풀잎에 앉은 이슬이다. 해가 뜨면 금세 마르고 밤이 되면 곧 시드는 꽃과 같다."

"어려운 얘기 그만두시고 알아듣게 말해보세요."

"그래, 벼슬은 갑자기 받으면 옆에서 흔들게 마련이고, 또 잘하면 시기하고 질투해서 또 흔들고, 못하면 못한다고 또 밀어내는 것이고, 그러니 벼슬은 일종의 모험이고 투기다. 벼락감투는 때로 목이 날아가기도 하는 것이다. 벼슬이 없어서 공부를 못 하니? 밥을 굶니? 사람은 스스로가 느끼는 만족이 있다. 그 만족을 벼슬높이로 평가하는 사람은 평생 불만이다. 나는 벼슬보다 진실이다. 가치를 추구하지. 무엇이 가치냐고 할 때 나는 인간성이라고 본다. 죽천 대감이 벼슬이 낮아서 내게 벼슬을 못 주시겠느냐? 주고 싶어도 주위의 눈도 있고 벼슬이란 누가 봐도 정당해야지 인심이나 쓰고 그러는 것이 아니다."

"그럼 전하께서도 인심이나 쓰자고 하신 말씀이요?"

"야야 그게 아니고, 전하께서야 진심이셨겠지. 그러나 그대로 '예' 하고 받으면 모양새가 안 나는 것이다. 그렇다고 가식으로 사양한 것도 아니지만, 받아 그러기로 했다고 치자. 죽천이 돌아와 죽천이 그건 아니라 하면 허사다. 벼슬이란 머리 크기와 감투크기가 맞고 어울려야 안정된 것이고, 벼슬이란 적성에도 맞아야 능률이 나는 것이다."

"도대체 난 월남 형님하고 얘기하다 보면 영 답이 없다니까요."

"걱정하지 마라. 다 때가 있어. 내가 그릇이 되면 언젠간 받겠지. 땅을 파보면 보이지 않지만 그 속에 풀씨가 가득하여 뒤집어도 싹이 나오고 아무리 새 흙으로 덮어도 새 흙에서도 또 새싹이 나는 것이 이치다. 내게 씨앗이 많이 묻히고 때가 되면 싹도 나겠지."

이러다가 밤이 새고 새벽이 왔지만 어린 상재와는 계속 싸운다.

그리고 얼마 후

"여보게 월남!"

갑자기 죽천이 소리를 치는 바람에 다른 생각에 잠긴 월남이 놀란다.

"아니 무슨 생각을 그렇게 하고 있는가?"

"아 예 무슨 말씀을 하셨지요?"

"허허 이거야 원, 미국 가서부터 이상해. 병 아닌가? 왜 자주 멍하니 정신을 놓느냐는 말일세. 자네 자식들 말이라네."

"아 예예 말씀하세요. 대감께서 어든 가시면 저도 데려갈 것이고, 언제 자식들 얼굴이라도 보고나서 시킬 일이 있으면 그때 쓰도록 하신다 하셨지요?"

"허허 얼이 완전히 빠진 것은 아니로구먼."

"예 어디든 오라면 오고 가라면 갈 것입니다."

"내가 전하께 받은 그 치하가 내게 새로운 활력이 되었네. 우리 뭐든 열심히 해 보자고."

"저는 대감마님의 수하입니다. 어찌 두 마음이 있겠습니까?"

"알고 있네. 요는 청국에서 나를 돌아오도록 했다고 해서 무슨 일이 있을까 모르겠네만 두고 보세."

"청국이라면 저도 눈밖에 나버렸습니다."

"나 때문에 그런가 싶어 미안하이."

"저로서는 영광이지요. 대감마님과 폐해를 나누어 갖는다면 저는 그보다 영광된 일은 없다고 생각합니다."

"잘 알겠고, 우선은 나도 쉬어야 하네. 몸이 영 전 같지 않아. 그러니 일단 밥이나 먹고 고향에나 다녀오게나. 그랬다가 내 앞길이 늦어지면 자네는 먼저 어디로든 내가 보낼 생각이니까. 마음 푹 놓고 내려가 있게"

넋을 잃은 월남

고향에 내려가려고 짐을 꾸리는데 미국에 갔던 일행들이 밀려들어왔다.

"일본에서 대감마님 모시고 오셨다 하여 문안차 왔습니다."

죽천에게 문후를 드리고는 바로 월남의 사랑방으로 몰려들었다.

자기만 온 게 아니고 줄줄이 벗님들을 같이 데리고 왔다.

이렇게 모여드는 인파는 갑자기 줄을 이었다.

누가 누구라고 인사는 해도 여러 사람을 동시에 만나다 보니 다 기억하지도 못할 정도다.

"안 되겠네. 미국 얘기 듣는다고 자기네도 같이 온다는 선비들 때문에 내가 우리 집에 있지를 못하고 몸살이 나네. 그러지 말고 우리 집으로 가겠나?"

고향에 가야 한다고 거절하기에는 사람이 몰려 꽁무니를 뺄 형편이 아니다.

미국에서 같이 온 이완용, 이채연, 김노미에 강진희도 자기 집에 올 날짜를 잡아 달란다.

이렇게 불려 다니며 무수한 질문을 받고 대답을 해 주다보니 어느새 홀쩍 보름이 넘어 버렸다.

결국 안 되겠다 싶어 다 뿌리치고 고향으로 내려왔다.

고향에 왔지만 월남의 머리는 여전히 생각으로 꽉 찼다.

미국에서의 1년은 충격 그 자체다.

신하가 되어야 한다는 야무진 꿈이 얼마나 허술한가로도 고뇌에 잠긴다.

맑은 바람, 시원한 나무그늘, 월남은 앉으나 서나 미국문화가 사로잡아 다른 생각이 끼어들지 못한다.

'불가능이야, 나는 못할 일이야.'

임금님의 훌륭한 신하는 화중지병(그림의 떡)이요, 철부지의 헛된 꿈이다.

그런 차에 주목으로 나가려느냐는 임금의 물음은 월남에게 맞는 말도 아니다. 미국을 보고 오니 판서를 하라 해도 그게 할 일이 아니다. 꼭 하라고 하면 이제야 내키는 것이 하나 있기는 하다. 미국을 연구하고 공부하는 자리가 있어 거기 가서 벗들과 나라의 미래를 어찌 미국처럼 강하게 만들 것인가에 대하여[34] 공부나 하라 하고 녹봉을 준다면 그건 해보고 싶은 일이다. 그러나 우리 조정에는 그런 벼슬자리가 없다. 하여 새로 만들어 달라고 할 수도 없는 일이다.

'맞아, 죽천 대감이 가시는 길로 따라나 가야지 혼자서는 갈 길이 아니로구나.'

월남은 감당치 못할 마음의 무게에 눌렸다.

나라는 풍전등화처럼 여전히 청국으로 일본으로부터 모두 미래가 걱정이다.

나라가 할 첫 번째 일.

갑자기 그게 무엇일까 생각해 보았다.

첫째도 둘째도 셋째도 가르치고 배우는 일이다.

미국을 배워야 한다. 일본 열 번을 배우기보다 미국 한 번을 배워야 한다. 어디다 대고 미국 앞에서 일본이 뻐긴단 말인가. 미국이 정답인데 풀길이 없다.

"여보!"

다시 또 넋을 잃고 있는데 월예가 부른다.

"애들 향시는 언제 보게 하실 거예요?"

"…향시…?"

자다가 깬 사람처럼 월남이 정신이 없다.

"글쎄…"

---

34) 이때 톡립협회가 태통한 것이다. 후일 독립협회와 만민공동회의 모태가 되는 정동구락부가 만들어 진다. 서재필·윤치호·안경수·이완용을 이때 회집한다

"올가을에는 보게 해야 내년에 초시를 보라 하지 않겠어요?"

"초시?"

도대체 무슨 얘긴지 영 귓전에 남는 말을 모르겠다.

"왜 그러세요? 당신 요즘 이상하세요."

"뭐가 이상하다는 거요?"

"영 무슨 얘기를 해도 알아듣지도 못하는 것도 같고… 무슨 고민이 있으세요?"

"고민이라… 하하 내가 무슨 근심걱정이 있겠소?"

"그럼 왜 멍하니 허공만 쳐다보십니까?"

"허허 내가 그랬어요?"

월예가 어린 상재처럼 따지고 든다.

"그래도 지금은 양식 걱정 않고 살고, 아버님 보약도 아직 남아 있어요. 걱정하지 않아도 돼요. 당신이 미국 갔을 땐 한 달은 두 가마니, 한 달은 세 가마니, 한산관아에서 그렇게나 많이 보내줬었고, 죽천 대감이 오신다고 할 때는 전하께서 쌀을 열 가마니나 보내셨다고도 했지요? 이럴 때 승륜이, 승인이 향시를 보게 해야 되지 않겠어요?"

아차!

이제야 정신이 돌아왔다.

애들 향시는 보게 하고 초시 준비를 하자는 소리다.

"애들이 공부는 잘합니다. 승인이도 제 형 승륜이만큼 잘해요. 초시라도 걱정 없게 보여요."

그런데 문제가 있다. 월예는 월남이 초시에 낙방한 그 일을 잊은 모양이다.

"승인가 장원할지 승륜이가 장원할지도 모를 정도예요. 올해 보일까요?"

그제야 월남이 대꾸를 했다.

"아비를 닮았다면 향시는 돼요. 그러나 아비처럼 초시는 장담 못합니다. 그보다도 내년에 초시가 있다고는 합니까? 지방 관리는 뽑는지 모르겠지만 지금 조정에서 치는 과시는 별시 말고는 없어요."

"내년이 3년쨋데 한 번도 뺀 적은 없어요. 여기서 복시까지 붙으면 지방에 근무하도록 모두 벼슬자리에 나간다고 합디다. 장원한 사람은 종7품 자리에도 갔다고 하더라고요. 정9품이야 못가겠습니까?"

"그게 그렇지 않아요."

"뭐가요?"

"조정도 문제지만 이런 시골의 관아는 물이 더럽습니다. 합격한다는 보장도 없어요."

"왜요? 애들 공부는 잘한다니까요."

"글쎄 그게 공부 잘한다고 되는 것이요? 내가 낙방한 것을 잊었습니까?"

"설마하니 지금도 그럴라고요?"

"당신은 일찌감치 잊었으니 다행이요. 나는 잊지 않았습니다. 그때나 지금이나 달라진 것이 없습니다. 세상이 그렇게 돌아가지 않습니다."

"그럼 어떻게 하시려고요?"

"괜한 애들 상처 줄 게 아니라 그냥 공부나 해두라고 하세요. 무슨 수가 나지 않겠습니까?"

"가만히 누워서 수는 무슨 수가 납니까? 당신이 좀 움직여야 뭔 수가 나도 나지 안 그래요?"

"내가 무슨 능이 있어 움직이겠습니까? 날보고 누구한테 굽실거리러 다니라는 것입니까? 나도 수작을 부리라는 겝니까?"

"그러게 왜 전하께서 물으실 때 대답을 그렇게 하셨습니까?"

"글쎄 그게 그렇게 되는 것이 아니라 했잖소?"

드디어 언성이 높아지게 생겼다.

그런데 도무지 죽천에게서는 아무런 소식이 없다.

겨울이 지나 봄이 와 한 해가 가도 무소식이다.

이번에는 월남이 올라갔다.

그러나 아직껏 죽천도 쉬고만 있다.

"우리는 청국과 미국 일본, 이제는 아라사까지 주시해야 합니다. 내가 움직이면 각국의 눈이 나를 따라 옵니다. 미국에 또 가기는 가야 돼요. 미국 안 가고는 풀 열쇠가 없습니다. 단 이번에 가면 월남은 여기 계시오. 고생은 나 혼자 할 테니까 월남은 우리 조선과 한양과 전하 곁에 있어야 합니다."35)

"조무래기가 무슨 수로 전하를 지킨다 하시옵니까? 농이시지요?"

"허허 그게 아닙니다. 곁에서 지키라는 것이 아니라 조선에 있으라는 뜻입니다. 그래야 내가 든든하고 언제든 부르면 오면 되는 것이고. 물론 그렇다고 전하께서 나를 미국에 보낼 수도 없습니다. 그저 그렇다는 얘깁니다. 청국에서 나라면 아직도 곱게 보지 않습니다."

"거 무슨 상관이겠습니까? 당장 미국이 있고 아라사도 있는데 이제는 청국이고 일본이고 전과는 다릅니다."

이러는 사이 1890년 6월 4일(음력 4월 17일/경인(庚寅)년 신사(辛巳)월 병진(丙辰)일) 대왕대비 신정왕후 조씨가 78세로 승하(昇遐/왕이나

---

35) 후일 죽천은 다시 미국공사로 나간 적이 있었고 월남은 동행하지 않았다

높은 어른의 죽음)하였다.36)

대원군보다 12세 연상의 신정왕후는 죽천에 대해 각별하지도 무시하지도 대립각을 세우지도 않았었다. 죽천은 늘 균형 잡힌 정치노선으로 위아래로 원만한 처세자였기 때문이며, 월남은 이런 죽천의 영향을 받아 온건개혁 정치사상을 전수받았다.

죽천은 대왕대비 전에 자주 들어 밤 가루와 미음 등의 수발을 들었으나 세상을 떠난 것이다.

죽천은 연이은 곡반진(哭班進/차례에 따라 곡하러 나감)에 나가며 월남과 곡반진에 동행하기도 하였으나 다시 내려온 월남은 한산에서 생각보다 오래 머물게 되었다.

일본유람단으로 가기 전 고향에 머물 때와는 달리 월남은 여전히 깊은 시름에 잠긴다.

세상을 떠난 홍영식과 우정국도 생각해 보고 미국에서 보낸 날들도 떠오른다. 그러나 다시금 녹봉이 끊겼으나 작년과 금년(1889년~1890년)은 죽천도 청국문제로 벼슬을 쉬는 터라 만만하게 보낼 곳도 형편보다 정신적으로 여의치 않을 것이며, 그렇다고 월남도 억지로 어딘가 어떤 벼슬길로 나갈 생각도 없다.

일(벼슬)이라고 하는 것도 아무 일이나 해서 녹봉만 나오면 그만이라는 생각이 없는 월남은 설사 녹을 받지 못해도 장래가 중요할뿐더러 가장 중요한 것은 나라의 장래에 어떤 유익과 가치가 있느냐고 하는 것에 무게를 둔다.

---

36) 대왕대비(神貞王后)는 조선 말 왕에 버금가는 3인의 여성 중 한 명으로 23대 임금 순조의 손자로 24대 임금이 된 헌종의 어머니(효명세자 비)다. 신정왕후는 고종을 양자로 삼아 대원군 이하응과 고종을 26대 왕으로 철종에 이어 옹립하였으나 대원군의 섭정으로 심한 대립각을 세운 인물이며 구한말 조선사에서 영조의 후비 정순왕후, 순조의 비 순원왕후에 이은 왕대비 정치의 중요한 자리에 앉아있던 사람이었다

월남은 무가치한 것은 꿈도 꾸지 말아야 한다는 생각뿐이다. 짧은 인생에서 하기 싫은 일을 할 이유가 없으며, 게다가 무가치하고도 하기 싫은 일은 벼슬이 높거나 녹봉이 많아도 극히 싫어하는 성향인 자신을 안다.

하지만 가치가 있는 일이라면 아무리 싫어도 해야 한다는 사고가 굳었다. 가치란 무엇인가?

월남은 고향에 내려온 이후 더 깊은 생각에 자주 잠겼다.

첫째는 옳고 그름을 가려 분별 있는 사고와 행동을 하는 것이다.

둘째는 덕망이 있어 죽천과 같은 상전에게 충성하며 순종하는 것이다.

셋째는 녹봉이 많아도 나라에 유익이 되지 않으면 하지 않는다는 것이며, 반대로 녹봉이 적거나 아예 없어도 나라의 장래에 그것이 유익하다면 무일푼이라 하여도 열심히 일하는 것으로서 공부는 이것을 목표로 해야 한다는 것이다.

그러고 보면 월남은 복 있는 사람이다.

어디서 이렇게 훌륭한 죽천과 같은 대감을 만날 것이냐. 죽천은 인격에 흠결이 없어 중심이 반듯하여 고종 임금의 신하된 도리에 대해 흔들리지 않는다.

고종 임금의 반듯한 신하는 그것이 곧 백성을 위한 신하로서 어려서부터 꿈꾸어 왔던 훌륭한 신하의 길이다.

고종 임금의 나라사랑과 백성사랑은 죽천을 통해 누차 들어왔고 의심의 여지가 없어 더 따져볼 이유가 없다.

'어떻게 해야 죽천의 뜻대로 전하를 모시려는가?'

그러나 월남의 능력 밖이다. 그러니 소원만 빌 뿐이지 달리 어쩔 도리가 없다.

그러니까 임금에게 아부하고 백성에게 해를 끼치는 신하의 길에 접어들면 십년공부 백년 공부가 무가치하다.

고종 임금이 만족하고 백성에게 유익하고 죽천대감의 신하된 진정한 충성만이 월남의 가치관이 된 것이다.

민란이 곧 國난이 되다

줄을 잇는 민란

이처럼 월남과 죽천은 세계를 향한 외교로 고심하는 사이에 국내에는 빈번한 민란이 줄을 잇는다.

죽천이 어렵게 고종을 접견하던 1889년부터 민란이 일어나기 시작하여 명성황후 민씨가 시해당하던 1895년까지의 6년은 백성들이 들고 일어나 관아를 쳐들어가고 관리를 죽이고 무기고를 탈취하고 양식을 탈취하는 대혼란의 극심한 민란 최전성기라고 해도 된다.

민란은 왜 일어나는가?

이에 대한 정답은 당시의 세도가들에게 책임을 물어야 한다.

물론 민란마다 발생 원인과 양상도 다르고 규모와 목적도 다 각각 다르기에 한마디로 말하기는 어려워 복잡한 연구가 뒤따라야 제대로 분석하고 알 수 있는 일이기는 하다.

아무튼 당시 이 기간 6년 동안 일어난 민란은 그 수효를 다 헤아리기도 어렵다.

다만 대원군의 섭정 시에는 철권을 휘둘러 민란이 거의 없었다.

처음 고종이 친정을 선포한 후에도 민란이 그리 많지 않았다.

민란이 유독 많이 일어난 시기 중에는 월남 이상재가 태어나 성장하던 유년기에 이어, 이제 말한 이 시기가 대표적인 민란다발시기였다고 보아도 된다.

왜 이렇게 많은 민란이 일어나는가?

살기 힘든 백성이 죽겠다고 악을 쓰는 것이 민란이다.

임오군란은 5군영에서 2군영제로 바뀌면서 별기군과의 차별에 분노하고 군료가 제때 지불되지 않는 것에 대한 군사들의 몸부림이다.

그에 비해 민란이란, 민란이 일어나지 않도록 해야 할 책임을 지지 못하고 생명과 재산을 지켜주지 못하는 것이 근본 원인이다.

그러므로 민란이 일어나면 그들의 아픔을 살펴 치료해 주어야 하는데, 그들의 고통을 만져주는 대신 폭도로 규정하고 임오군란 때처럼 유복만·김춘영 등을 잡아다 바로 처형해 버리기라도 하면 바른 대처가 아니다. 지금은 어떤 민란이 일어나고 있는가.

1888년, 월남이 미국에 있던 해에만 해도 그렇게 심하지는 않았던 민란은 월남이 귀국하던 1889년부터 불길이 치솟았다.

영흥부(永興府)환전수쇄문제로 민란이 발생한 정도에서 다음해에는 강원도 정선, 인제, 전라도 광양, 경기도 수원에서 민란이 발생하여 군수를 축출하고 좌수를 구타하여 주모자 윤영창을 효수(목을 치다)형에 처하기도 하였으며 관아를 쳐들어가 민관의 충돌이 발생하기 시작한 것이다.

이렇게 시작한 민란은 제주도, 강원도 고성, 경기도 고양·파주·용인·함흥·덕원, 강원도 양천현, 함경도 회령 등등 걷잡지 못할 대란으로 백성과 관리 간에 치열한 접전이 되어 두 해 후 1891년부터 1892년 사이에만 해도 그 수를 셀 수 없는 민란이 터진 것이다. 이런 민란으로 나라는 얼마나 쇠약해지고 백성은 얼마나 지칠 것이며 관리는 얼마나 선량해지는가? 아니면 보다 더 포악해진단 말인가?

1893년에도 민란이 이어지고 있다. 평안도 함종, 인천 감리서, 황해도 재령, 충청도 청풍 황간, 경기도 개성, 황해도 황주, 평안도 중화 운산, 함경도 회령 종성, 경상도 통영, 경기도 양주 등등 역시 전국에서 한 달에도 몇 번씩의 민란이 터진다.

1894년, 동학란과 갑오경장 등 민비가 시해되기 전해에는 민란의 최극심의 해라고 보아도 될 정도다.

강원도 금성, 전라도 금산, 경상도 김해, 충청도 노성, 문의, 옥천, 회덕, 진잠, 청산, 보은, 목천, 경기도 남양, 경상도 영지, 영천, 공주, 대구, 안동, 신영, 문경, 성주, 예천, 의흥에서 민란이 일어났으므로 한 해에 일어난 민란을 다 열거하기에도 부족할 정도다.

민란이 소나기 퍼붓듯 하는 가운데서 왕명을 출납하는 왕의 직속 기관 승정원(承政院)이 폐지되었다. 1894년 11월 13일이며 대신 중추원(中樞院)37)이란 새 기구로 변경, 설치하였다.

더불어 조선에 마수를 뻗치기 시작한 일본은 그들의 글자(일본어)로 인쇄하여 1894년 1월부터 한성신보(漢城新報)를 발행하여 이와 같은 조선의 민란을 일목요연하게 들여다보고 있었으나, 조선의 백성들은 아무런 의식이 없다.

단발령도 내려졌다.

상투를 자르고 일본식 상고머리를 하라는 단발령은 거부세력이 많

---

37) 중추원이란 고려시대부터 존치하였던 기관이었으나 후일 의회(국회) 기능으로 바뀌기 전 단계라고 보아도 됨.

아 아직은 초기단계로 1895년 11월 15일로서 양력(태양력, 太陽曆)은 이틀 후 음력으로는 1895년 11월 17일이며 1896년 1월 1일부터 시행령이 내려지니 단발령은 양력으로 1895년 12월 29일의 일이다.

죽천, 인동 장씨와 재혼하다

민란이 줄을 이어가던 1892년 1월 31일. 이날은 정월 초이튿날로서 설날이 어제였다.

엄동설한에 백성들은 아우성을 치며 민란으로 나라가 들끓는 가운데 죽천과 월남에게는 하늘이 무너지는 슬픔이 닥쳐왔다.

죽천 박정양의 정경부인 양주 조씨가 세상을 떠난 것이다.

월남이 죽천의 사가로 온 25년이란 기나긴 세월 동안 월남의 누이와도 같은 상전이었던 정경부인의 타계다.

월남의 나이 43세이며 죽천의 나이 52세, 정경부인은 51세였다.

죽천과의 사이에 1남 2녀를 두고 일찍 세상을 떠나 보내는 죽천은 아니라도 건강이 여의치 않은 터라 곁에서 보는 월남의 가슴을 도려내게 하였다.

죽천의 사가는 눈물의 바다가 되고 말았다.

허나 죽천의 슬픔은 아랑곳없는 듯, 지금은 민란 시기다.

1893년 초가을, 마침내 재혼이 결정되어 죽천이 인동 장씨를 새 부인으로 맞게 된다.

죽천은 뜻밖에도 외로움을 견디기 힘들어했기 때문이다. 타계한 정경부인을 잊지 못해 1년여간 힘든 세월을 보내면서 아니라도 건강이 여의치 못한 터라 몸은 더 쇠약해지고 말았다.

이에 고종 이하 모든 신료들이 새 정경부인을 맞아야 한다고 하던 가운데 인동 장씨의 여식을 아내로 맞이하려 초례를 올리는 날을 맞았다. 죽천의 나이 54세이며 장씨의 나이 24세, 을미사변이 일어나기 전의 일이다.38)

그런데 30세 연하의 인동 장씨가 새 정경부인이 되는 초례가 마쳐지려 할 때 돌발 사태가 터졌다. 아리따운 규수가 나타나 숨이 넘어가게 까르르르 웃어대는 뜻밖에 일이 벌어졌다. 그것도 바로 월남의 옆에서….

모두가 어리둥절 영문을 모를 때 새 정경부인의 모친이 기함을 하고 뛰쳐나와 규수를 데리고 가려 하는데 규수가 말을 듣지 않는다. 죽천은 사모관대를 쓰고 초례를 치르다 놀라는데 새 정경부인 장씨는 별반 놀라지 않는다.

일순간 초례청의 엄숙함이 흩어지고 말았다.

여기저기서 놀란 하객들이 서로에게 묻는다.

"누구야?"

모두가 묻지만 아는 사람이 없다.

누군가가 말했다.

"신부의 언니야."

"맞아, 신부의 언니 맞네."

"언니가 왜 저런다지?"

아무도 영문을 모르는데 신부의 모친이 규수를 데리고 나가려 애

---

38) 당시는 나이 차이에 대한 의식이 달라서 영조대왕(1694년생)은 50세 연하의 정순왕후(1745년생)를 맞기도 하였음.

를 쓰는 중 몇이서 도와도 규수의 웃음이 멈추지 않고 도무지 자리를
뜨려 하지 않는다.

이번에는 월남을 보고 더 크게 웃어댄다.

월남은 어찌 할 바를 모를 일이다.

황당하여 놀라는데 여전히 웃어대는 규수를 보니 난감하기 그지없다.

그때 어디서 누군가가 말한다.

"아파서 저래요. 별일 아니에요."

'아파서?'

강제로 끌다시피 초례청을 떠나면서도 월남만 바라다보며 여전히
웃는다.

일단 다시 너무나도 조용해졌다.

이에 하는 수 없이 신부의 부친이 간략하게 말했다.

"제 큰딸입니다만, 정신이 안 좋아서 그러니 괘념치 말아주세요.
죄송합니다. 어서 예를 마쳐 주십시오."

이렇게 마치고 연회도 파하고 손님들이 거지반 자리를 떴는데 규
수가 번개같이 후다닥 다시 튀어나왔다.

남은 몇이서 자리를 털고 일어서며 모두가 딱하여 혀를 차는데 흘
려 들리는 말이 월남의 귀에 울린다.

"정말 영특한 규수입니다. 그런데 신혼방에 들었다가 첫날밤도 치
르지 못하고 그만 정신이 잘못되어 시집에 가지도 못했어요. 참 아까
운 규수지만 약이 없습니다. 잠잠하다가도 한 번씩 도지면 실수하기
딱 맞아요."

"너무 비상해 날이 넘어서 그렇대요."

이런저런 말소리가 들리고 혀를 차기도 하는데 이번에는 월남이

있는 곳으로 밀치고 들어와 덥석 앉는다.

잘 아는 사람이라도 되는 양 월남 앞에 앉아 다정하게 웃는다.

'병세가 참 심하구나.'

월남도 기가 막힌다.

그러더니 월남에게 술잔을 내민다.

"한 잔 더 하세요."

이 도대체 어찌 된 영문인지 혼자 웃으면서 잔을 내밀고 술병을 집어 든다.

"이러시면 안 됩니다. 새 정경부인 마님을 봐서라도 술병을 잡으심은 안 될 일입니다. 더욱이 제가 어찌 술잔을 받는단 말입니까?"

그러자 웃던 표정이 순식간에 돌변하며 완전 딴사람이 되어 버렸다.

모두가 이 뜻밖의 광경을 보느라 눈동자가 멈춰 버렸다.

"소인이 서방님께 술병을 잡는 것은 당연하지 않습니까?"

도대체 언제 정신줄을 놓았던 사람인가 싶을 정도로 또렷한 음성이다.

월남은 얼굴에 불이 확 솟아오른다.

'규수가 착각할 수도 있겠지…. 그러면 이럴 수도 있지 않겠는가?'

그런데 내민 술잔을 내리지 않고 들고 서서,

"어서요. 받으셔요. 서방님!"

이를 어쩌면 좋을까. 순간 받을까 싶기도 하나 이것은 있을 수도 있어서도 안 되는 일이다. 아무리 정신줄을 놓쳤다 하여도 모시는 상전의 새 정경부인의 혈육이다. 월남이 이 잔을 받는다는 것은 말도 안 되는 불학무식한 짓이다.

누군가가

"받아요. 그냥."

하자,

"받으면 쓰나?"

또 이러기도 한다.

받으란다고 받을 잔이 따로 있는 법, 월남은 말없이 규수의 눈빛만 바라다보는데 규수도 월남을 뚫어져라 바라본다.

"숙부인[39]마님! 꼭 주시려거든 안으로 드시지요? 여기서 받음은 계신 손님들께 피차 예가 아니옵니다."

규수의 부군이 정3품인지 정5품인지는 모를 일이나 순간 월남이 예를 갖춰 부를 마땅한 호칭이 없어 무의식중 찰나 나온 말이다.

그렇다고 정경부인이라 할 수도 없는 일이다. 다음 자리 정부인도 높게 여겨지고, 그렇다고 낮출 수도 없음은 월남이 모시는 죽천의 새 정경부인 언니이기에 정3품의 예로 숙부인이라 한 것이다.

"숙부인마님께서 소인에게 꼭 주시고 싶으시면 안채로 들어가 주시지요."

규수가 영특하여 단방에 알아듣는다.

"하하하, 숙부인? 듣기는 좋은데요. 그러실랍니까? 그럼 들어가시지요, 서방님."

서방님이라, 월남은 어쩔 바를 모르겠다.

숙부인이나 안으로 가자는 말은 일단 이 자리를 피해 들어가도록 유인하기 위해서 한 말일 뿐이다.

같이 안채로 들어가자 새 정경부인 모친께서 얼른 규수를 데리고 먼저 방으로 들어갔고 그 사이에 월남도 총총걸음으로 죽천의 처가

---

39) 숙부인(淑夫人)이란 정3품 당상관과 종3품 당하관의 아내를 일컫는 호칭으로, 숙인이라고도 함.

를 나와 혼미한 정신으로 죽천의 사가로 돌아왔다.

'거참, 잘 생각한 일이로구나.'

일단은 예도 잃지 않고 규수의 마음도 다치지 않았을 것이다.

들어가려는 월남을 못 들어오게 안에서 문을 잠근 사람은 새 정경부인의 모친이었기 때문이다.

그 후 얼마가 지났을까?

이듬해(1895년) 봄.

죽천의 사가에 머무는 월남에게 정경부인의 언니 규수 바로 그 장여인이 찾아왔었다 한다.

월남은 어디론가 거처를 옮길 생각으로 이모저모 갈 곳을 물색 중 바쁜 관계로 아직 죽천의 사가에 머물고 있는 중이었으나 마침 출타하여 만나지 못했다.

대문에 들어서면서부터 소란이 났더란다.

자기가 누구라고 말을 않고 무작정 들어와 죽천의 안채로 가려고 하였기 때문이다.

행랑아범 길덕이 말리다가 놓쳐 안채로 따라 들어가 보니 정경부인이 언니라고 하는 바람에 그제야 장씨가 누군지 알게 되었다고 한다.

이렇게 막무가내로 들어온 장씨는 누구를 찾다가 그날로 돌아갔다고 하는데 다름 아닌 월남을 찾은 모양이라고 하였고 월남은 그때 사가에 있지 않아 보지 못했다.

동학란

민란이 줄을 이어 엄청난 국가 소요사태가 일어난 가운데서 대표적인 민란은 이 해(1894년) 9월과 10월에 폭죽처럼 터져나온 동학농민군의 봉기를 들 수 있다. 동학란이라 불리는 봉기는 크게 1894년 음력 3월의 고부 봉기(제1차)와 음력 9월의 전주·광주… 궐기(제2차)로 나뉜다.

동학농민전쟁(東學農民戰爭), 동학농민혁명(東學農民革命)으로도 불리며, 갑오년에 일어났기 때문에 갑오농민운동(甲午農民運動), 갑오농민전쟁(甲午農民戰爭)이라고도 한다. 청일전쟁의 직접적인 원인이 되기도 한 동학농민운동(東學農民運動)은 전라도 고부군(古阜郡, 현 부안군)에 군수로 부임된 조병갑이 농민들을 수탈하며 괴롭힘에서 촉발되었다.

격분한 농민은 한문교사 전봉준을 선두로 1893년(고종 30년) 음력 12월과 이듬해 음력 1월, 2회에 걸쳐 군수에게 시정을 진정하였으나 체포 또는 축출되었다. 이후 최시형에 의해 경상도 관찰사 조병식(趙秉式), 영장(營將) 윤영기(尹泳璣) 등이 파직되긴 했으나 가라앉진 않았다.

농민들은 전봉준을 선두로 수백 명이 1894년(고종 31년) 음력 1월 10일(양력 2월 15일) 만석보(萬石洑)를 파괴하고 고부 관아로 갔다.

이에 놀란 군수 조병갑은 줄행랑을 놓았고, 그들은 관아를 습격·점령하여 무기를 탈취한 다음 농민들은 수탈에 앞장섰던 아전들을 처단하고 불법으로 징수한 세곡을 탈취하여 빈민에게 나누어 주었다.

그러나 농민들은 사후의 다음 단계 계획을 세워놓지 않아 음력 3

월 11~12일 신임 군수 박원명의 온건한 무마책에 곧 해산하였다.

그 후 오래지 않아 안핵사로 내려온 이용태는 위 사건을 동학(교)도의 반란으로 규정하고 반란 관련자들을 동학역도로 취급하여 역적 죄로 몰아 혹독히 탄압하였다. 이에 고부의 상황은 뒤집어진다.

이용태의 탄압에 분개한 전봉준과 농민들은 다시 무장을 갖추고 김개남, 손화중과 함께 봉기하였다. 이것이 고부 봉기라고도 불리는 제1차 동학농민운동이다.

전봉준을 총대장, 김개남(金開男)·손화중(孫和中)을 장령(將領)으로 삼은 농민군은 1894년 음력 3월 하순에 백산에 모여 다음과 같은 농민군의 4대 강령과 봉기를 알리는 격문을 발표하고, 민중을 향해 대대적인 궐기를 호소했다.

첫째, 사람을 죽이지 말고 물건을 해치지 말라.

둘째, 충효를 온전히 하여 세상을 구제하고 백성을 편안히 하라.

셋째, 왜양(倭洋, 일본인과 서양인)을 축멸하고 성군의 도를 깨끗이 하라.

넷째, 병을 거느리고 서울로 진격하여 권귀(權貴, 권문 귀족의 준말)를 멸하라.

태인·금구(金溝)·부안 등지에서도 농민들이 합세하여 그 수가 수천에 도달했다. 동학군의 봉기는 이로부터 걷잡지 못할 정도로 본격화하였다.

나라가 완전 쑥대밭이 되는 중이다.

수천의 농민군은 전주성 함락을 목표로 음력 4월 초 금구 원평에 진을 쳤다. 실제로는 농민군의 구성원은 대부분 일반 농민이었고, 동학교도는 비교적 적었다.

농민군은 탐관오리의 제거와 조세 수탈 시정을 주장하였으며, 균전사(均田使, 농지주관 관리, 양전사라고도 함)의 폐지를 촉구하였다.

고부의 황토현에서 감영 군대를 물리쳐 황토현 전투를 승리로 이끈 농민군은, 중앙에서 파견된 정부군을 유인하기 위해 남쪽으로 향하였다.

여기에 자극을 받은 조정에서는 당시 전라병사 홍계훈을 초토사로 임명하여 봉기를 진압하도록 하였다. 정읍, 흥덕, 고창, 무장 등을 점령한 농민군은 음력 4월 23일, 장성 황룡촌 전투에서 홍계훈이 이끄는 정부군을 상대로 승리하였다. 음력 4월 27일(양력 5월 31일)이 기세를 몰아 농민군은 전주성으로 입성하였다.

그러나 정부군은 완산(전주)에 머물면서 포격을 시작했고, 동학군은 여기에 대항할 만한 병기가 없어 500명의 전사자를 내는 참패를 당했다. 홍계훈은 이미 봉기의 직접적인 원인이었던 고부군수, 전라감사, 안핵사 등이 징계를 당했으며 앞으로도 관리의 수탈을 감시하여 징계하겠다는 것을 밝혔고, 한편으로는 청나라 군대가 조선 정부의 요청으로 도착하였으며 일본의 군대도 조선 내 자국민 보호를 핑계로 청나라를 견제하기 위해 출병하기로 했음을 알렸다(청·일 충돌 시초).

이것이 결국 아관파천(임금이 러시아 공관으로 이어함)까지 이어질 줄이야.

동학군은 이런 상황에 따라 폐정개혁 12개조를 요구하고 전주성에서 철병했으나 이미 청군과 일본군은 조선 내에 진입한 상태였다.

음력 5월 8일(양력 6월 11일) 강화를 맺은 뒤 대부분의 농민은 철수행으나 동학군은 교세 확장을 구호로 그들의 조직을 각지에 침투시키고 전라도 53군에는 집강소를 설치하고 폐정 개혁에 착수하였다.

특히 김개남은 5~6만 명의 농민군을 이끌고 집강소 설치에 반대하던 남원 부사 이용헌과 나주의 현령들을 살해하여 그곳에도 집강소를 설치했다.

이로써 조선 조정은 농민군이 밀고 들어오자 일본과 청나라에 도움을 요청하였고(앞서 말한 것처럼), 이에 전봉준·김개남·손화중·손병희·최경선·김덕명·최시형·성두환·김낙삼·김두행·손천민·김봉득·김봉년·유한필 등이 다시 2차 봉기를 일으켰다.

걷잡지 못할 민란의 대 폭동으로 나라는 균열이 생기기 시작하였다.

일본군의 왕궁 점령에 분격한 농민군은 이 해 음력 9월 척왜(斥倭, 일본을 물리치자)를 구호로 내걸고 재기하였다. 이제는 내정 개혁을 목표로 하지 않고 '일본과의 항쟁'이라는 '반외세'가 거병의 주요 목표였다.

제1차 봉기 후 청군은 물론 일본군도 음력 5월 6일(양력 6월 9일)부터 1만의 군대로 인천에 상륙하였다.

청국의 동학란 개입

일본은 1894년 음력 6월 21일(양력 7월 23일) 조선 내 친일 정권을 세우고 이노우에 가오루(井上馨)를 새 공사로 임명했다. 드디어 음력 6월 23일(양력 7월 25일) 청일전쟁을 일으키는 등 험악한 사태가 발생하였다.

이에 동학군은 음력 9월 14일(양력 10월 12일) 전북 삼례에서 회의를 연 결과 전봉준·김개남 등의 과격파는 최시형·이용구(李容九) 등 온건파의 타협론을 거부한다.

그 뒤 전봉준이 4천 명의 농민군을 이끌고 삼례에서 일본군을 몰아낸 뒤 남접과 북접의 연합을 시도했다. 전봉준은 공주→수원→서울 북상로를 선택하고 남원에 주둔한 김개남에게 합류할 것을 요구했으나 거절당했다.

그동안 전봉준의 봉기에 반대 입장을 보였던 손병희는 교주 최시형의 승인하에 10만여 명의 충청도 농민군(북접)을 이끌고 청산(靑山)에 집결하여 논산(論山)에 합류했다.

그로써 김개남 대신 음력 10월에 북접의 손병희가 논산에서 합류하여, 남접 10만 명, 북접 10만 명 등 총 20만여 군세를 이루었다. 이들 남북연합 농민군은 일본군을 격퇴하기 위해 일본군의 병참기지를 습격하고 전신줄을 절단하면서 서울을 향해 북상하다가 공주를 총공격하기로 결정했다. 이에 조선 조정과 일본군은 신정희, 허진, 이규태, 이두황 등에게 3,200명의 관군과 일본군은 미나미가 이끄는 2천 명의 일본군을 이끌고 맞섰다.

농민군과 조일 연합군은 음력 10월 23일부터 26일까지 공주 이인과 포효 등지에서 제1차 접전을 벌였고, 농민군은 크게 패배해 후퇴했다. 전봉준은 김개남에게 도움을 요청했으나 김개남은 청주 전투에서 크게 패한 뒤에 도움을 주지 않았다. 농민군은 곰티와 검상마을, 곰내, 하고개, 주미산 방면을 공격했다. 금강 건너 유구 쪽에서 맞섰으나 홍성 농민군은 세성산 전투에서 패배해 후퇴했다. 농민군은 다시 진열을 정비하고, 음력 11월 9일 남접과 북접 연합군 20만 명이 공주 우금치를 향해 돌진하면서 전투가 시작되었다.

이때 월남은 무엇을 하며 어디에 있었는가?

고향에 내려와 2년 남짓 머물다가 미국에 가기 전 몸담았던 친군후영이 통위영(統衛營)으로 바뀌었는데 다시 문안(文案)의 자리로 복직한 것이다. 이어서 새로운 정부조직 개편에 따라 신설된 전원국의 위원으로 일하고 있었다.

죽천 박정양이 신설된 전원국 독판(督辦, 장관급)이 된 것이다.

전원국(典圜局)이란 현 조폐공사의 전신으로서 화폐를 찍어내는 기관이다.

지금까지는 은화 동화와 같은 주전(동전)을 만들다가 이제는 미국이나 일본처럼 지폐를 만들어야 한다는 것은 월남이나 죽천이나 고종이나 같은 생각이었다.

조선의 돈이 돈인가? 물론 조선의 돈이 돈은 맞다.

그러나 일본은 조선 돈을 돈으로 인정해주지만 미국은 조선의 돈보다 자기네 돈이나 일본 돈을 받아야 배를 태워주었다.

초대 미국주차공사(재미조선공사)가 일본 화폐로 선가(뱃삯)를 지불하면서 죽천과 월남은 뼈가 시린 아픔을 느꼈고, 워싱턴에서도 은화나 금화가 아니면 쓸 수가 없던 것이 가마득하여 조선도 지폐를 찍어 어서 미국정부와 미국 상인들이 조선 돈을 받아주는 날이 와야만 진정한 수교국의 위치에 오르게 될 것인데 아직도 조선돈은 돈으로 쳐주지 않는다.

국가와 국가 간 돈이 통용되려면 국가 대 국가로서의 지위가 확보돼야 한다. 물물교환 방식으로는 국가 간의 무역이 불가능하다. 나아가 영국이나 프랑스 독일과도 조선 돈이 돈으로 대접을 받아야 옳다만 받아 봤자 그네들이 쓸데가 없어 거부하는 것이 당연하다.

이것은 물자가 오고가는 통상의 문이 열려야 안정되고 정착되는 문제다. 그런데 이제는 우리 조선도 전원국이 생기고 돈을 만들면 돈으로 인정해 받아주게 된다는 희망을 가지고 첫 화폐공장을 만들어 월남이 여기에 위원이 된 것이다.

월남은 전원국 활성화와 실용화를 넘어 국제화를 향한 고민이 많다.

허나 아직은 은행이 없어서 돈은 만들어도 돈에 대한 관리가 허술하다.

돈이 돌 때마다 돈의 가치가 올라가야 하는 이자에 대한 규정도 없다.

우리 돈 1원이면 일본 돈 10전이나 같을 지경으로 우리의 피와 땀은 일본인이 한 시간을 일하면 우리는 열 시간 일을 해야 그 값이 같다고 한다면 이 얼마나 억울하고 분한 일인가?

월남은 전원국 활성화뿐만 아니라 국내외 화폐가치에 대해 고민만 많지, 쉽게 답을 찾기가 너무 어렵다.

그러나 국내 최초의 지폐공장에서 일하는 것의 가치가 얼마나 중요한가를 생각하며 전원국 위원의 직무에 충실하는 중인데 나라가 이렇게 뒤숭숭한 정도를 넘어 거의 무너져갈 지경에 이르렀으나 월남과 죽천이 직접 대응할 위치에 있지도 않다.

마침내 음력 11월에 전봉준은 순창에서 체포되어 서울로 압송된 후 일본 공사의 재판을 받고 사형되었으며(1895년 음력 3월), 이후 조일 연합군의 호남 일대의 농민군 대학살전이 일어났다. 이로써 동학농민전쟁은 거병한 지 1년 만에 실패로 끝났다.

동학 농민 운동은 최제우가 창시한 동학에 기초를 둔 농민 중심의 민중항쟁이라고 할 수 있다. 동학은 신분제의 타파를 외치고 있었기 때문에 혼란한 조선말 상황에 가난한 농민들이 의지할 수 있는 종교였기 때문이다. 동학농민운동의 성격은 간단하게 "반봉건적, 반외세적 농민항쟁"이다. 청나라와 일본의 개입으로 결국 실패했으나 이는 후에 3·1운동 정신으로 계승되어 되살아나게 된다마는….

동학농민전쟁은 동학이라는 종교 조직과 동학인의 지도하에 일어난 농민 항거라는 점에서 이전의 민란과 다르며, 외세 배척을 목표로 했다는 점도 처음 보이는 것이다. 그러나 당시의 역사적 조건하에서 동학농민전쟁은 몇 가지 한계도 가지고 있었다.

첫째, 농민군은 조선 관군을 넘어선 외세의 개입에 대하여 맞서 싸울 만한 효과적인 무기와 병력이 부족하였다.

둘째, 농민들 중심의 동학군에 대항하여 기득권을 가진 향촌사회의 지주·부호·양반들의 민보단(民堡團) 등을 통한 저항을 과소평가하였다.

셋째, 사회 개혁을 위한 혁명을 수행하면서도 대원군에 의지하려 한 것이 잘못이었다.

전봉준이 백산에서 전라감사에게 내놓은 개혁요구서와 전주화약을 맺기 직전 관군 최고사령관 홍계훈에게 보낸 탄원서에는 대원군이 다시 권좌에 복귀하기를 바라는 내용이 들어 있다.

그럼에도 불구하고 갑오 동학농민운동은 애국적이고 애민적인 동기에서 일어난 구한말 최대의 농민 중심의 민중항쟁이었다.

한편, 농민군이 근대적 민주주의나 사회주의를 지향하는 사회혁명이나 계급전쟁을 꿈꾸었다는 민중주의 역사가의 견해도 있다.

결국, 동학농민전쟁은 순박하고 애국적인 농민들의 자기생존을 위한 처절한 몸부림으로 끝날 수밖에 없었다.

그러나 이때의 실패경험을 바탕으로 농민층의 반일애국주의가 다음 시기의 의병운동에 양반유생과 더불어, 함께 참여하는 성숙성을 보여 주게 되었으며, 농민들의 내정개혁 요구는 갑오개혁에 부분적으로 반영되는 성과를 가져왔다

청일전쟁

조선은 청·일의 경제권 대립의 장이 되었다. 이 해(1894년) 조선에서 동학농민운동(東學農民運動)이 발생하자 위기에 처한 조선 정부는 청나라에 지원을 요청하지도 않았으나 양력 6월에 청나라가 파병하자 일본도 톈진조약(조선에 문제가 생기면 양국은 파병한다는 자기네들끼리의 일방적인 강제조약)에 근거하여 동시에 조선에 파병함으로써 세력 만회의 기회를 놓치지 않았다.

동학농민운동이 진압된 이후에도 일본은 철병(撤兵)을 거부하고 오히려 조선에 대한 침략 야욕을 드러내어, 조선 내 개혁(갑오개혁)을 강요하고, 동시에 조·청 간에 맺은 통상무역장정(通商貿易章程)을 폐기하라고 요구하며 내정을 간섭하는 등 지배권 확보를 도모하였다.

일본은 경부 간 전선(電線)을 가설하여 전쟁에 대비하는 듯하더니, 6월 21일에는 병력을 동원하여 왕궁과 4대문을 장악하였다. 조선 정부는 일본의 강요로 청나라와의 통상무역장정을 폐기한다고 발표함으로써, 조·청 간의 국교를 단절시키고, 일본군은 조선 정부의 요청을 받은 것처럼 위장하여 아산만에 주둔 중인 청군을 공격하기 시작하였다. 아산만 앞바다에 있는 풍도(豊島)에서는 청의 육군을 싣고 오

는 청의 함정을 일본군이 습격하여 참패시키고 말았다. 여기서 청나라 군사 1,200여 명이 익사하였다.

이미 청·일 두 나라 군대가 조선 내에서 충돌한 것이다(1894년 6월 23일/양력 7월 25일 새벽). 이어서 성환(成歡)에서도 두 나라 군대가 충돌하여 일본군이 압승하였다. 이 마당에 양국은 선전포고(宣戰布告)를 하고 드디어 전면전으로 돌입하게 되었다(7월 1일/양력 8월 1일).

그 후 평양 전투에서도 역시 일본의 승리하였으며 압록강 어귀에서 벌어진 해전에서도 청군이 패주하였으며, 일본은 랴오둥 반도의 뤼순(旅順)을 함락하였다. 일본 해군은 우세한 전력으로 연승하며, 산둥반도의 웨이하이웨이(威海衛)까지 점령한 후, 최후로 유공도(劉公島)의 함대를 격파하여, 결국 북양함대(北洋艦隊)는 전멸하고 말았다. 청나라 북양수사제독(北洋水師提督) 정여창(丁汝昌)은 항복문서와 함께 모든 군사물자를 일본에 양도하고 자결하였다.

일본군은 랴오둥반도·발해(보하이이)만·산둥반도를 장악하고, 베이징·톈진을 위협하였다. 남쪽에서는 펑후섬(澎湖島)을 점령하고, 끝내는 청국 전체를 정복할 기세였다.

이럴 즈음 영국과 러시아 등이 중재에 나섰다. 그러나 일본은 이들을 모두 거절하고, 국제적으로 중립적으로 보이는 미국의 중재를 받아들여, 결국 일본과 청국은 1895년 4월 시모노세키조약(下關條約, 당시는 馬關)을 체결하여 전쟁의 뒤처리를 하였다. 일본은 승전 대가로 거액(청나라 1년 예산의 2.5배)의 배상금과 중국의 영토인 랴오둥반도(僚東半島) 타이완, 펑후섬을 할양받았다. 그러나 만주로의 진출을 꾀하는 러시아는 일본이 랴오둥반도를 장악하는 것에 위기감을 느끼고, 러시아·프랑스·독일 3국이 이에 간섭하여(삼국간섭) 랴오둥반도를 중국에 반환토록 압박하였다. 힘의 열세를 느낀 일본은 랴오둥 반도를 반환하였고, 러시아에 대한 불만은 심화되어 새로운 어두운 역사를 잉태하고 있었다.

전쟁을 사전에 철저히 준비한 일본은 전쟁준비에 무성의하고 부패한 청나라를 상대로 압도적으로 승리할 수 있었다. 청일전쟁의 승리로, 그동안의 동양 패권을 중국으로부터 일본이 넘겨받는 계기가 되었고, 그 후 조선 등 대륙으로의 침략을 한층 강화할 수 있게 되었다. 또한 일본은 국내의 산업혁명을 성공적으로 추진하며 자본주의 국가로 성장하게 되었다. 한편, 패전한 중국은 제국주의 열강의 침략을 더욱 받게 되는 불운을 겪게 되었다.[40]

연이어 조선은 갑신정변(甲午更張)이라고도 부르는 갑오개혁(甲午改革)을 단행하기에 이르렀다.

1894년(고종 31년) 7월 초부터 1896년 2월 초까지 약 19개월간 3차에 걸쳐 추진된 일련의 개혁운동으로서 을미사변(명성왕후 시해사건)을 계기로 추진된(1895년 8월~1896년 2월) 제3차 개혁을 따로 분리하여 '을미개혁'이라 부른다.

2차에 걸쳐 봉기한 반봉건·외세배척운동으로서의 동학농민운동이 실현되지 못한 가운데 이를 진압할 목적으로 정부는 청에 원병을 요청하였고 일본도 톈진조약(天津條約)을 구실로 군대를 파견하였다.

그러나 동학농민군의 세력이 약화됨에 따라 양국은 더 이상 조선에 주둔할 필요가 없게 되었다. 이에 청은 일본에 대해 공동 철병할 것을 제안하였으나, 일본은 오히려 양국이 공동으로 조선의 내정(內

---

[40] 결국 청일전쟁에서 약세로 패한 청국의 쇠퇴는, 청국의 눈엣가시와도 같았던 죽천과 월남이 중용되는 전기가 된다.

政)을 개혁하자고 제안하였으나 청의 거절로 회담이 결렬되자 뒤따라 청일전쟁이 발발하게 된 것이다.

일본은 단독으로 조선에 대한 내정개혁을 요구하였는데, 이는 침략정책 추진상 책임의 소재를 분명히 밝히고, 방향을 설정할 수 있는 확립된 정부가 필요했기 때문이었다.

일본 군대는 왕궁을 포위하고 대원군을 앞세워 민씨 일파를 축출하였으며, 김홍집(金弘集)을 중심으로 하는 온건개화파의 친일정부를 수립하여 국정개혁을 단행하였다.

이 개혁은 노인정회담(老人亭會談)에서 일본공사 오토리 게이스케(大鳥圭介)의 5개조 개혁안의 제출로 시작되었다.

조선 정부는 교정청(校正廳)에 의한 독자적인 개혁을 하고 있다는 이유로 일단 거절하였다.

그러나 1894년 7월부터 대원군의 섭정이 다시 시작되어 제1차 김홍집 내각이 성립되었고, 김홍집·김윤식(金允植)·김가진(金嘉鎭) 등 17명의 회원으로 구성된 군국기무처(軍國機務處)라는 임시 합의기관도 설치되었다.

군국기무처는 중앙과 지방의 제도·행정·사법·교육·사회 등 제반문제에 걸친 사항을 3개월 동안 208건을 심의 의결하는 개혁의 주체세력이 되었으므로 어쩌면 민주주의의 첫 실뿌리를 내린 것으로도 볼 수 있다.

정치제도의 개혁을 단행, 개국기원(開國紀元)을 사용하여 청과의 대등한 관계를 나타냈고, 중앙관제를 의정부와 궁내부(宮內府)로 구별하고 종래의 6조(六曹)를 8아문(八衙門)으로 개편, 이를 의정부 직속으로 하였다.

또 국왕의 인사권·재정권·군사권 등을 박탈하거나 축소하였다.

군국기무처는 의정부와 8아문을 정부의 실질적 집권기구로 만들어 권력을 집중시키고 국왕의 권한을 축소하여 강력한 중앙집권적 체제를 수립하고자 하였다.

청일전쟁 승리로 입본이 강해지다

또 의정부와 8아문을 원활하게 운용하기 위해 과거제를 폐지하고 일본식 관료 제도를 도입하였다.

경제적으로는 재정에 관한 일체의 사무를 탁지아문(度支衙門, 재무 부기능)에서 관장하여 재정의 일원화를 꾀하였다. 또 신식화폐장정(新式貨幣章程)에 의한 은 본위 제도를 채택하고 조세의 금납화(金納化)를 실시하였다.

더불어 문벌·반상제도 혁파, 문무존비(文武尊卑) 구별의 폐지, 노비의 매매 금지, 연좌율 폐지, 조혼금지, 과부 재가 허용 등 조선사회의 폐단으로 지목된 여러 제도와 관습에 대해서도 대대적인 일대 개혁을 단행하였다.

2차 개혁 때는 의정부를 내각(內閣)이라 고치고 7부를 두었다. 인사 제도는 문무관(文武官)을 개편하고 월봉제도(月俸制度)를 수립하였다.

지방행정구역은 8도(道)를 23부(府) 337군으로 개편하여 대한민국의 골격이 되는 구역을 첫 실시하였다.

지방관으로부터 절대적 권력을 동시에 거머쥔 사법권과 군사권을 박탈함으로써 횡포와 부패를 막아 지방행정체제를 중앙에 예속시키는 근대식 관료체제를 수축하였다.

경제적으로는 도량형(度量衡)을 개편하여 척(尺), 결동(結棟)을 폐지하고 평(坪), 근(斤) 등 일본식으로 통일하였다.

사법제도는 행정기구에서 분리시켜 재판소를 설치하고 2심제(二審制)가 채택되었다.

1심 재판소로서 지방재판소와 개항장재판소(開港場裁判所)를, 2심 재판소로는 고등재판소와 순회재판소를 설치하였고, 왕족에 대한 형사재판을 위해서 특별법원을 두었다.

서울에 경무청(警務廳, 경찰의 원조)을 두어 수도의 치안을 담당하고 지방은 각 도 관찰사 아래 경무관을 배치하여 치안을 맡아 행정과 경찰권을 구분하였다. 그러나 제2차 개혁은 개혁을 추진하던 박영효가 1895년 반역음모 혐의로 정계에서 쫓겨나 일본에 망명하면서 끝나고 말았다.

제3차 개혁을 을미개혁이라 한다. 을미사변 후 일본은 고종의 명을 받아 김홍집을 중심으로 한 친일내각을 구성하였다.

갑오개혁은 여전히 추진하게 되었다. 제3차 개혁의 주요 내용은 태양력 사용(양력), 종두법 시행, 우체사 설치, 소학교 설치, 1세 1원(一世一元)의 연호 사용[1896년 1월 1일부터 건양(建陽)이라는 연호 사용], 군제 개혁, 단발령(斷髮令, 상투 자르기) 등이다.

그러나 단발령의 강제시행은 유생을 중심으로 한 전국적인 반일·반개화운동을 불러일으키고 말았다.

후일 아관파천 후 김홍집 내각은 붕괴되고 김홍집은 분노한 국민에게 피살되기까지 하였다. 이로써 갑오개혁은 끝을 맺었다.

갑오개혁은 일본의 지원으로 추진되어 전반적으로 타율적인 개혁임을 부정할 수 없으나, 갑오개혁을 추진한 개화파 관료들은 개항 후 1880년대 초반에 외교사절단원이나 유학생으로 외국에 있으면서 세계정세를 익히고 일본과 청나라의 개혁 등을 살핀 후 조선에 필요한 개혁방안을 실천에 옮긴 것이므로 이는 우리 민족 자율적인 개혁으로 보아야 한다.

이와 같은 갑오개혁의 정신은 후일 독립협회운동과 민중계몽운동으로 이어져 한국의 근대화에 크게 기여하였다.

국모 왕(황)후 시해(을미사변)

조선이라는 우리나라는 거센 파도에 표류하는 일엽편주와 같이 격랑의 파도에 휘말리고 말았다.

미·일·청·러의 각축장이 되었으나 청일전쟁 승리로 거의 일본의 지배권이 강세를 이룬다.

친일 김홍집 내각은 일본 지배력을 더욱 강화시켜, 이대로 가서는 안 될 위기가 오자 동학 농민군은 김홍집을 타살하고 말았다.

이완용은 중심을 잡기 위해 친일에 가세하지 않고 친러 쪽에 가담하여 일본을 견제하는 편에 섰다.

이미 미·러·청·일은 국내에 파견한 공사관으로 인해 막강한 열강의 힘으로 조선 정복을 위한 각자의 지배권을 넓혀가고 있다.

그간 월남은 초지일관 죽천의 신하로서 죽천을 따라 벼슬자리를 옮겨 다녔다.

월남과 죽천은 청일전쟁에서 청국이 패하자 청국의 세력이 약화되

자, 이제는 죽천의 막힌 벽도 헐리게 되어 김홍집 내각에서는 법부,
학부대신으로 발탁되고 탄탄대로를 향한다.

전원국 위원으로 있던 월남은 드디어 나이 45세가 되던 해(1894년)
나이 10여 세부터 꿈꾸어 왔던 임금을 모시는 신하의 자리에 올랐다.

갑오경장이 일어난 그해, 월남은 승정원 우부승지와 경연각 참찬
관(承政院 右副承旨 經筵閣 參贊官)이 된 것이다.

죽천의 추천이며 고종 임금이 월남을 기억하고 있기에 오르게 된
이 자리는 지금으로 말하면 청와대 홍보수석비서관을 보좌하면서 동
시에 임금의 공보비서관이라고 볼 수 있는 높은 벼슬자리다.

더불어 경연각이란 임금 앞에서 경서와 문헌을 강론하는 자리다.
품계는 자그마치 정3품이며 정3품이란 당상관(堂上官)이라 하여 푸른
관복이 아니라 붉은 당의를 입으며 임금이 편전(便殿, 집무실)에서 조
회를 할 때는 꼭 동석해야 하는 자리이므로 말 그대로 이제는 훌륭한
신하가 되기만 하면 된다 할 만큼 완벽한 신하의 자리에 오른 것이다.

죽천의 사가로 온 지 27년 만이며 35년에 걸친 부친 희택 공의 소
원과 월남의 꿈이 실현된 것이다.

청일전쟁 패배로 청국이 약해지자 죽천의 세월이 오고 따라서 월
남의 세월도 온 것이다.

나라는 격랑에 휘말려들지만 죽천과 월남은 승승장구다.

총리대신 김홍집이 죽기 전, 죽천이 김홍집 내각에서 학부(문교부)
대신이 되자 월남은 덩달아 학부대신의 아문참의(학무총책)가 되었
으며, 외국인학교 초대 교장이 되어 우리 조선백성의 교육발전을 위
해 몸을 아끼지 않고 근대 교육의 틀을 구축하였다(이에 월남의 교육
사상은 지금도 재조명되어야 하나 차후로 미룸).

죽천은 내무독판(내무부장관)에서 학부대신(문교부장관)과 법부대신(법무부 장관)을 거쳐, 마침내는 김홍집 사망으로 인해 총리대신(영의정, 국무총리)에 오르게 된다.

고종이 감탄한 월남의 죽천에 대한 충성은 죽천이 가는 곳마다 고종의 승낙에 따라 매번 막힘이 없이 국가경영에 참여하는 핵심의 자리에 앉게 된 것이다.

여기서 알아야 할 게 세 가지가 있다.

첫째는 스승 죽천 박정양의 덕망과 지식이며,

둘째는 월남 이상재의 올곧은 충성과 정도를 지키는 신의이며,

셋째는 앞서가는 향학열, 즉 월남의 공부에 대한 열정의 결과다.

월남은 죽천이 가라는 곳에서 누구보다도 충성스러운 신하로 칭송을 받았다.

성장기 세 분 스승 현만·일정·혜산 스승님의 지식과 지혜를 착실히 수학한 면학정신이며, 13년에 걸친 박정양 사가에서의 은둔 속에서 키운 엄청난 지식이며, 아닌 것은 아니라 하는 상하분별과 기회주의에 흔들리지 않은 선비정신이다.

그러나 월남은 알고 있다.

하나에서 열까지 모든 감사는 죽천께 올려야 한다는 것이다.

죽천은 당대의 스승으로서 월남이라는 유생을 일약 국가의 동량으로 길러낸 은사다.

더불어 두 사람의 공통점은 절대적 임금(고종) 중심에 서서 어떤 유혹에도 임금에게 유익이 없으면 기울어지지 않는 정절이며 지조다. 그러나 이 시기가 조선왕조 500년 역사상 가장 위태로운 국난의 시기라고 하는 것이 커다란 고민거리다.

마치 목은 이색 할아버지가 기울어지는 나라를 지키려 안간힘을 쓰던 그때, 어쩌면 그보다 더 높은 격랑이 밀려오고 있다는 것이 문제다.

1895년(고종 32년), 때는 죽천 박정양이 총리대신으로 봉직 중일 때다.

일본공사 미우라 고로(三浦梧樓)가 주동이 되어 명성황후(明成皇后) 시해라고 하는 국모살해 사건이 일어났다.

일본세력 강화를 획책한 이른바 을미사변(乙未事變)이라고 하는 조선왕조 역사상 가장 가슴 아픈 희대의 사건이다.

갑오개혁을 통하여 깊숙이 조선 내정에 관여하게 된 일본은 청일전쟁에 승리한 뒤 박영효(朴泳孝)·김홍집(金弘集)을 중심으로 한 친일내각을 만들어 세력 확장에 힘을 기울였다.

이때 프랑스·러시아·독일 등 3국은 일본의 대륙침략 저지를 위해, 청일전쟁의 승리로 일본이 차지한 랴오둥반도(遼東半島)를 청국에 반환할 것을 요구한, 이른바 '삼국간섭'으로 일본의 세력 확장에 제동을 걸었다.

그동안 일본의 강압 하에 내정개혁을 추진한 조선정부는, 러시아 공사 K. 베베르와 제휴하고 친일세력의 완전 제거를 위하여, 1895년 9월 6일 왕비시해 음모 혐의로 전 내무대신 박영효에 대해 체포령을 내려 정계에서 축출하였다.

이미 지난 8월에 민영환(閔泳煥)을 주미전권공사(駐美全權公使)로 등용한 동시에, 친일계인 어윤중(魚允中)·김가진(金嘉鎭) 등을 면직시키고 이범진(李範晋)·이완용(李完用) 등의 친러파를 기용하여, 제3차 김홍집 내각이 성립되어, 친미·친러 세력이 우세하였다.

그러나 주한일본공사 이노우에 가오루(井上馨)가 조선정부에 약속한 증여금 300만 원을 일본정부가 제공하지 않자, 조선정계에서는 배일세력이 증가하였다. 이에 일본 측은 이노우에 대신 무인 출신 미우라를 주한일본공사로 파견하였다. 조선정부는 일본의 강압에 따라 제정한 신제도를 구제도로 복구하려고, 일본인 교관이 훈련시킨 2개 대대의 훈련대도 해산하고자 하였다.

이로 인해 미우라는 명성황후시해 계획을 세우고, 1895년 10월 2일 하수인으로서 한성신보사(韓城新報社)에 있는 낭인(浪人)을 이용하고자 사장 아다치(安達)를 공사관으로 불러 6,000원의 거사자금을 주고 왕비시해의 전위대로 삼아, 공덕리(孔德里) 아소정(我笑亭)에 있는 흥선대원군을 궁중으로 호위하는 일을 담당시켰다.

그 외 일본군 수비대와 일본인 거류지 담당경찰관 및 친일조선인까지 동원할 계획을 세우고, 훈련대의 우범선(禹範善) 이두황(李斗璜)·이진호(李軫鎬) 등 3대대장과 전 군부협판(軍部協辦) 이주회(李周會)를 포섭하였다.

한편 정부에서는 군부대신 안경수(安駉壽)를 일본공사관에 보내어 훈련대 해산과 무장해제, 민영준(閔泳駿)의 궁내부대신 임명을 통고하였다. 일본은 상황이 급변함을 직감하고 명성황후 시해계획을 10월 8일 새벽으로 결행하였다.

흥선대원군을 앞세운 일본인 자객들은, 서대문을 거쳐 우범선·이두황이 지휘한 조선 훈련대와 합류하여 광화문을 통과하였다. 훈련대 연대장 홍계훈(洪啓薰, 명성황후 피난 시 인도자)과 군부대신 안경수가 1개 중대의 시위대 병력으로, 이들의 대궐 침범을 제지하려다 충돌이 일어났다.

흉도(兇徒)들은 궁내부대신 이경직(李耕稙)과 홍계훈을 살해한 다음, 이어서 왕비의 침실인 옥호루(玉壺樓)에 난입하여 왕비를 살해하고, 시체에 석유를 뿌려 불사른 뒤 뒷산에 묻었다.

이어서 새로이 유길준(兪吉濬)·서광범(徐光範)·정병하(鄭秉夏)·김종한·권형진(權瀅鎭) 등 친일파를 중심으로, 제4차 김홍집 내각을 수립하였다.

김홍집이 죽기 전, 명성황후 시해현장에는 고종·황태자 및 미국인 교관 다이, 러시아인 기사 사바틴, 그 외 많은 조선인이 있어 진상을 낱낱이 목격하여, 사건은 국내는 물론 국제적으로도 자세히 알려졌다.

이에 구미열강이 강경한 태도로 일본인의 사건 관여사실을 주장하고 나서자, 일본은 이의 처리방안으로서 미우라를 해임, 고무라(小村)를 판리공사(辦理公使)로 임명하였다.

한편 미우라 등 관계자 48명을 히로시마(廣島) 감옥에 구치하고, 형식적으로 관련혐의자에 대한 취조를 하였으며, 결국 증거불충분을 이유로 전원 석방시켰다. 결국 을미사변은 항일의병활동의 원인과 아관파천(俄館播遷)의 계기가 되어, 한국은 러시아의 보호국과 같은 지위로 떨어졌고, 일본의 식민지화 계획에 차질을 가져왔다.[41]

이 사건이 바로 을미사변(乙未事變)이다.

최근 시해장소가 옥호루가 아니라 경복궁 장안당(長安堂)과 곤령합(坤寧閤) 사이에 있는 마당이라는 주장이 제기되기도 하는데, 그 뒤

---

41) 이에 대해 죽천 박정양의 『종환일기』(從宦日記/임금을 따르는 신하의 일기)는 음력 10월 15일 을미(乙未)년 정해(丁亥)월 임오(壬午)일(양력 12월 1일)자로 명성황후 시해사실을 반포하고 있으므로 어언 달포가 지나서이다. 시해사건 당일에는 홍계훈이 살해되었다는 기록과 관직이동 사실의 기록만 있고 명성황후 시해에 대해 그 후 언급이 없이 달포가 지나서야 '王后陛下閔氏昇遐頒布事有詔勅'이라 하고 있다.

폐위되어 서인(庶人)으로 강등되었다가, 같은 해 10월 복호(復號)되었고, 1897년(광무 1년) 명성(明成皇后)이라는 시호가 내려지고 그해 11월 국장(國葬)으로 청량리(淸凉里) 밖 홍릉(洪陵, 현 휘경원에서 남양주 금곡리 홍유릉으로 이장함)에 묻혔다.

중전 민씨 승하는 고종의 신변을 극도로 불안하게 하였다.

고종은 식음을 전폐하다시피 하며 언제 일본이 시해할지 안절부절 못했다.

충신 이완용(현재는 친일파도 아니고 매국노와는 거리가 멈)은 친러파여서 고종 임금과 왕세자(후일 순종)를 아라사 공관으로 이어하도록 주관하였다.[42]

---

42) 민란→동학→청일전쟁→친러정부→민비시해→아관파천의 결과가 되었고, 아관파천은 독립협회→관민공동회→만민공동회를 탄생시킨다.

제14부

국난에 충신 월남 이상재

월남과 병석의 부친(희택)과의 대화

을미사변으로 명성왕후가 시해되고 나자 고종은 극도의 상심에 빠졌다. 가장 큰 문제는 향후 일본이 고종마저도 시해할지도 모른다는 불안이다.

"일본은 그러고도 남습니다."

고종은 숨도 크게 쉴 수 없는 상태다.

때는 청국의 세력이 약해지면서 죽천이나 월남이 고종 임금의 측근으로 나랏일에 앞장서기 시작할 때라 월남으로서는 그야말로 임금의 훌륭한 신하라고 하는 중차대한 자리에 막 오르기 시작하는 중이다.

이미 경연각 참찬, 게다가 외국인학교 교장을 하며 벼슬이 줄을 서는 중인데 마침 이때 월남의 부친 희택 공이 세상을 떠나게 되어 낙향하게 되었다.

"월남이 낙향하면 누군가에게 대리를 시킬 터이니 바로 올라오시오."

"부친이 빨리 쾌차하시어 월남은 곧 올라오기 바라겠소이다."

신신당부하시니 고종 임금도 걱정이 많으시다.

월남은 일단 관직을 내어놓고 고향 한산으로 내려왔다.

부친 희택이 첫마디를 내뱉었다.

"나는 이제 내 수를 다 살았다. 네게 할 말이 너무 많은데 바로 올라가야 하느냐?"

"바로 올라가려면 아버님께서 어서 일어나셔야 합니다."

"못 일어나면 더 일찍 올라가야지…."

"일어나실 것입니다."

그러나 일어나실 것 같지는 않다.

'아버지를 이렇게 보내 드린다면 나는 천하의 죄인이로다.'

월남은 아버지의 쾌유를 비느라 마음이 녹지만 별반 수가 없이 희택은 점점 기력이 떨어져 간다.

"내가 잊고 있었구나."

"무슨 말씀이세요?"

월남은 혜산 스승님의 소천 때 많은 이야기를 듣고 싶다던 생각이 났다.

인간이란 누구나 죽을 때는 말없이, 들을 얘기도 없고 할 얘기도 없이 쓸쓸히 죽는다는 것은 참으로 못할 짓이다.

보고 싶은 사람도 보고, 못다 한 이야기도 하고 물어볼 게 있으면 물어도 보고, 남길 말이 있으면 유언도 남기고…. 혜산 스승님을 보낼 때를 떠올려 보아도 역시 죽는 것은 외로운 일이다.

'임종을 못하면 안 된다.'

월남은 모든 것을 잊고 부친의 병구완과 말벗이 되어야 한다고 생각하였다.

"내가 너한테 못해준 말이 있어."

"그러세요? 말씀하세요, 아버지."

"내가 너를 잉태할 때 우리 내외가 태몽 꿈을 꾸었지."

이렇게 시작하여 황룡 꿈을 꾼 꿈이야기를 들려 주었다.

이야기를 자세히 하고 나자(제1권 참조),

"나는 네 어미가 꾼 꿈이 목이 잘린 황룡 꿈이라 영 불길하게 느껴졌었다. 그래서 너는 남다를 거라고 생각해왔다. 말하자면 네 팔자는 내가 간여하지 못하고 하늘에 맡겨야 한다는 생각이었다."

"내가 너를 일절 간섭하면 안 된다고 여기고 박박 우겨 죽천 대감에게로 보낸 것도 바로 너는 내 자식이 아니라 하늘의 자식이라고 본 두려움 때문이었다."

"그 꿈을 어떻게 해석하셨어요?"

"나는 그 꿈이 무섭고 싫었다. 그러나 한편으로는 그 꿈이 좋은 꿈이라는 생각도 들었다. 평생 두 마음이었다. 아주 좋거나 아주 나쁜 꿈이라거나. 아직도 그 답은 모르겠으나 이제는 말할 수 있다. 그 꿈대로 너는 용이 될 것이며 용이 되되 벼슬 탐(貪)이나 하는 탐용이 아니라는 것이지."

"어째서 그렇게 해석하세요?"

"이건 네 할아버지께서도 풀어준 해몽인데, 몸뚱이에는 뱃속이 들었으니 욕심이요, 머리통에는 생각이 들었으니 정신이다. 육체는 탐이요, 생각은 정신이다. 애국정신은 위장에 든 것(똥보)이 아니라 머리(뇌)에 들었다고 한다면 너는 정신적으로 올바른 선비가 될뿐더러 정신적으로 좋은 신하가 될 것이라는 확신이다. 그러니 나는 한평생 내 자식(너)을 놓고 투기를 해야 했다. 정말 목이 떨어져 죽거나 아니

면 온전한 애국정신으로 용머리처럼 진정한 애국자가 되어 그 정신
이 한없이 하늘에 오를 것이라고 하는 것 말이다."

"그럼 아버지가 꾸신 평상복의 목은 할아버지 꿈도 벼슬이나 육신
이나 명예나 부귀영화를 탐하지 않는다고 하는 암시였습니까?"

"그렇다, 그게 맞다. 지금 보니 더욱 확실하다. 네가 사욕에 물들지
않고 선비정신으로 몸과 마음을 닦고 수학에 정진하는 것도 그렇고,
죽천을 만나니 죽천도 너를 이끌기에 너무 좋은 스승이라 너는 탐욕
과는 먼 정신애국이며 청렴결백하여 잇속을 챙기지 않는 것이 그것이
다."

월남은 잠시도 희택의 방을 비우지 않기로 했다.

혜산 스승님이 세상을 떠나는 날까지 함께 있고 싶어 하셨던 기억
을 떠올릴수록 잠시도 희택의 곁을 비울 수는 없다고 생각한 것이다.

두 사람의 대화는 이어졌다.

"아버지는 감히 제가 흉내도 못 낼 정도로 저를 가르치려 애쓰신
줄 잘 압니다. 세상에 둘도 없는 아버지이십니다."

처음 사숙에 보내신 일, 봉서암으로 보내신 일, 현만 스님과의 지
난 이야기로부터 마곡사 일정 스님을 만난 이야기, 무엇보다도 죽천
의 사가로 보낸 그 고마움이란….

월남은 할 말이 너무 많다.

"아버지 같은 분은 없습니다. 제가 여기까지 온 것은 전부 아버지
의 자식 사랑 덕분입니다."

"그래, 그렇다고 하니 고맙다만 그게 대단할 것까지는 없다."

"아닙니다. 다 몰라도 저는 압니다. 저는 아버님의 발뒤꿈치도 못
따라갑니다."

"왜 그렇게 생각하느냐?"

"승륜이, 승인이, 승간이 그리고 막내 승준이…. 어디 하나 제대로 앞길을 챙기는 것이 있습니까? 저는 부족한 아비지만 아버님은 대단한 분이십니다."

"허허, 그건 나하고 생각이 틀리는구나."

"그러세요? 무엇이요?"

"나는 너만 키웠으니 나야 보통아비 아니니? 동물도 제 자식은 키우는 법이다."

"무슨 말씀이세요?"

"물론 내 자식 잘 키우는 것 중요하지. 그러나 내가 너를 키우면서 욕심이 있었다. 그것은 내 자식만 키우는 동물적 아비가 아니라, 두루 백성을 키우는 백성의 아비가 되기를 바랐다고 하는 욕심 말이다. 누군들 제 자식 귀한 줄이야 모르겠느냐? 그건 필부도 하는 것, 나는 너를 자기 자식만 챙기는 우마(牛馬)처럼 키우고 싶지 않았다. 목은 할아버지께서는 오히려 제자를 자식 이상으로 키우셨지. 백성을 키워야 한다."

"그러나 수신제가 후가 아닙니까?"

"그래 맞다, 그러나 하다못해 미물이라도 태어나면 크는 것이다. 꼭 아비가 뒤를 봐줘야 크는 것도 아니고, 그러면 좋지만 스스로 커도 봐준 자식보다 낫게 크는 경우도 많아. 승륜이 4형제는 잘 클 것이다. 아비 노릇이라고 하는 것이 장가보내면 다가 아니야. 앞으로 하기 싫어도 아비 노릇을 할 게 많으니 애들 과거 안 봤다고 다 끝나는 것도 아니다. 장래가 구만린데 자식들만 고심하느냐? 나는 너를 그렇게 키우지도 바라지도 않았다."

"아, 예예 아버님. 무슨 말씀인지 알겠습니다."

"백성의 어버이가 되어야 목은의 후손이 아니겠니? 내 자식을 바라보는 것도 중요하나 그럴 그릇이 있고 저럴 그릇이 있지 않겠느냐? 허나 용 머리가 용 새끼만 생각해서야 쓰겠느냐?"

"아버지! 저는 용 머리가 아닙니다. 뱀 꼬리 같다는 생각도 자주 들어요."

"암만 그래야지. 주제넘게 용 머리라는 생각을 하라는 뜻은 아니다. 그것은 내 소원이 간절하였다는 의미일 따름이다. 나는 너를 어찌 보고 어찌 소망하는지 아느냐?"

"예, 말씀하십시오."

"나는 너를 일찌감치 내 자식이 아니라고 내놓았다. 적어도 고려를 하늘에서 내려다본 목은 할아버지의 반만 따라가 준다면 하고 빌었어. 그것은 한산에서 할 일이 아니고, 어느 관찰사나 감영에서 할 일도 아니다. 대궐로 가서 임금님을 모시고 적어도 조선팔도를 다 내려다봐야 하고, 나아가 온 세상을 두루 아우르기를 바란 것이다."

"정말 불효자식입니다. 저는 아버지의 그런 깊은 중심을 몰랐습니다. 그리고 보니 저는 아직 시작도 못하였군요. 어느새 나이만 퍼먹었습니다."

"네가 올해 마흔다섯이지?"

"그렇습니다. 자식 노릇도 못하고 이렇습니다."

"아니다. 시작은 늦어도 된다. 60이면 무슨 상관이고 70이라도 상관없다. 더디 피는 꽃도 있고 더디 익는 열매도 있다. 애들 걱정하기에는 이르다. 성공이라고 하는 것은 실패가 크면 클수록 쌓여져 맺히는 결실이다. 아비는 73세인데 지금이라도 해보고 싶은 게 너무 많지만 물꼬가 다르다. 너는 큰 물꼬를 터가고 있으니 내가 너를 위로하고 죽으랴?"

"아버지? 무슨 그런 말씀을 하세요? 제가 아버님의 위로를 받을 나이가 아니지 않습니까?"

"내 죽어 혼령이 있을 것이다. 내 혼령은 너를 위로할 것이다. 너는 누구보다 임금의 편이 되어야 하고, 무엇보다도 내 혼령을 섭섭하게 하면 안 된다."

월남의 부친 희택(羲宅) 공 별세

1894년 8월 3일. 월남의 부친 희택 공이 73세(1822년생)를 일기로 세상을 떠났다.

월남의 1등 후원자가 떠난 것이다.

울지 말라고 하셨던 부친이었다.

역시 이번에도 그렇게 말씀하실 부친이다.

"울 눈물이 있거든 나라를 위해서 울어라!"

모친 박씨가 세상을 떠났을 때 하셨던 부친의 말이었다.

월남은 참지 못하고 대성통곡을 하였다.

아무리 울어도 이제는 아버지가 없다.

마산면 선영에 부친을 모시고 난 월남은 다시금 머리 한편이 텅 빈 허탈감에 빠졌다.

하루도 편하게 잠을 잘 수가 없다.

아버지의 육성이 떠나지 않는 까닭이다.

"사람은 나가나 들어가나 망매(茫昧, 물정에 아주 어두움)함을 벗어야 한다. 대신, 현명(賢明, 어질고 영리하여 사리에 밝음)하고 곧아야 한다. 그것은 말에 있다. 그러나 말은 생각에서 나온다. 비록 망매한 자라도 생각은 깊고 넓다. 그러나 깊고 넓은 생각은 안 보이는 마음속에만 있지, 드러나지 않거나 제대로 드러내지 못하는 게 더 많다."

자그마치 26년 전.

반강제로 월남을 데리고 죽천의 사가로 오던 길에 해주신 말이다.

"가령 너는 지금의 내 마음을 다 모른다. 그것은 내 생각을 모르는 것이다. 그러나 나 자신도 내 생각을 다 표현하지 못한다. 그러면 가슴만 답답하고 상대가 마음을 몰라줄 수밖에 없다. 상대가 아내든 아버지든 임금이든 간에, 내 생각을 알게 하는 방법은 말(言)이다. 그러니 먼저 생각을 넓고 바르게 잘 해야 마땅할 것이나 생각한 것을 꺼내 말을 잘해야 한다. 아버지가 네 속을 다 모르거나 네가 내 마음을 다 모르는 이유도 생각을 끌어낸 말이 부족한 까닭이다. 내 말 알아듣겠느냐?"

"속은 태평양처럼 넓고 태산보다 높아도 말을 안 하거나 바르게 하지 못하면 피차 답답하고 오해가 생기고 부자간에 싸움도 나는 것이다. 그래서 제대로 잘된 생각이라도 말로 전달하는 것, 즉 이 말이라고 하는 것이 전부를 지배하되 나라와 인간관계와 성공과 실패를 좌지우지한다는 것이다. 그래서 말을 잘하는 재주를 연마해야 망매함을 벗고 현명함에 이르는 것이다. 아버지는 여기에서부터 재주가 부족한 까닭에 조상님 앞에 불효자가 된 것이다."

"그렇다 생각 위에 말이 있고 말 위에 붓이 있다. 꼭 알아야 할 것은 어제 말한 용장은 무식하여도 용장이다. 그러나 지장은 무식하지 않은 장군이다. 손자가 말한 무전승과 장자가 말한 상선은 물이라고 하는 것도 맥을 같이하는 말이다. 이기는 것에도 여러 가지가 있다는 뜻이다."

"주먹으로 이기고 총칼로 이기는 것이 용장이라면 싸우지 않고 보내고 오라고 하여 만나서 대화로 전쟁을 막고 취할 바를 얻는다면 아까운 생명 다치지 않고 뜻을 이루었으니 일거양득이다. 그래서 꼭 하고 싶은 말은 주먹으로 이기는 것보다 말로 이겨야 한다는 것이며 이것이 현명이요, 망매함을 벗는 장수가 되는 것이다. 네가 인생의 목표로 정하고 내가 크게 기대하는 꿈이 바로 칼이 아니라 말을 무기로 하여 임금님께 백성과 나라를 잘 다스리도록 충성스러운 신하가 되는 것이라고 하는 것은 바로 주먹이 아닌 말이며 무관이 아닌 문관이 되는 것이다."

월남은 다시금 전에 했던 희택의 말에 깊이 빠져든다.

장음환과 위안스카이와의 말싸움이 생각난다.

"그러나 말은 하고 나면 사라진다. 그래서 말의 윗자리가 붓이다. 그러므로 힘에는 져도 좋다. 하지만 말에는 지면 안 된다. 더 나아가 말에는 좀 져도 좋다. 그러나 절대로 붓으로 쓰는 글 싸움에서 지면 끝장이다. 너도 알다시피 모든 정사는 우리 한산만 해도 말이 행동을 움직이는데 말보다 상석에서 한산관아를 움직이는 것은 글씨라고 하는 사실이다. 문제는 생각만큼 말을 못하고 말만큼의 글을 써 내지 못하므로 이 세상에서 글이 가장 어렵기 때문에 글에서 지면 대책이 없다."

"글이란 무엇이냐? 문서다. 왕의 말이 어명이지만 어명은 글로써 나타나 교지가 되고 칙서가 된다. 한양 궁궐에서 임금이 아무리 소리를 질러도 한산이나 공주 감영에서는 듣지 못하나 교지나 칙령이 내려오면 그것이 말을 드러내어 어명이 살아 움직인다. 바로 그래서 학문의 길로 가야 큰 인물이 된다는 것이니 말도 잘하고 글도 잘 쓰는 너, 상재가 되어야 한다. 할 수 있다. 너는."

월남이 부친 희택 공을 극진히 추모하는데 조정에서는 속히 입궐하라고 성화다.

'잊어야 하나?'

잊지 못할 아버지. 그러나 잊고 올라가야 한다.

다시 관직에 복직하여 임금의 곁을 지키게 된다.

대궐을 잃고(아관파천 俄館播遷)

아관이란 아라사 공사관을 줄인 말이다. 아라사는 러시아의 당시 국명이다. 파천이란 피하여 옮겨갔다는 뜻이다.

1896년 이미 고종 33년 2월 11일(음력 1895년 12월 28일) 을미(乙未)년 기축(己丑)월 갑오(甲午)일. 고종과 왕세자(순종)가 경복궁을 떠나 정동 아라사 공관으로 이어(移御, 왕의 이사)하였고, 같은 날 왕 태후 폐하 장씨(의친왕 이강의 모친)와 태자빈(순종비) 민씨(민태호의 딸)는 안(국)동 전 판서 홍순형의 사가로 이차(移次, 옮기다)하였다.

다시 재집권한 김홍집 내각은(동학란과 같은 해 1894년이며 사망하기 전) 명성황후 시해에 이어 걷잡지 못할 친일세력에 접어들었다. 명성황후가 시해된 바로 그해 초겨울, 을미사변(乙未事變) 이후 신변에 위협을 느낀 고종과 왕세자가 1896년(건양 1년) 2월 11일부터 약 1년간 왕궁을 버리고 러시아 공관에 옮겨 거처한 사건을 아관파천이라 부르는데, 아관파천으로 인하여 독립협회가 움트게 되고 만민공동회가 열리게 되어 월남 이상재의 본격적인 애국애족 구국독립운동이 전개되어 가는 것이다.

죽천과 월남은 친러도 친일에도 참여하지 않았으며, 이미 청국과는 감정이 나쁜 사이이고, 굳이 따지고 편을 가른다면 미국공사관 근무 연유로 친미에 가깝다고 볼 것이나, 죽천과 월남은 어디까지나 고종파라고 보아야 한다.

이는 월남이 어려서 배운 나라란 무엇이냐고 하는 현만 스승님의 가르침을 그대로 따른 것이다.

나라는 임금과 땅과 백성이다.

국민이 주인인 것을 민주주의라 하고, 구태여 분해한다면 황권제 일주의 노선을 가진 고종의 신하였다. 보기 드문 충성심으로 항상 고종을 보좌하며 나라의 발전을 꾀하는 당시로서는 보기 어려운 올곧은 정치노선을 견지한 것이다.

게다가 미국공사관 서기관으로 재직하며 비로소 민주주의에 대해 관심을 가지게 된다. 그러나 두 사람의 민주주의관은 완전 미국식이 아니라 영국식 여왕제도 아래 삼권분립 형태를 생각 속에 담고 있는 상태로서 이렇다 저렇다 논쟁의 소지가 되는 편 가르기를 거부하는 것이다.

명성왕후는 대한제국으로 고종이 황제가 되면서 나중에 추존된 것이며, 당시로 보면 명성왕후였다고 할 것이나 실은 명성이란 시호가 아니라 당시에는 왕후폐하(王后陛下)로 불리다가 시해를 맞아 즉시 대죽(大竹)왕후로 불렸으며 1897년(광무 1년) 대한제국 선포에 따라 명성(明成)이라는 시호가 내려졌다.

아관파천과 충신 이상재

죽천이나 월남이 아무리 생각해 보아도 안전한 곳이란 아무 곳도 없다. 이때의 어거(御居)는 경복궁이었으나 창덕궁이나 창경궁 또는 경운궁(덕수궁)이나 경희궁도 절대 안전지대가 될 수 없다.

또 당시 청국·일본·미국·러시아를 비롯하여 독일·프랑스·영국 등등 많은 공사관(대사관)이 있으나 딱히 갈 만한 곳은 러시아 공관이 최선이었다. 첫째는 신변이 안전해야 하기 때문이다.

죽천 박정양은 국모시해 사건 당시 총리대신이었기 때문에 그 책임을 지고 사임하였다.

월남은 여전히 승정원 우부승지 겸 경연각 참사관이며 외국인학교 교장으로 있으면서 학부와 법부의 참서관으로 재직 중이었다.

그러나 이번에는 죽천의 사직을 따라 퇴진하지 못한다. 보직이 중차대하여 고종을 밀착 보위하는 자리를 벗지 못하며, 국모시해의 책임문책 문제도 죽천과는 다른 까닭이다.

조정이 이렇게 거센 풍랑에 휘말리자 미국에 유학 중이던 서재필과 윤치호도 귀국하여 월남과 향후 조선의 장래를 걱정하였다.

이에 이범진(李範晉)·이완용(李完用) 등 친러파 세력은 친위대(親衛隊)가 의병을 진압하기 위해 지방으로 이동한 틈을 이용하여, 자신들의 세력만회와 신변에 불안을 느끼고 있던 고종의 희망에 따라 러시아 공사 베베르(Waeber)와 협의하여 보다 안전한 러시아 공관으로 이동(파천)하였다.

인천에 와 있던 러시아 수병(水兵) 150명과 포(砲) 1문을 서울로 이동하고 2월 11일 새벽 국왕과 왕세자를 극비리에 정동(貞洞)에 있던 러시아 공관으로 옮긴 것이다. 일국의 왕과 왕세자가 자국의 왕궁에 있지 못하고 타국의 공관에 피신하여 타국 군대의 보호를 받고 있으니 그 처지가 말이 아니었다.

러시아 공사관에 도착한 고종은 즉시 친일파 대신들인 김홍집(총리대신)·유길준(兪吉濬)·정병하(鄭秉夏, 농상공부대신)·조희연(趙羲淵)·장박(張博)의 5대신을 역적으로 규정하고 그들을 체포하여 처형하도록 명령하였다.

이렇듯 참담한 분위기 속에서 시민들을 자극하는 방(榜)이 나붙고, 그 속에 고급 관료들을 거명하며 참수하라는 내용도 있었다. 순검들과 흥분한 군중들은 퇴청하던 김홍집·정병하를 체포하여 바로 타살하였고, 피신한 어윤중(魚允中 탁지부대신)은 다음날 지방에서 붙잡혀 살해되었다.

유길준·조희연·권영진(權瀅鎭)·우범선(禹範善) 등은 일본인의 보호하에 일본으로 망명하였다. 한동안 잠적했던 김윤식(金允植 외부대신)은 결국 체포되어 다음 해에 제주도로 종신 유배당하였다.

이로써 친일내각은 몰락하고, 죽천 박정양(朴定陽)·이완용·조병직(趙秉稷)·이윤용(李允用)·윤용구(尹用求)·이재정(李在正) 등 친러 친미파 인사로 내각을 구성하였다.

신정부는 의병항쟁(동학)을 불문에 부치고, 죄수들을 석방하는 등 민심수습에 힘쓰는 한편, 친일정권하에서 일본식으로 개혁하였던 '내각' 제도를 구제(舊制)인 '의정부'제로 환원하였다.

일시에 지지기반을 상실한 일본 측은 독립국가의 체면을 내세워 국왕의 조속한 환궁을 요청하였으나 고종은 '불안·공포가 도사린 궁전보다는 노국공관의 일실(一室)이 안정하니 당분간 환궁할 수 없다.'고 거절하였다.

월남, 강직한 종2품 의정부 참찬

조선 정부가 이와 같이 나약하여 조선의 보호국을 자처하게 된 러시아는 이러한 시점을 계기로 조선정부에 압력을 가하여 압록강 연안과 울릉도의 삼림 채벌권을 비롯하여 경원(慶源)·종성(鐘城)의 광산채굴권, 경원전신선(京元電信線)을 시베리아 전선에 연결하는 권리, 인천 월미도 저탄소 설치권 등 경제적 이권을 차지했다.

이에 구미열강(歐美列强)도 동등한 권리를 요구하여 경인(京仁) 및 경의선(京義線) 철도부설권 등 중요 이권이 값싼 조건으로 외국에 넘어갔다.

아관파천 1년간은 내정에 있어서도 러시아의 강한 영향력 밑에 놓이게 되어 정부 각부에 러시아인 고문과 사관(士官)이 초빙되고, 러시아 무기가 구입되고 중앙 군제도 러시아식으로 개편되었으며, 재정도 러시아인 재정고문에 의해 농단되었다.

탁지(재무)부 고문으로 있던 러시아인 알렉세예프(K. Alexeev)는 탁지부대신처럼 행세하였다.

러시아 공관으로 옮긴 고종은 다시금 죽천을 불렀다. 죽천과 월남은 러시아 공관을 오가며 고종을 보위하였다.

월남은 김홍집 내각이 지속되는 동안이거나 박정양 내각 때이거나 여전히 그 자리에 있었다. 고종의 아관파천 가운데서 월남은 오히려 업무가 더 위중하게 늘었다.

내각총서, 중추원 1등의관, 의정부 총무국장으로의 승진이다. 이로서 정3품 당상관보다 1품계가 더 높아져 종2품 참찬이 된 것이다.

하나만 더 올라가면 죽천과 두 단계 아래의 정2품이 될 판이다.

정1품, 종1품, 정2품, 종2품으로서 조정 내의 서열 4위급이 된 것이다.

총무국장이 하는 업무는 종전 일제식 의정부를 개편하면서 '의정부'라 바뀐 이전의 '내각총서'와 같은 것이다.

총무국장이란 총무처 장관에 해당하는 높은 자리다. 하지만 월남의 일생에서 임금이 지금 이보다 더 어려운 시기가 없는 상태다.

아무튼 종2품이란 얼마나 높은 벼슬인가? 한산군수가 종4품이며 경암 박제근 대감이 강화판관 일적에 종4품에서 전수유수로 가자 정4품이었으니 하늘을 찌르는 벼슬이다. 그러나 나라가 어지럽다. 허나 이에 월남은 벼슬 복이 없음에 탄하지 않고 나라 안정의 복이 없음을 걱정할 뿐이다.

어차피 일하라고 맡긴 벼슬이기에 봄이나 겨울이나 추우나 더우나 나라가 처한 현실에서 최선을 다해 임금을 보좌하는 것은 당연한 것이기에 묵묵하고도 소신에 따라 모든 업무를 처리하며 오직 국왕의 뜻을 펴 나라가 안정되기만 바랄 뿐이다.

총무국장은 또 임금에게 올라오는 모든 상소문까지도 1차 검증하여 올리는 막중한 자리다.[43]

어느 날, 월남이 아관파천 중인 러시아 공관에 도착하니 보라색 보자기에 싸인 두툼한 상소문 서류뭉치가 보였다.

날씨는 아주 추웠다. 방은 추웠다.

"허허, 임금님이 계신 방이 이렇게 추워서야 쓰겠나?"

---

43) 당시의 조령을 보자. 조령(詔令)을 내리기를, "내각 총리대신(內閣總理大臣) 이완용(李完用)은 특별히 순서를 뛰어넘어 정1품 보국숭록 대부(輔國崇祿大夫)에 올리고, 탁지부 대신(度支部大臣) 고영희(高永喜)는 종1품으로 올리며, 내부대신(內部大臣) 임선준(任善準), 군부대신(軍部大臣) 이병무(李秉武), 법부대신(法部大臣) 조중응(趙重應), 학부대신(學部大臣) 이재곤(李載崑), 농상공부대신(農商工部大臣) 송병준(宋秉畯)은 특별히 순서를 뛰어넘어 종1품으로 올리라. 종2품 황기연(黃耆淵)은 정2품으로 올리고, 종2품 유길준(俞吉濬), 내각 서기관장(內閣書記官長) 한창수(韓昌洙), 정3품 장박(張博)은 특별히 순서를 뛰어넘어 정2품으로 올리며, 정3품 이원긍(李源兢)·이상재(李商在)·유진규(俞鎭奎)·정규섭(鄭圭燮)은 종2품으로 올리라."

혼잣말처럼 내던지고는 고종이 보는 앞에서 감히 순식간에 상소문 서류를 보자기 채로 난로에 처넣어 버렸다.

고종이 깜짝 놀랐다.

"아니 월남 그것은 내게 올린 상소문이 아니오? 그걸 난로에 처넣다니 어인 일이오?"

고종이 진노하게 생겼다.

월남은 고종 앞에 납작 엎드려 아뢰었다.

"전하 소인을 죽이소서. 감히 전하께 올리는 상소문을 소신이 불살랐사옵나이다."

월남이 흐느끼자 고종이 물었다.

"영문을 말해 보시오."

"저것은 소신이 안 봐도 압니다. 저것은 러시아 통역 김홍륙과 궁중내시 강석호 등이 돈을 받아먹고 전하의 윤허를 청원하는 매관매직 상소문으로서 전하의 성심을 흐릴 것이며 바르지 못한 줄 알기에 그리하였습니다."

조정은 온갖 파당으로 임금은 궁에서 쫓겨나 더부살이를 하건만 여전히 충신보다 탐관오리가 극성이었다.

"아, 그래요? 내가 월남을 압니다. 내 묻지 않겠소이다."

고종은 노하지 않고 오히려 월남의 기백을 치하하였다.

한번은 역시 러시아 공관 아관파천 중에 참정대신 박제순이 입시하였다.

후일 매국노가 되어 을사늑약의 5적이 된 박제순은 월남보다 8년이 연하다.

박제순은 월남에게 속삭대어 말하기를,

"내가 내 아래 둘 위원이 필요하여 몇십 명을 쓰려고 합니다. 그러니 이 참찬(월남)도 몇 명 쓰시지요."

속내가 빤히 들여다보였다. 지금 월남에게도 쓰라고 하는 뜻이 무엇인지도 안다. 분명 위원이라는 자리를 돈 받고 팔아 챙기려는 것이다.

이에 월남은,

"나는 위원이 필요 없소. 지금처럼 나라가 어려울 때도 없었습니다. 한 품이라도 아껴야 할 판에 내가 무슨 위원을 늘리겠소이까. 그러니 대감께서 나를 생각하시려면 돈이나 주시오."

돈을 달라는 말에 박제순이 놀라 물었다.

"아니 웬 돈을 달라고 하십니까?"

"그게 다 돈이 아니요? 대감께서는 늘 관직을 팔아 돈도 많지 않습니까? 그러니 나눠 쓰자는 말입니다. 나는 팔 맘도 없고 팔 데도 없어요."

단칼로 거부하자 이로서 박제순을 말문이 막혀 나가 버리고 말았다.

나라와 임금을 바르게 받들어야 한다는 월남의 애국정신은 어려서부터 굳어진 신념이었다.

생각해 보면 이 높은 자리에 올라오기 위해 얼마나 피눈물을 흘렸는가? 누구보다 월예가 고생하였고, 누구보다 부친 희택 공이 간절히 빌고 빈 소원이다.

벼슬이 높아 봤자 그로서 사익만 챙기는 신하는 백성을 골병들게 만들어 그로서 민란이 발생하게 된다.

따라서 국록이 새어나가 나라가 어렵게 된다.

이까짓 벼슬이라는 것이 무엇인가?

오뉴월 갈참 나뭇짐과 다를 게 없다.

푸른 갈잎도 일단 잘려 나뭇짐에 실려와 마당에 널어놓으면 반나절도 못 돼서 오그랑바가지가 되어 말라 버린다. 그러면 아궁이에 넣자마자 흔적도 없이 타버리고 마는 것, 이것이 벼슬이다. 월남이 수도 없이 보아왔던 것이 추풍낙엽처럼 마르고 떨어지는 권세이며 벼슬이다.

황차 대원군 같은 거물도 끈 떨어진 갓신세가 되어 심지어는 청국 톈진으로 끌려가 영어의 몸이 되기도 했으며, 신정왕후도 죽고 명성황후마저도 세상을 떠났으며, 죽천 같은 대감도 일본에서 귀국을 못하나 졸개들은 바로 들어왔으니 이렇게 헛된 것이 벼슬이고 권세가 아니란 말인가?

그러니 뜻을 세우고 바른 신하가 되지 못하려면 차라리 필부가 더 존경스럽다 할 일이다.

또 이렇게 높은 벼슬자리에 얼마나 있을지는 자신도 모른다.

있는 날이 길거나 짧거나 월남은 불의에 짝하지 않기로 작심한 지가 수십 년이 흘렀다.

월남의 강직한 애국충정

어떻게 살아야 할 것인가? 바르게 살다가 바르게 죽어야 한다는 것이다.

그러나 작은 나무는 강풍에도 부러지지 않으나 큰 나무는 꺾이기 쉽다.

한 번은, 폐지된 전운사(轉運司)의 부활을 올리는 상소가 줄을 이었다. 전운사란 백성이 낸 세금을 받아 대궐로 실어 올리는 관청으로서 갑오경장에서 제일 먼저 폐지시킨 관청이었다.

전운사 관리들이 받은 곡물의 절반은 떼어먹고 조막만큼만 갖다 바쳐 동학농민운동이 일어난 중요한 원인 가운데는 전운사 관리에 대한 축출과 징벌과 폐지를 요구하는 내용이 핵심이라고도 볼 수 있어 대표적인 오리(汚吏, 썩은 관리) 관청이었다.

지금 이 전운사를 부활시키자는 상소가 이어지고 있는 중이다. 전운사의 횡포는 명성왕후시해와 동학농민운동과 갑오경장이 동시에 일어났던 1895년 국가 액운이 기승을 올리던 시기의 이야기로 이는 명성황후 시해 전부터 있던 곳이며, 지금 월남은 내각총서로 임금께 올리는 상소문을 가리고 있을 적에 이야기다.

갑오경장은 전운사를 곡물 대신 돈으로만 받게 고쳐 버렸다.

그러나 먹을거리가 없어진 탐관오리들은 전운사를 부활시켜야 한다고 연거푸 상소를 올려 마침내 고종은 그렇게 할 결심으로 그러라고 재가하였다.

하루는 임금이 탁지부대신 민종묵에게,

"전운사 복구를 명한 지 오랜데 어째서 아직껏 반포를 지연하느냐?"

하고 문책하였다.

그러자 민종묵은,

"전하! 전하의 재가가 나자마자 총무국으로 보낸 지가 벌써 몇 달이 지났는데 총무국장 이상재가 못한다고 고집을 부리며 반포하지를 않습니다."

하고 일러바쳤다.

고종은 격노하여,

"이게 무슨 소린가? 이상재가 뭔데 왜 영을 어기고 몇 달을 끌어안고 있는 거야? 당장 반포하라 하시게."

하고 엄명을 내렸다.

의기양양한 탁지부대신 민종묵은 직방 월남을 찾아와 대노하시며 엄명한다고 하셨으니 이제는 반포하라고 밀어붙였다.

이에 월남은 태연자약하게 말했다.

"대감! 전운사로 인해 삼남지방이 쑥대밭이 돼 버렸고, 결국 동학란도 그래서 일어난 것 아닙니까? 결국 청일전쟁에서 일본이 이김으로 인하여 더 강하게 조선침략을 위한 목적으로 국모가 시해되지 않았습니까? 아관파천도 국모시해가 원인입니다. 이런 악습을 또 부활시키면 나라가 얼마나 더 큰 위기에 처하겠습니까?"

"이 사람 보게! 전하께서 엄명이라고 하셨다 하지 않았는가?"

"못합니다. 그것은 성심을 흐린 대감 같은 분의 오도로 인하여 내린 전하의 잘못된 윤허였습니다. 그것은 결코 전하의 성심이 아닙니다."

"자네가 감히 어명을 거역할 참인가?

"예, 본관이 이 자리에 있는 한 저는 죽어도 그 칙령은 반포할 수 없습니다."

월남은 강하게 거부하였다.

민종묵이 다시 전하께 사실대로 보고하고 나와,

"이 국장! 전하의 노여움이 대단하십니다. 그 웬 고집이 그리 세시오. 전하께서 대노하심이 극심하여 감히 더 이상 여쭐 수도 없었소이다. 이 국장이 마음을 돌리시오."

하였다.

이를 본 심상훈은,

"허허, 참으로 아까운 인물이기는 한데 이상재가 죽는구나."

하고 걱정했다.

심상훈은 월남을 잘 이해하는 사람이었다. 가만히 생각해 보니 저대로 두었다가는 이상재가 죽게 생긴 것이다. 하여 민종묵과 같이 월남을 변호하려고 어전에 들어갔다가 어두울 무렵에야 전을 나왔다.

그리고 월남에게 말했다.

"이보시오 월남! 안 죽게 되었소이다. 그 사이 전하께서 느끼신 바 있어서 전운사 복구를 허락지 않겠다고 하셨소이다. 오히려 이 국장의 충성심을 치하하시기까지 했습니다."

하는 것이다.

월남은 통곡이 터졌다. 꼭 죽을 짓을 하였다고 보면 맞는 말이고 죽이면 죽어야 할 어명을 거역한 것이다. 그러나 전하께서 자신의 본심을 아셨다는 얘기다.

'이렇게 성명(聖明, 밝고 높으심이 하늘에 닿으시다)하신 전하이시건마는 못된 신하들이 성명을 흐리게 하고 있구나. 더욱 충성하여 한다.'

월남은 죽도록 충성하기로 결심하였다.

이어지는 월남과 장순재와의 만남

1896년, 월남은 지금 의정부 내각총서로 재직 중이다.

규수 장씨가 또 찾아와 두 번째로 월남을 만났다.

행랑아범 길덕과 점묵이 애를 먹으며 안채로 가라고 해도 싫다면서 역시 막무가내로 월남이 거하는 사랑채로 뛰어들어와 막지 못하여 만난 것이다.

느닷없이

"서방님 여기 계시네요."

하는 품새가 역시 정신 줄을 놓친 그대로다.

월남은 당황하여

"숙부인께서 어이 소신을 찾으시는지요?"

하였더니만 금세 놓쳤던 정신 줄을 되찾은 사람으로 변하여

"서방님 뵈러 왔지요."

하더니만 역시나 웃어 버린다.

"나 좀 들어가야지."

말릴 새도 없이 방으로 쳐들어왔다.

"책이네. 야, 이게 무슨 책이지?"

정말 대책 없이 방을 휘둘러보고 털썩 주저앉더니만 책장을 넘기며 줄줄 읽어 내려가는 것이 아닌가?

이번에는 월남이 놀랐다.

그때 장 규수가 읽어 내린 것은 대전회통(大典會通, 당대의 법전)이었다.

척척 펼치더니마는,

"동반관계? 정일품, 대광보국숭록대부 상보국숭록대부. 종일품, 숭록대부 숭정대부. 정이품, 정헌대부 자헌대부. 종이품, 가선대부 또 가선대부. 정삼품, 통정대부. 종삼품 중직대부 중훈대부. 정사품, 봉정대부 봉열대부. 종사품, 조산대부 조봉대부. 정오품, 통덕랑 통선랑. 종5품, 봉직랑 봉훈랑… 히야, 참 높기는 참 높다(東班官階? 正一品, 大匡輔國崇祿大夫 上輔國崇祿大夫. 從一品, 崇祿大夫. 崇政大夫. 正二品, 正憲大夫 資憲大夫. 從二品, 嘉善大夫 또 嘉善大夫. 正三品, 通政大夫. 從三品, 中直大夫 中訓大夫. 正四品, 奉正大夫 奉列大夫. 從四品, 朝散大夫

朝奉大夫. 正五品, 通德郎 通善郎. 從五品, 奉直郎 奉訓郎…)…"

월남의 눈이 휘둥그레졌다.

"아니, 숙부인마님! 정말 숙부인마님이로군요."

"내가 숙부인라고요. 그래서 여쭤 보려고 왔거든요."

정신 줄이 끊긴 사람이 아니라 너무 영리하여 날이 넘은 것 맞다.

월남은 어리둥절 대답하였다.

"무엇을 물어보려 하십니까?"

"다들 나를 보고 돌았다 하는데 왜 나를 보고 숙부인이라 하셨지요?"

하더니만 재미난 듯이 웃는다.

'아 정상이 아니긴 아니로구나.'

순간 월남의 억장이 무너져 내린다.

얼굴 곱고 예쁘지, 게다가 글도 많이 배운 모양이고 머리가 여간 좋은 사람이 아니라는 것을 안 것이다.

"아, 예. 그것은 제가 눈에 보이는 대로 부른 것입니다."

다시 제정신으로 돌아오나 보다.

"뭘로 봐서 제가 숙부인으로 보이십니까?"

도대체 이걸 물어 보려고 왔다니 참 희한한 일이다.

"전에도 오셨었다면서요? 그래 나한테 그걸 물어 보러 오셨었나요?"

그때 밖에서 점묵이 부른다.

"서방님! 어서 안채로 가라 하시지요."

그러나 강제로 안채로 가라 할 일이 아니다.

"알았네."

하자 점묵의 말을 알아들었다.

"내가 안채에 온 게 아니거든요. 그런데 누구세요?"

갑자기 월남에게 누구냐고 물었다.

난감한 일이다. 정상인으로 대하기도 편치 않고, 그렇다고 병자로 보기에도 딱하기 때문에 가슴이 아리다.

"나요? 월남이요."

정상인으로 대해 점잖게 말해주었다.

"월남이 호입니까?"

"예, 맞아요."

문득 월예가 떠오른다.

고향의 월예, 이를 줄여 월남이라 한 것이 자신의 호이기 때문이다.

"벼슬은 뭔데요?"

이번에는 대답할 일이 아니지 싶다.

"그건 천천히 알아도 되세요. 숙부인마님, 그러니 돌아가세요."

들은 척도 하지 않자,

"그럼 숙부인마님의 존함은 무엇입니까?"

"나요? 하하, 장, 순, 재… 인동 장 가(본인은 씨라고 하지 않음) 순할 順, 있을 在, 알았어요? 장순재…"

그런데 보내는 일이 쉽지가 않아 달래서 보내려 했더니 안채로 들어가려 하지 않는다.

그때 정경부인 장씨 마님 나왔으나 곧 돌아가겠다고만 한다.

그 후 몇 달이 지난 어느 날, 잊어버렸는데 또 왔다.

문제는 늦은 밤, 옷이 더러워진 것으로 보아 아무래도 담장을 넘어온 것 같다.

저녁에 온 것이다.

"절대 나 왔다고 알리지 마세요. 아셨지요? 월남 서방님."

사정을 한다.

월남은 달래서 보내려 하다 도저히 가려고 하지를 않아 무시하고 하는 수 없이 이번에도 정경부인을 불러냈다.

"알았어, 갈 테니까 들어가라고."

짜증을 내는 고집으로 보아 갈 생각이 없는 사람이다.

"제가 알아서 가시게 하겠습니다."

공연히 힘들게 정경부인만 오시게 한 모양이다.

밤이 늦어 가는데 강제로 보낼 수도 없어 정경부인이 난처해 어쩔 바를 모른다.

좀 지나자 월남이 입을 열었다.

"정경부인마님! 몸도 무거우신데 제가 알아서 점묵을 시켜 모셔다 드리라 하겠습니다."

벌써 첫딸을 낳았고 어느새 둘째를 가져 정경부인은 서 있기도 불편해 보인 까닭이다.

정경부인은 안으로 들어갔다.

"아고, 졸려라. 자고 가야지."

그러더니만 순간 픽 쓰러져 금세 잠이 들어 버렸다.

"어이, 점묵이!"

"예, 서방님!"

점묵은 처음부터 아직도 서방님이라 부른다.

"그냥 들어가게. 자고 가시게 둬야지 별수가 없네."

"아니 서방님! 대감마님과 정경부인 마님이 아시면 어쩌시려고요?"

"아시면 아시는 거지. 자는 사람을 떼어 메고 갈 수는 없지 않은가? 됐네."

참 어처구니가 없다.

상상도 못할 일이다.

정경부인보다 4세가 연상이라니까 승륜이의 처 며느리와 동갑이다.

'사람이 먹고 자는 것이야 남녀가 다르고 노소가 다를 게 뭐가 있
겠는가.'

월남도 아무 의식 없이 잠이 들었고 아침에 일어나 보니 언제 소리
도 없이 가버렸다. 새벽 일찍 돌아간 모양이다.

제15부

독립협회 만민공동회,
대중연설과 상소문

독립협회와 월남 이상재
3인방과 독립신문
한국 최초 최고의 대중연설가 월남 이상재
대원군 이하응의 죽음과 월남의 다짐

독립협회와 월남 이상재

앞서 썼듯이 미국에서 한국인 최초의 의학박사 학위를 받은 서재 필이 귀국하였고, 동시에 미국에 머물던 윤치호도 귀국하여 국내에 있다.

서재필(徐載弼, 1864년생)은 월남보다 15세 연하이며, 윤치호는 16 세 연하, 미국파라고 할 세 사람은 아관파천하여 고종 임금이 있는 러시아 공사관 옆 손탁(러시아공사 베베르의 처제)호텔에서 '정동구 락부'라고 하는 클럽을 만들어 자주 만난다. 우리말로는 협회라고도 할 수 있는 클럽(Club)이란 영어, 정동구락부는 국내 최초의 신(新)문 명을 접한 미국 유학생들과 외국인들로 만든 침목단체로 꽤 명성이 높아졌다.

서재필은 누구인가?

본관은 대구(大邱)이며, 호는 송재(松齋)다. 영어명은 필립 제이슨 (Philip Jaisohn). 전라남도 보성에서 출생했고 7세 때 서울에 올라와

외숙인 판서 김성근(金聲根) 밑에서 한학을 배웠다.

1879년(고종 6년) 전강(殿講)에 장원하였다. 이 무렵부터 김옥균(金玉均)·서광범(徐光範) 등 개화파 인사들과 교유, 1883년 일본의 도쿄 육군유년학교(陸軍幼年學校)에 입학하여 이듬해 졸업, 귀국 뒤 국왕에게 사관학교의 설립을 진언, 조련국(操鍊局) 사관장이 되기도 하였다.

1884년 12월 김옥균·홍영식(洪英植) 등과 갑신정변을 일으켜 20세의 젊은 나이로 병조참판 겸 정령관(正領官)이란 직위를 거머쥐었으나 정변의 실패로 일본을 거쳐 1885년 미국으로 망명, 1889년 컬럼비아 대학(지금의 조지워싱턴 대학)에 입학하였다.

이듬해 한국인으로는 최초로 미국 시민권을 취득하였고, 1893년 대학을 졸업하고 의사 면허를 취득하였다.

1894년 조선에서 갑오경장(甲午更張)이 일어나 개혁이 단행되고 갑신정변 주도자에 대한 역적 누명이 벗겨지자 1895년 미국에 들른 박영효(朴泳孝)의 권유로 그해 12월에 귀국하였으며, 이듬해 1월 중추원(中樞院) 고문에 임명되었다.

귀국한 뒤에는 미국 시민으로 행동하며 이름도 미국명인 필립 제이슨이나 이를 한국명으로 표기한 '피제 손'을 사용하였다.

1896년 4월 정부예산을 얻어 <독립신문(미국에서 귀국한 서재필이 당시 4,400원을 발급받고 또 조선정부의 지원을 받아 4월 7일에 처음 발간)>을 발간하여 월남과는 이미 미국에서도 만나 면이 넓은 사람이다.

그렇다면 윤치호는 또 누구인가?

윤치호는 앞서 신사유람단원으로 갔었기에 월남 이상재와는 가까운 사람이다.

그는(윤치호 尹致昊, 1865년생) 충남 아산(牙山) 출생으로서 일찍부터 개화운동에 투신, 신사유람단을 따라 일본에 다녀온 뒤 미국에 건너가 신학문을 배웠다.

앞서 1883년 한미수호조약 비준 때 초대 주한 미국공사 L. H. 푸트의 통역관으로 귀국하였다.

그러나 1884년 갑신정변이 일어나고 개화인사라는 이유로 의심을 받게 되자 상하이(上海)로 망명하여 중서서원(中西書院)에서 3년 동안 공부하며 선교사들의 영향으로 일찍이 그리스도교도가 되었다.

선교사 A. J. 앨런의 주선으로 미국으로 가서 밴더빌트 대학과 에모리 대학에서 영어·신학·인문사회과학 등을 공부하였다.

정동구락부에 대해 좀 더 자세히 알자.

정동에 있던 정동(손탁)호텔(주인인 손탁, 당시 러시아 대사 베베르 처남의 처제)에서 주로 모인 친목단체 이름이다. 만나 친목을 도모하고 세상물정도 서로 이야기하고 불쌍한 사람도 돕자는 단체였다. 회원은 재한 외교관 중심으로 미·영·불·러를 포함한 일본 공사도 회원이었으나 한국인도 여러 사람이 회원이었다. 박정양·이상재·이완용·이하영·이채연….

이렇게 말하면 길어지니 단답으로 말한다면 전에 재미 한국공사관에 근무하던 친미세력 중심이라고 해야 쉽다. 이완용은 당시 학무대신으로 그도 미 공사관 근무자였으며, 민영환·서재필·윤치호·민상호 등도 정동구락부 회원이었다.

결국 열강 간의 대립, 즉 친미·친러·친일로 분열되며 소진되면서 정치적 이념과 '토론문화의 창시'가 되었다가 해체되었다.

3인방과 독립신문

월남(이상재), 송재(서재필), 좌옹(윤치호). 비록 월남이 15세 이상의 연상이지만 세 사람은 벗이다. 생각이 통하고 말이 통하니 나이 차이는 상관도 없다.

마치 10년 지기라거나 동향인이라거나 혈육이라도 되는 것처럼 만나면 반가운 친구요, 동지이며 벗이다. 후일 우남 이승만까지 합하여 나라의 든든한 4기둥이 되기 전부터 이미 정동구락부와 손탁호텔을 중심으로 매일 만나는 사이가 되었다.

이 3인방은 우선 독립협회를 결성하기로 의견일치를 보았다.

이미 서재필은 아관파천 이전 <독립신문>을 창간하였다.

"신문을 만드는 것이 가장 시급한 문제입니다. 국력은 지식이며 실력입니다."

이것은 월남 이상재의 생각과 한 치의 오차도 없는 생각이다.

미국에서 국서봉정식을 갖기 전 미국의 신문들은 청국이 영약삼단을 앞세워 조선의 독립적 자주외교를 막으려 한다는 보도로 인하여 큰 힘을 얻었던 경험에서 월남은 우리도 신문을 만드는 날이 오기를 고대했으나 신문을 만드는 일에 죽천이 적극적이지 못하여 치고 나갈 수도 없을뿐더러, 맡은 직임이 막중해 고종을 보필하기에도 여념이 없어 생각만 있을 뿐이던 차에 송재가 이 어려운 일을 해낸 것이다.

"한글 신문을 만들어야 합니다. 한문 신문을 만들어서 우리끼리 볼 일이 있겠습니까? 나라의 힘은 백성에게 있으며 백성에게 힘을 불어넣자는 것이 목적이라면 한문으로 만들 일이 아닙니다. 단 한 글자도 한문은 쓰지 않을 생각입니다. 굳이 쓸 테면 이제는 영어를 쓰는 것이 옳지 한문은 없습니다."

월남의 생각과 오차가 없다.

이렇게 만든 독립신문은 '독닙신문'이란 제호로 1896년 4월 7일 첫 창간호를 발행하였다.

이제 <창간호 독립신문의 사설>을 요약해 읽어 보자.[44]

우리는 지금 독립신문을 출판함에 있어 조선에 와 있는 외국인과 모든 조선인민에게 먼저 우리가 이 신문을 발행하는 목적과 우리의 이념 및 철학을 미리 말하여 독자 여러분이 우리의 출판목적을 잘 알기를 원한다.

우리 독립신문은 첫째 편벽함이 없을 것을 선언하기에 어느 당(편)과도 상관이 없으며 상하 빈부귀천에 따라 치우쳐 특별대우를 하지 않을 것이요, 독자라면 누구나 조선인임을 알기에 오로지 조선을 위한 일이라고 하면 공평을 근본으로 하여 차별 없이 모든 국민의 말을 할 것이로되 서울 사람만을 위한 신문이 아니라 우리 조선의 모든 국민을 위해 어떤 일을 막론하고 조선인 전체의 말(뜻)을 대변하는 신문이 되고자 한다.

우리는 이제 국민 여러분께 정부가 하는 일을 알려줄 것이다. 그리하여 국민이 정부가 어떤 일을 하는가 자세히 알게 되고, 정부는 국민이 어떤 처지에 놓였는지 자세히 알게 된다면 우리 신문이 하는 일은 귀하다 할 것이요, 정부와 국민 사이에 유익하기 한량없을 것이다. 그래서 불평이 사라지고 의심할 일이 없을 것이다. 그렇다고 우리 신문은 이로서 이득을 취하려 하는 것은 아니다 하여 구독료를 낮게 정했다.

또 전체를 한글로 쓰기로 하였다. 이는 한문을 모르는 일반 국민 누구나 다 읽기 쉽게 하자는 뜻에서다.

또 띄어쓰기로 제작하여 읽기에 편하시도록 만들었다.

언론이 가야 할 정도를 갈 것이다.

옳지 않은 것은 그르다 하고 오직 바른 길을 갈 것이다. 여기에는 예외가 없다. 정부 고위직도 잘못하면 우리가 지적할 것이다.

특히 권력을 이용하여 자기 이득을 취하려 하는 자는 지위고하를

---

44) 고어체 기능이 여의치 못해 현대어로 요약함에 약간의 오류가 있을 것임.

막론하고 세상에 알릴 것이다. 무엇이 어떻게 잘못되었는가를 파헤칠 것이다. 물론 공직자가 아닌 국민 누구라도 마찬가지다.

불법과 부정, 비리를 저지르는 자는 반드시 찾아내어 이를 세상에 알릴 것이다. 죄의 길에서 돌아서는 날까지 추적하여 끝내 밝힐 것이다.

우리 신문은 한문을 쓰지 않는다. 다만 한글로 쓰는 것은 누구나 다 읽게 하려 함이다. 쉬워 신문이 하는 말을 바르게 알아듣게 하기 위함이다.

우리는 우리 글을 먼저 배워야 한다. 그러나 한글보다 한문공부에 전력하는 까닭에 한글을 잘 아는 사람이 드물다. 한글과 한문을 비교하면 한글이 한문보다 월등히 우수함이란 첫째, 배우기 쉽고 좋은 것이요, 둘째는 한글이 모두가 배우고 읽고 쓰기에 좋아 우수한 까닭이다. 그러함에도 한글보다 한문을 더 잘 알고 배우니 이 어찌 한심한 일이라 하지 않겠는가.

우리 신문이 발행됨에 이제 빈부귀천 막론하고 이로서 외국 물정이나 국내 사정을 잘 알도록 하려는 뜻이다. 남녀상하 빈부귀천 간, 이제 격일제로 발행될 우리 신문을 보기 바라는바, 몇 달만 보아도 새로운 지각과 새로운 학문의 눈과 귀가 열릴 줄 확신하노라.

"신문(언론)의 사회적 시대적 사명이 또렷하이."

월남은 독립신문이 큰일을 해낼 것이며 그동안 미국에서 받은 충격이 이제는 차츰 해소될 것 같아 기대가 크다면서 서재필을 치하하였다.

아관파천의 소용돌이 가운데 결국 정동구락부는 음해로 인해 와해되고 말았다.

정동구락부가 와해되자 그 뒤를 이어(힌트를 얻어 이미 모였던 바였기로) 자생 협회가 만들어진 것이 클럽이라 하지 않고 협회라는 이름의 독립협회다.

독립협회는 두 가지 목적으로 결성된다. '민족자주'와 '민권자강'이다. 自彊이란 '몸과 마음을 가다듬어 굳세어지다.'라는 의미이니,

'우리나라의 주인은 국민이다.' '우리 국민이 몸과 마음을 가다듬어 굳세어진다.'는 것이 설립취지다. 더불어 '폭력지양', '평화언론창달', '민중세력 강화'다.

독립협회의 이념과 사상을 짚을 이유가 있다. 첫째는 정신 종교적 기반은 '신흥 기독교 신앙'이며 '구미 형 의회민주주의'였다. 더불어 밖이나 위로부터의 운동이 아닌 '안으로부터의 운동'이다. 잠깐 당시의 개혁 개화운동 사상과 무엇이 다른가를 알기 위해 간단하게 짚어 본다.

'갑신정변'은 김옥균·박영효 주축의 인민평등·봉건제도의 혁파·관제개편 등으로 자주적 정권수립이었으나 일본의 유신을 본떠 대 청국과의 관계 청산하자고 하는 쿠데타였으며, '동학혁명'은 주체가 농민이고 동학사상으로 인내천(人乃天, 사람이 하늘이다)의 천도교 사상으로서 제폭구민(除暴救民, 포악한 것을 물리치고 백성을 구함), 축멸양왜(逐滅洋倭, 서양과 일본을 쫓아내자), 징청성도(澄淸聖道, 도리와 성스러움으로 맑힌다), 자주자강 운동이었으며 정치부패·탐관오리 행패·세금과중 부과에 항거하는 이는 무력을 사용한 혁명이었으며, '갑오경장'은 관제개혁(정부조직 바꿈), 계급타파, 풍기개정, 권간정법(권력을 가진 간신배제 법) 등 208개 안건을 6개월간 완결하자고 하는 당시의 정부(의정부에서 '내각'으로 바뀜) 주도 개혁 운동이다.

이상에서 보았듯이 독립협회는 정부 주도가 아닌 당대 일반인과 지식인이 주축이 되어 비폭력 평화제일 주의로서 그 목적 자체가 민주적이라고 하는 것과 특별히 언론을 통하여 국민에게 '알릴 것을 알리고 들을 소리는 듣기로 하되 국민과 소통하는 방책으로 한글판 신문제작 출판부터 시작했다.'고 하는 것이 대단한 역사적 평가로 지금의 우리가 감사해야 마땅하다는 점에 초점을 둘 일이다.

그러나 차후에 말할 것인바, 이 소중한 독립협회는 우리들 후대에게 이토록 숭고하고 위대한 족적을 남겼음에도 불구하고 1898년 12월 25일 '헌의6조와 상정부서2(이상재 작성 상소문)'로 인하여 불과 3년도 못 가서(창설: 1896년) 이상재를 비롯한 17인 체포에 이은 340인 체포와 동시에 완전 해체령이 내려져 역사의 뒤안길로 사라지고 말았다. 그로 인해 이상재는 3년의 옥고를 치르며 옥중에서 기독교인으로 변화되어 이제부터 더 큰 대한민국의 거목으로 왕성한 활동에 들어가게 된다.

여기서 꼭 짚어야 할 것이 바로 만민공동회라고 하는 당대 상상하기 힘든 현재의 '국민회의(국회)'의 출현이다.

독립협회와 월남이 중심이 된 만민공동회의는 처음 관민공동회의로도 모였었다. 관민이란 정부와 독립협회와의 연합 회동이었으나 잠시였고, 곧 독립협회라는 이름으로 당시 법부총무국장이었던 이상재 각본·연출·주연의 만민공동회가 역사적 발군의 기록을 남기게 된다. 이제 만민공동회와 월남 이상재를 알아보자.

한국 최초 최고의 대중연설가 월남 이상재

독립협회는 영은문(迎恩門)을 헐고 그 자리에 독립문(獨立門)을 세웠다.

구름 같은 사람들이 모여 거대한 군중집회가 연일 열렸다.

지금까지 단 한 번도 없었던 평화적이고 민주적인 대중집회가 열리매 연일 인산인해를 이루는 것이다.

민중들은 독립협회가 만든 만민공동회 연설가들에게 환호하였다.

서재필·윤치호·이승만·이상재가 주강사로 청중 앞에 섰으며, 박정양도 정부대표로 관민공동회로에서 대중강연을 하였으며, 이완용·이하영·이채영 등 초대 주미공사관 근무자 친미파도 강사의 반열에 섰다.

민영환도 주미공사로 오가면서 대중연설로 인기를 끌었다.

그러나 관민(官民)공동회는 곧 만민공동회(萬民共同會)라는 이름으로 바꿔야 했다.

고종 황제에게 모함하는 일부 간신배와 정부가 참여하는 것에 대해 강한 거부감을 갖는 주변강국이 고종 황제를 압박하여 관민공동회라는 말을 못 쓰게 되어 만민(萬民)으로 바꾼 것이다.

만민공동회는 종로 거리를 연설회장으로 잡았다.

백성들은 만민공동회 연설을 듣기 위해 종로거리를 에워싸고 구름처럼 벌떼처럼 모여들었지만 날마다 강연회를 열지 못해 일요일을 고정 모임 날로 정하기도 하였다.

1,000명에서 2,000명, 3,000명에서 4,000명으로 종로거리가 인파의 숲으로 가득하였다.

만민공동회로 바뀌면서 대중연설가가 다양해지기도 하였다.

심지어는 평민들 가운데서도 연설을 자청하여 큰 환호를 받기도 하였다.

월남은 만민공동회 최연장자로서 주강사로 눈부신 강연 활동을 펼쳤다.

15~25세 연하의 서재필, 윤치호, 이승만(25세 연하)의 연설이 종로 거리에 울려 퍼졌다.

만민공동회는 대한제국에서 임시정부와 대한민국 정부가 탄생하는 민주주의의 씨앗이 되어 밀알처럼 깊이 묻혀가는 것이다.

당연 최고의 인기 강사는 월남 이상재였다.

월남의 강연은 모든 강사들 강의의 기초를 잡아주는 기조(터, 攄)가 되었다.

첫째, 황제폐하를 제대로 모셔야 한다는 것.

둘째, 신하가 올발라야 황제와 백성이 편안해진다는 것.

셋째, 민주주의 새 헌법을 제정하여 자주자립 자강의 독립국가로서의 지위를 확고히 해야 한다는 것이다.

이를 위하여

첫째, 가르치고 배우는 일이 최고의 힘이요, 국력이라고 하는 것.

둘째, 탐관오리를 깨우쳐 간신이 충신으로 변화되도록 해야 한다는 것.

셋째, 절대적 비폭력 평화주의로서 당당히 외치고 함께 부르짖자는 것이다.

언제나 한복에 흰 두루마기를 입은 월남의 연설은 직설적이고도 진지하였다.

월남의 음성은 때로는 쩌렁쩌렁 종로를 울리고, 때로는 민중들의 눈에 눈물을 뽑아냈으며, 때로는 웃다가 허리를 잡기도 하였다.

독립협회와 만민공동회 주강사 월남 이상재

오늘도 월남은 연설장에 나섰다.

현직 내각총서 종2품 높은 벼슬아치가 親백성주의로 세도가들에게
서민의 입장에서 요청하는 내용이 주다.

만장하신 여러분!
북으로 압록강과 두만강을 뻗히는 백두산 아래 태백산맥 줄기에서
발원한 한강과 낙동강·금강 강변 가에 옹기종기 모여 앉은 우리
는 배달의 민족입니다.
소인 월남 이상재는 금강하구 한산에서 태어나 과거에 떨어진 불
초한 낙방 거사올시다.
낙방이 좋은 것입니다.
서얼(서자)이라고 백정이라고 우리는 다를 게 없습니다.
장원급제 못했어도 여러분도 똑똑합니다.
배우면 못할 게 없습니다.
벼슬자리에 앉아 사복만 채운다면 낙방한 제가 그들보다 낫습니다.
일본이고 미국이고 사람 사는 것은 천민이나 양반이나 벼슬아치나
뭇 백성이나 사람은 모두 평등하고 더하고 못하고도 없습니다.

벼슬이란 것이 바로 쓰지 않으면 장원급제가 무슨 소용이겠으며 황제폐하에게 아첨이나 하고 자리가 높아지면 낮은 자들에게 돈이나 받고 자리를 판다면 그게 나라의 해충입니다.

우리는 이 어려운 시대에 외세의 침략으로 나라가 껍데기로 말라 버리는 것을 막아야 합니다.

너와 내가 따로 없고 양반, 상놈이 뭐하자는 것입니까.

정부는 백성들을 보살펴 살기 좋게 하자는 것이며 그것이 황제폐하를 편하게 모시는 것 아니겠습니까?

1년 농사지어 1,000석을 거두고 단 10석을 내라면 춤을 출 일인데 100석의 농사를 지어 50석도 더 되게 내라고 하면 백성들이 어떻게 살겠습니까?

민란은 못 견뎌서 일어나는 것입니다.

100석 얻어 10석만 내라 해도 얼씨구나 할 것을 이건 50석을 내도 국고에는 10석도 못 들어가고 40석이 탐관오리 뱃속으로 들어가다니 벼슬자리가 돈 먹자는 것은 안 되지요?

벼슬아치가 욕심을 내다 보니 군사들에게 총 사주고 대포 사줄 돈이 없어 나라가 약해졌습니다.

그러나 대포가 국력이 아니라 실은 아는 것이 힘이요, 지식이 국력입니다.

나라는 정부 관리들이 하기에 달렸습니다.

우리는 지금 정부관리가 깨끗지 못해 도적떼거리로 훔쳐 먹는 나라에 살다 보니 외국의 침략을 견디지 못합니다.

100석을 1,000석으로 늘릴 방도를 찾아주면 모두가 잘 살게 될 것이며, 나라의 조세도 갉아먹지 않는다면 강해집니다.

이렇게 약해지면 어떻게 될지 아십니까?

100석이 50석으로 줄고 조세는 40석을 내라고 하면 백성이 살겠습니까?

지금 외세의 침략을 못 막으면 전부 종이 되게 될 운명에 처했습니다.

우리 황제폐하는 백성의 조세를 줄이고 싶어 하시나 외침에 밀리면 외세는 필시 우리의 피를 빨아먹어 전부 노예 신세로 전락할 것입니다.

자, 그럼 어떻게 해야 되겠습니까?

먼저 벼슬아치들이 정신 깸을 해야 합니다.

완전히 바뀌어야 합니다.

백성의 형편이 나아질 방도를 짜내고 적게 거두고도 나라의 창고가 가득 차도록 정치를 잘해야 하는 것이 신료들이 할 일입니다.

그러나 너무 더럽습니다.

이 더러운 것을 씻어 내려면 우선 백성부터가 달라져야 합니다.

첫째도 둘째도 셋째도 우리 황제폐하를 우리가 잘 모셔야 한다는 충성입니다.

그러나 말과 생각만으로는 모셔지지 않습니다.

제도가 좋아야 하고 백성이 난동만 피울 생각을 해서는 안 됩니다.

냉정을 되찾고 이제는 백성 된 도리를 찾아 효, 예, 학, 충의 정신으로 무장해야 합니다.

이 난국은 반드시 극복됩니다.

모두 우리에게 달렸습니다.

비관하고 낙심하지 마십시오.

간신배들 때문에 과거에 떨어졌다 하지도 마세요.

양반 벼슬아치가 줄줄이 후처를 들여앉혀 서자로 태어났다고 분노하지도 맙시다.

그러려거든 악을 쓰고 배우고 열심히 일해야 합니다.

열 번 백 번 강조하고 싶은 말이 있습니다.

쓸데없는 생각이나 쓸데없는 짓거리를 하면 안 됩니다.

무가치한 일로 밤을 새우고 술 먹고 싸우고 노름하고 남을 욕하는 일로 분노를 더 키우지도 말아야 합니다.

할 짓인가 말 짓인가를 가려 가치 있는 일로 땀을 흘려 마땅합니다.

사람됨을 중시해야 합니다.

배우면 뭐할 것이며 정승판서면 무엇에 쓸 것입니까?

인간이 바로 되고 생각이 똑바르지 않으면 전부 탐관오리가 되고 썩은 간신배가 되고 맙니다.

인간 중심의 효도가 가치이며 충성이 가치입니다.

돈 있다고 첩이나 들여앉히면 나라가 망합니다.

권력에 줄 설 궁리나 하면 나라도 가정도 무너집니다.

일부일처가 아니면 죄악이라고 하는 서양기독교 정신은 다 그르다 해도 참 똑바른 정신문화입니다.

오늘도 나를 들쳐 봐야 합니다.

내가 지금 뭐하자는 거지요?

여러분 앞에 서서 헛소리나 해대면 나는 조상과 황제와 처자와 부모에게 패륜입니다.

패륜의 누더기를 벗어던지고 제대로 배워 배운 대로 살아야 합니다. 이게 학종사행(學從思行)입니다.

그러니 배우지 않고 학종사행이고 인본교육이고 가치추구가 되겠습니까?!

월남은 열변을 토하고 민중은 환호하는 만민공동회가 갈수록 성황을 이루게 된다.

그런데 연단에서 내려오니 뜻밖에도 장순재가 월남에게 다가 왔다.

"월남 서방님! 저 숙부인입니다. 그간 강녕하셨습니까?"

"아니? 숙부인께서 여기를 다 오시다니 어인 일입니까?"

"실은 저 숙부인은 아니거든요…."

얼마 만인가?

보니 건강이 많이 좋아져 매우 영특하고 똘망져 보이면서 정숙한 자태도 갖췄다.

"아, 건강이 좋아지셨구나."

한데 느닷없이 서방님이라면서 장순재가 나타나다니 월남은 황당하여 어쩔 줄을 몰랐다.

"어인 일이라니요? 제가 여기 오는 것은 당연한 것 아닌가요? 서방님이 연설을 하시는데 제가 안 와보면 되겠습니까? 저요? 숙맥이 아닙니다. 다 잘 알아듣습니다. 독립협회에도 관심 많고 만민공동회 정신에 저도 찬성합니다. 아녀자도 안 가리신다면서요? 알고 싶고 듣고 싶고 배우고 싶고, 대감마님께서 연설하시는 것도 듣고 싶어서 왔습니다. 왜 뭐가 잘못됐는가요?"

정말 어렵다. 오랜만에 보니 완전히 나은 것도 같고 한마디 흩어진 말도 없다.

문득 중전(명성황후, 민자영)마마의 영특함이 떠오른다.

중전이 한번은 이렇게 말했다.

"폐하께서 월남 대감을 많이 의지하시는 것 잘 알고 있습니다. 저도 자주 뵙지는 못하나 월남 대감을 마음으로 퍽 의지하고 있습니다.

저의 어머니(감고당)도 한산 이씨라는 것 알고 계십니까?"

"예, 마마! 황공하옵게도 알고 있었사옵나이다."

"예, 제 외할아버지가 규(圭) 자와 년(秊) 자를 쓰십니다. 정조대왕 25년(1789년) 출생하시고 철종 4년(1853년)에 돌아가셔서 목천(木川) 이원면에 모셨습니다. 이조판서(정2품)의 벼슬을 하셨지요. 월남 대 감과 같은 문양공파이시오며 충신 목은(牧隱) 이(李) 자 색(穡) 자 할 아버지의 후손입니다. 그러니까 저 역시도 목은의 후손입니다. 우리 는 같은 목은의 피가 흐르고 있지요. 규년 외할아버지는 항렬도 월남 대감과 같은 23대시라 제가 외가댁 촌수로는 손녀벌입니다."

"예, 황공하옵나이다."

"일가입니다. 황제폐하를 잘 모셔 주세요."

"모시다뿐이겠습니까. 목숨을 바쳐 마땅합니다."

그때 들었던 명성황후(이미 1895년 왕후로 시해당하였음)의 음성 과 착각할 정도로 청명하다.

그보다도 순간 착각할 정도로 얼굴까지 닮아 중전의 얼굴과 겹쳐 버린다.

이래저래 헷갈린다.

"나한테는 여기서 연설한다고 말도 안 하셨지요?"

'아차 아직이로구나…'

순간 갑자기 강짜를 놓는 말을 하다니 짐작이 무너지기도 하는데 그것도 아니다.

'역시 대단한 머리를 가진 분 맞기는 맞구나.'

월남은 잠시 생각에 잠겼다.

'어쩐다지? 정상인으로 대해야 할지, 아니면 병자로 대해야 할지?'

순간 순재가 월남의 어깨를 툭 친다.

"무슨 생각을 하세요?"

"아니요, 생각은 무슨…."

그런데도 생각이 복잡하다. 찾아온 사람을 모르거니 하기도 예가 아니겠고, 그렇다고 반길 일도 아니다.

"그러지 말고 나한테도 좀 얘기를 해 주세요."

"무슨 얘길 해 달라 하시는 겁니까?"

"여기서 무엇 하시는 것하며, 여기가 뭐하는 덴데요? 아주 자세하게…."

보노라니 방금 전만 못하여 일체 가늠이 안 된다.

"빨리요. 연설 끝났으면 얘기 좀 해주세요."

월남은 당황하여 순재를 잡아끌었다.

"이쪽으로 와 보세요. 아 이거야 원…."

월남은 장순재와 급히 청중의 틈을 빠져 나왔다.

대원군 이하응의 죽음과 월남의 다짐

3년 전(1895년 11월 17일). 이미 음력을 쓰던 조선이 그때부터 태양력이라 부르는 양력을 쓰기 시작하였다. 이날은 1896년 1월 1일이다.

1896년 2월 22일(음력 2월 2일) 대원군 이하응(1920년생, 75세)이 죽었다. 대원군은 한양골의 백호와도 같은 막강한 권력을 누렸는가 하면, 그의 생애는 뼈를 깎는 고독의 세월도 배어진 일생이었다.

명성황후 민씨는 1894년 동학란으로 청국과 일본군대가 진주해 들어오자 이를 몰아내기 위해 오랜 정치적 적대관계에도 불구하고, 너무 위태롭고 화급한 나머지 대원군을 찾았었다. 그리고는 시아버지 대원군을 향해,

"아버님은 하늘이십니다."

라는 말을 했으니 진심이었다.

이때의 하늘이란 무슨 뜻인가? 왕보다 높다는 뜻이다. 고종과 자잘하게 왕권이나 다투는 상대가 아니라 천하를 주무르실 분이라는 공칭으로 한 말이었다. 청국이나 일본의 천황보다도 윗자리에 계신다고 하는 극존칭의 말을 한 것이다. 어느 면에서는 당연한 말이다. 나라를 경영하는 방법이 어땠는가의 문제와는 달리 대원군은 엄청난 기상(카리스마)을 지닌 사람이라는 말 그대로의 하늘 같은 존재였다. 그 대원군 이하응이 세상을 떠나니 월남은 생각이 깊어진다.

권력이란 허무한 것, 권력을 잘못 쓰면 나라가 무너진다는 것, 나라 사랑이라고 강변해도 아닌 것은 아니라는 사실, 권력이 뭐기에 자식과 반목하고 심지어는 며느리 중전 민씨를 향해 관에 못질을 하기도 하였으며, 자그마치 세 번이나 아들의 권력을 뺏으려 한 것은 바로 다름 아닌 욕심, 그런 욕심이 모두 자식사랑과 나라사랑이라고 크게 착각하여 나라가 마를 대로 말라가는 무한대 쇠퇴의 길로 가는데도 그것이 애국이고 종묘사직에 옳다고 보았다는 것….

나아가 인간이란 노랑머리나 검은머리나 누구나 소중한 생명이거늘 수천 명을 죽이고도 뉘우침도 없던 인물, 인간은 종교가 달라도 피차 존중하지는 못하더라도 절대 죽이지는 말았어야 한다는 것 등등이다.

세 번의 집권에서 처음에는 12세에 앉힌 고종을 돕자는 것은 당위

성을 준다고 친다. 그러나 10년 집권 후 10년 세월 아들(고종)의 얼굴도 못 보는 극한 부자대치가 결국은 신하들을 갈라버려 나라가 할 일을 못하게 된 것이 국가패망의 원인이 되기도 하였다.

2차 집권은 겨우 한 달 남짓, 마침내 청국 톈진으로 납치되어 가는 수모를 겪었고, 죽기 1년 전(1897년)에도 다시 장자 이재면을 보위에 앉히고 고종을 폐위시키려 하였던 그 권세가 실패하고 양주에 가 있다가 1년 만에 세상을 떠나니 죽음으로 막을 내린 것이다.

'사람은 죽는다, 그러나 남는 것은 오욕인 경우가 많다.'

월남은 이하응의 죽음을 보며

'도대체 권력이란 게 무엇이고 벼슬이라는 것은 무엇인가?'

월남은 깊은 명상에 잠긴다.

그러므로 혼자 독립협회와 만민공동회가 진정한 나라사랑과 구국이며 충성의 길로 가야 한다는 다짐을 한다.

headers

ᅵ 헌시 ᅵ

月南 曾祖父님 前 獻詩

월남 이상재 선생 기념 사업회 회장 外曾孫子 金道洙

(월남 선생의 친손녀 이차순의 장남)

월남 선생 추도식(종묘공원 동상 앞). 월남 선생 친 손녀 이차순(좌1). 월남 선생 장손 고손자 이상구(좌2). 한산이씨 대종회 이사장 이윤구(좌4)

曾祖父님 떠나시고 83年이며45)

뼈가 꺾이는 아픔의 庚戌國恥 100年을 맞는 아침

曾祖父님의 英靈이 잠드신 孤寂한 三下里 幽宅에서 默想합니다.

天地와 萬物 가운데 人間만을 하나님의 形象을 따라 지으셨사오나

어찌 人間이 하나님의 靈性과 같을 수 있겠습니까.

그러나 月南 曾祖父님은 그 따뜻한 마음이 하나님을 닮으셨습니다.

가난한 이웃과 주리는 百姓을 불쌍히 보는 心性이 닮았습니다.

病든 사람이나 생각이 다른 兄弟와도 和平하심이 닮았습니다.

父母에 孝道하고 나라에 忠誠하는 忠 孝의 情神이 닮았습니다.

同志가 아니어도 敵이라 斷罪하지 않고

같은 우리民族 피를 나눈 한겨레라 품어 안으심이 닮았습니다.

君師父一體라 하시며 스승의 가르침을 떠나지 않으심이 닮았습니다.

父母 妻 子息에게 不足한 家長이기에

나라가 힘을 잃자 不足한 臣下였기에

外勢가 亂入하여 國權을 奪取하자 그 責任이 自身에게 있다 보시기에

남 탓 않고 꿋꿋이 스스로를 채찍하신 人本 中心 思想이 닮았습니다.

그래서 늘 배우는 一生中에 말씀하셨습니다.

너도 배워라, 너도 배워라, 우리 모두 같이 배우자…

새로운 先進文明에 果敢히 앞장서 民衆을 이끄시었던

우리 大韓의 자랑스러운 月南 曾祖父님.

民族의 스승 愛國愛民의 씨앗이 묻힌 英靈 앞에 깊은 瞑想에 잠깁니다.

---

45) 2010년 경술국치 100년에 씀.

월남 이상재 선생 일생(年譜)

- 1850년 10월 26일 충청남도 서천군 한산면 종지리 출생.
- 1856년 사숙(글방)에 입학하여 한문 공부를 시작.
- 1861년 봉서암 현만 스님에게서 수학.
- 1864년 15세 때 강릉 유씨와 결혼.
- 1865년 혜산 이혜진 스승에게서 수학.
- 1867년 18세에 과거에 응시하나 낙방.
- 1868년 친지 이장직 거창군수의 추천으로 죽천 박정양 사가로 감.
- 1880년 12년간 그 집에서 같이 지내면서 지식과 정치 경륜을 쌓음.
- 1881년 13년 만에 죽천 박정양과 신사유람단으로 일본에 감.
- 1884년 우정총국(현 우체국)이 개설되자 홍영식 추천으로 인천 우정국 근무. 갑신정변 실패로 낙향, 박정양에 의해 다시 등용.
- 1887년 박정양이 초대 미국에 전권대사로 파견되어 1등 서기관 으로 수행. 워싱턴 D.C.에서 1년 동안 근무.
- 1888년 외교관으로서 미국에서 청의 불간섭과 자주외교를 주장

하다 청의 압력에 의해 정부로부터 소환령을 받고 귀국.

- 1892년 전환국(현 조폐공사) 위원이 됨.
- 1894년 갑오개혁 후 우부승지 겸 경연각 참찬이 됨. 학무아문 참의로 학무국장을 겸임. 외국어학교 초대 교장.
- 1895년 학부참사관, 법부참사관을 지냄.
- 1896년 내각총서와 중추원 1등의관으로 국왕을 보필. 7월 서재필, 윤치호 등과 독립협회 창립하고 독립문과 독립관을 각각 건립. 독립공원 건립. 관민·만민공동회 개최하여 독립운동.
- 1897년 8월 매주 일요일 오후에 독립협회 토론회에 지명토론자.
- 1898년 2월 23일 자주독립수호의 구국운동선언 상소를 독립 협회를 대표하여 작성. 정부(고종)에 헌의6조 제출하자 고종이 수락 후 중추원을 개정하여 관제 발표. 3월 10일 대중계몽집회인 만민공동회 개최, 만민공동회 의장으로 활동.
- 1902년 개혁당 사건으로 인해 그의 아들(승인)과 함께 구금되어 두 달 동안 가혹한 고문을 당한 후 감옥에 갇힘.
- 1903년 옥고를 치르는 동안 기독교 서적과 성경을 읽게 되었으며 54세에 옥중세례 받고 기독교 신자가 됨.
- 1904년 러일전쟁이 일어나자 국사범들과 함께 석방 연동교회에 입교함과 동시 황성기독교청년회(지금의 서울 YMCA)에 가입.
- 1905년 을사조약 체결. 고종의 간청으로 의정부참찬이 됨. YMCA 활동과 청년운동에 헌신. YMCA교육부위원장이 됨.
- 1906년 세계평화회의에 이준, 이위종, 이상설 세 사람을 고종의 밀사로 파견하는 일을 비밀리에 도움. 일제 통감부에 의해 구속되었으나 증거 불충분으로 석방됨. 한국축구 최초 시축함(대한체

육구락부 vs 황성기독청년회).

- 1907년 정부로부터 법부대신의 자리를 교섭받았으나 거절함. 헤이그 밀사사건으로 고종이 강제퇴위를 당하자 일본의 만행을 규탄하는 민중시위를 벌여 이를 진두지휘함.
- 1908년 황성 YMCA의 종교부 총무로 취임. 두 번째 장순재와 재혼
- 1910년 제1회 전국 기독교학생회 하령회를 조직하여 새로운 학생운동을 일으킴. 기독교회의 백만인 구령운동에 적극 참여하여 이를 구국운동으로 발전시킴.
- 1911년 기독교지도자들은 탄압하기 위해 데라우치 총독 암살음모사건을 조작하여 '105인 사건'으로 기독교계 지도자들을 대거 검거함. 선생은 셋째 아들의 장례차 귀향하여 화를 면함.
- 1913년 64세에 YMCA 총무로 취임 '105인 사건'으로 YMCA를 일제에 예속시키려는 계획을 저지.
- 1914년 조선중앙 YMCA를 비롯 10개 YMCA를 규합하여 조선기독교청년회 연합회를 조직함.
- 1916년 조선중앙기독교청년회의 명예총무로서 청년들에게 민족정신을 고취시킴.
- 1918년 일제의 무단정치 하에서 비밀리에 기독교, 천도교, 불교 지도자들과 만나며 3·1독립운동을 배후에서 지휘함. 일요강화, 강연회 등을 통하여 청년지사들을 규합함.
- 1919년 3·1운동 배후인물로 활약하다 검거되어 옥고를 치름.
- 1920년 조선기독교청년연합회 회장, 조선중앙기독교청년회 고문으로 추대 국권회복을 목적으로 하는 조선교육협회를 창립하고 회장이 됨. 한국야구 최초 시구함.

- 1922년 베이징에서 열린 만국기독교청년연합대회 조선 대표로 참석. 대한여자기독교청년회연합회(YWCA) 창립을 후원. 조선민립대학기성회 결성을 결의하여 준비위원장이 됨.
- 1923년 3월 민립대학기성회를 발기총회가 YMCA 회관에서 열림. 조선민립대학 설립위원장. 조선기독교 청년회 고문.
- 1924년 연합 소년척후단(지금의 한국스카우트연맹) 초대총재로 추대 물산장려운동, 절제운동, 지방전도운동, 창문사운동 등을 진두지휘. 9월 조선일보사 사장으로 취임.
- 1925년 4월 제1회 전국기자대회 사회자로 해산 직전의 대회를 수습.
- 1927년 2월 15일 민족적 단결을 목표로 하는 민족단일전선. 신간회의 회장으로 추대. 3월 29일 78세를 일기로 재동 자택에서 별세. 4월 7일 국내 최초의 사회장으로 한산 선영에 모심.
- 1929년 11월 월남사회장의위원회에서 선생의 유고, 행상 등을 모아 사회장의에 관한 각종 자료 등을 모아 『월남 이상재』를 간행함.
- 1957년 이승만 전 대통령 지시로 경기 양주 장흥면 삼하리로 이장.
- 1962년 건국훈장 대통령 장 추서.
- 1985년 3월 29일 이상재 선생 58주기 추모회 행사를 가짐. 청소년들을 위하여 월남 선생의 생애와 사상을 정리한 월남 이상재 선생 이야기를 월남 이상재 선생 동상건립위원회가 간행함.
- 1986년 4월 월남 이상재 선생 동상 제막식(종묘시민공원) 개최.
- 1992년 7월 이달의 독립운동가(대한민국 국가보훈처).
- 2002년 3월 이달의 문화인물 지정(문화관광부).

위의 본 저서에 공지된 연보는 월남 선생을 연구한 연구자에 따라

(고증자료채증문제로) 각각 경미한 차이가 있을 수도 있으며 채증된 다른 자료가 있으신 분은 본 저자에게 알려 주시면 감사하겠습니다.

천광노

한국정신문화(더 잘 세울)연구원장
현) Q · R News(구 충청시대) 주필
  토요신문(민주일보) 논설 고문
  대전 제일장로교회 집사
  장로교 신학교 졸업

歷史다큐小說『민족의 스승 月南 李商在』(전 5권)
『基督敎 讚揚學』
『敬歎讚詩』(전 5권)
『생각學』
『言語學』
『票位學』
『잃어버린 세월』(전 5권)
『江華旅記』
『場生草』
『逆說 사랑學 槪論』

찬양(성가)집 레코드 & 카세트테이프 제1집~제11집까지 출반
  (작사 및 작곡 약 150여 곡)
고신 · 합동 · 통합 · 합동보수, 전국 총회 및 노회 특별출연 찬양선교
1984년 한국기독교100주년 선교대회(100만 성도 회집) 특별출연 2회
  (여의도 광장 빌리 그레이엄 목사 설교 전 특별찬양)
일본선교여행 2개월 20여 교회순회 찬양 선교(일본어판 찬양집 출반)
전국도시, 농촌 · 어촌, 섬, 기도원 등 1,500여 교회 순회 찬양선교

기독교 청주방송 찬양학 방송강의
기독교 부산방송 찬양학 방송강의
대전 극동방송 찬양학 강의
대전 극동방송 장애우를 위한 교양칼럼 방송강의
대전 극동방송 크리스천 교양칼럼 방송강의
울산 극동방송 크리스천 교양칼럼 방송강의

E-mail: kclc1000@naver.com
TEL: 010-401-3639

민족의 스승

월남 이상재

2권

초 판 인 쇄 | 2012년 1월 12일
초 판 발 행 | 2012년 1월 12일

지 은 이 | 천광노
펴 낸 이 | 채종준
기 획 | 권성용
편집 디자인 | 김매화
표지 디자인 | 박능원

펴 낸 곳 | 한국학술정보㈜
주 소 | 경기도 파주시 문발동 파주출판문화정보산업단지 513-5
전 화 | 031) 908-3181(대표)
팩 스 | 031) 908-3189
홈 페 이 지 | http://ebook.kstudy.com
E - m a i l | 출판사업부 publish@kstudy.com
등 록 | 제일산-115호(2000. 6. 19)

ISBN   978-89-268-2793-2 94910 (Paper Book)
            978-89-268-2791-8 94910 (Paper Book Set)